高职高专
HUIZHAN
会展策划与管理
专 业 系 列 教 材

高职高专会展策划与管理专业系列教材

会展实务 第3版

主 编 张金祥

重庆大学出版社

内容提要

本书紧密结合现代会展行业特点，以展览项目的组织实施工作为主线，从策划一个全新的展览会项目开始，到展览会结束后进行总结、评估，对每个阶段的主要工作以及应该注意的相关事宜进行了重点讲述，系统介绍了会展项目的运行过程。全书共10个项目，其内容主要包括会展概要、展览会项目立项与可行性分析、前期和后期筹备工作的组织与实施、招展策划与展位营销、展出现场服务与管理、展览会品牌策划与传播、出国展的组织与实施、展后跟踪服务与评估等。本书结合当前会展从业人员的工作特点和高职教育的规律，全面创新教材结构体系，努力体现项目引领、任务驱动、"学和做"融为一体的课程特色。本书所采用的绝大部分案例均为我国较为有影响力，并有一定代表性的会展活动。每个任务和项目案例相结合，突出了实践性、实用性和可操作性，以满足不同读者的需要。

本书可作为高职院校、成人高等院校、本科院校会展策划与管理专业和旅游管理类专业的学生教材，还可作为会展职业资格认证培训教材及行业人员参考用书。

图书在版编目(CIP)数据

会展实务 / 张金祥主编. --3版. --重庆：重庆大学出版社，2024. 11. --（高职高专会展策划与管理专业系列教材）. -- ISBN 978-7-5689-4888-3

Ⅰ.G245

中国国家版本馆CIP数据核字第2024FD5244号

会展实务

HUIZHAN SHIWU

（第3版）

主　编　张金祥

策划编辑：尚东亮

责任编辑：李桂英　　版式设计：尚东亮

责任校对：王　倩　　责任印制：张　策

*

重庆大学出版社出版发行

出版人：陈晓阳

社址：重庆市沙坪坝区大学城西路21号

邮编：401331

电话：(023) 88617190　88617185(中小学)

传真：(023) 88617186　88617166

网址：http://www.cqup.com.cn

邮箱：fxk@cqup.com.cn（营销中心）

全国新华书店经销

重庆天旭印务有限责任公司印刷

*

开本：787mm×1092mm　1/16　印张：17.75　字数：434千

2007年8月第1版　2024年11月第3版　2024年11月第9次印刷

印数：14 501—16 500

ISBN 978-7-5689-4888-3　定价：49.00元

编委会

总　序

进入21世纪以来，随着中国社会经济的飞速发展，综合国力的不断增强，国际贸易发展的风驰电掣，会展经济随之迅速成为中国经济的新亮点，在中国经济舞台上扮演着越来越重要的角色，正逐渐步入产业升级的关键时期。这一时期，会展业持续快速发展的关键是需要大量的优秀专业人才作为支撑，而目前市场还存在很大的会展专业人才供给缺口。为了适应国内对会展人才需求日益增长的需要，我国各类高校纷纷开设了会展专业或专业方向。但是由于我国会展教育起步较晚，在课程体系设计、教材建设和师资队伍建设等方面还有待完善，培养出来的学生在知识结构、职业素养和综合能力等方面往往与市场需求不对称。尤其是目前国内会展教材零散、低层次重复并且缺乏系统性的状况比较突出，很大程度上制约了我国会展教育和会展业的发展。因此，推出一套权威科学、系统完善、切合实用的全国高职高专会展策划与管理专业系列教材势在必行。

中国的会展教育发展刚刚超过20年时间，但我国的会展教育经过分化发展，已经形成了学科体系的基本雏形。如今，会展专业已经形成中等职业教育、高职高专、普通本科和研究生教育这样完整的教育层次体系，这展示了会展教育发展的历程和成果，同时也提出了学科建设中一些迫切需要解决和面对的问题。其中最重要的一点，就是如何在不同教育层次和不同的教育类型上对会展教育目标和教育模式进行准确定位。为此，重庆大学出版社策划组织了国内众多知名高等院校的著名会展专家、教授、学科带头人和一线骨干教师参与编写了这套全国高职高专会展策划与管理专业系列教材，以适应中国会展业人才培养的需要。本套教材的修订出版旨在进一步完善全国会展专业的高等教育体系，总结中国会展产业发展的理论成果和实践经验，推进中国会展专业的理论发展和学科建设，并希望有助于提高中国现代会展从业人员的专业素养和理论功底。

本套教材定位于会展产业发展人才需求数量最多和分布面最广的高职高专教育层次，是在对会展职业教育的人才规格、培养目标、教育特色等方面的把握和对会展职业教育与普通本科教育的区别理解以及对发达国家会展职业教育的借鉴基础上编写而成的。另外，重庆大学出版社推出的这套全国高职高专会展策划与管理专业系列教材，其意义将不仅仅局限在高职高专教学过程本身，而且还会产生巨大的牵动和示范效应，将对高职高专会展策划与管理专业的健康发展产生积极的推动作用。

在重新修订出版这套教材的过程中，我们力求系统、完整、准确地介绍会展策划与管理专业的最新理论成果，围绕培养目标，通过理论与实际相结合，构建会展应用型高职高专系列教材特色。本套教材的内容，有知识新、结构完整、重应用等特点。教材内容的要求可以概括为："精、新、广、用"。"精"是指在融会贯通教学内容的基础上，挑选出最基本的内容、方法及典型应用；"新"是指尽可能地将当前国内外会展产业发展的前沿理论和热点、焦点问题收纳进来以适应会展业的发展需要；"广"是指在保持基本内容的基础上，处理好与相邻及交叉学科和专业的关系；"用"是指注重理论与实际融会贯通，突出职业教育实用型人才的培养定位。

本套教材的编写出版是在教育部高等学校旅游管理类专业教学指导委员会的大力支持和具体指导下，由中国会展教育的开创者和著名学者、国内会展旅游教育界为数仅有的国家级教学成果奖获得者和国家级精品课程负责人，教育部高等学校旅游管理类专业教学指导委员会副主任、中国会展经济研究会创会副会长马勇教授担任总主编。参与这套教材编写的作者主要来自上海旅游高等专科学校、上海工程技术大学、上海新侨职业技术学院、湖北大学、武汉职业技术学院、湖北经济学院、湖北职业技术学院、浙江旅游职业学院、桂林旅游学院、广西国际商务职业技术学院、金华职业技术大学、昆明冶金高等专科学校、昆明学院、沈阳职业技术学院、广东交通职业技术学院、顺德职业技术学院、深圳职业技术大学等全国40多所知名高校。在教材的编写过程中，重庆大学出版社还邀请了全国会展教育界、政府管理界、企业界的知名教授、专家学者和企业高管进行了严格的审定，借此机会再次对支持和参与本套教材编审工作的专家、学者和业界朋友表示衷心的感谢。

本套教材的第一批选题于2007年7月后陆续出版发行了21本，被全国众多高职院校以及会展企业选作学生教材和培训用书，得到广大师生和业界专家的广泛认可和积极使用。这套教材中一部分已被列选为职业教育国家规划教材，以及全国会展策划与管理专业师资培训用书，等等。本套教材的作者队伍大多是国内会展学科领域的带头人和知名专家，涉及的专业领域十分广泛，包括了经济学、管理学、工程学等多方面；参与编写的会展业界人士，不仅长期工作在会展管理领域的第一线，而且许多还是会展业界精英。另外，作为国内高校第一套全国高职高专会展策划与管理专业系列教材，在选材内容和教材体系方面都是动态开放的。随着中国会展业的持续健康发展，为确保系列教材的前沿性和科学性，我们也会不断对该套教材进行再版修订，以及增补新的选题，欢迎各高校会展学科的学术带头人和骨干教师积极申报选题并参与编撰！

本套教材由于选题涉及面广，加之编写修订时间紧，因而不足和错漏之处在所难免，恳请广大读者和专家批评指正，以便我们不断完善。最后，我们期待这套新修订出版的全国高职高专会展策划与管理专业系列教材能够继续得到全国会展专业广大师生的欢迎和使用，能够在会展教育方面，特别是在高职高专教育层次的人才培养上起到积极的促进作用，共同为我国会展业的发展作出贡献。

高职高专会展策划与管理专业系列教材

编 委 会

2024 年 10 月

第3版前言

随着我国经济与科学技术以及综合实力的不断提高,会展业经过40多年的快速发展,已经成为促进交流合作的重要组成部分,构建现代市场体系和开放型经济体系的重要平台。据有关机构的统计,2023年我国共举办经贸类展会3923项,比2022年增加2116项,同比增长约117.1%;2023年我国经贸类展会总面积1.41亿平方米,比2022年增加8548万平方米,同比增长约153.3%;2021年我国展会经济直接产值达到7900亿元,2021—2025年均复合增长率约为7.84%,到2025年直接产值将达到10685亿元。会展业的持续发展离不开会展人才的教育与培养。教材是会展人才教育和培养的基础,借此次重新修订的机会,结合我国会展业发展的趋势和特性,对本书的相关数据、案例与内容进行相应的修改,既是对自己从事会展20年来经验的总结与升华,也是为我国会展业的发展贡献自己的微薄之力。

本书对从一个展览会项目的初期策划到展览会结束后评估整个组织实施过程中各个环节的主要工作进行了较为详细的叙述。由于是系列教材,本书仅涉及展览会的组织实施的相关内容,而会议、节事活动等内容均未涉及。本书尽可能少讲述理论性的概念与问题,主要从策划一个全新的展览会项目开始,到展览会结束后进行总结、评估,对每个阶段的主要工作进行了重点讲述,主要目的是突出其实用性和可操作性。另外,本书还增加了"展览会品牌策划与传播"与"出国展的组织与实施"两章,以满足不同读者的需要。

本书出版以来,这是第3次修订。随着我国市场的不断开放和经济技术的不断发展,我国会展业和会展教育都有了很大发展,并呈现出一些新的趋势与特点,借这次修订之机,根据高职教育的特点,我们对本书的内容、数据及形式作了适当调整,进一步增强了本书的可读性和实操性,使其更贴近会展行业从业人员实际工作的要求。本书具有以下特点:

1.实践性强。本书仍以展览会项目从初期策划到展览会结束后评估整个组织实施过程为主线,针对当前会展从业人员的工作特点,全面创新教材结构体系,努力体现项目引领、任务驱动、"学和做"融为一体的课程特色。每个任务和项目案例相结合,这不但能充分调动学生的学习积极性,更能提高学生应用知识的能力,提升学生就业的核心竞争能力,从而达到教学效果的最优化。

2.强调针对性。本书专供高职高专院校会展策划与管理专业或会展从业人员使用。结合会展行业的特性和高职院校会展策划与管理专业的培养目标，本书对展览活动组织实施各个环节的主要工作内容进行了较为详细的叙述，尽可能少讲述理论性的概念与问题，主要突出其实用性和可操作性。其目的主要是使学生熟练掌握在展览会项目组织实施过程中不同阶段相关工作岗位的工作内容和流程，旨在培养学生的实际从业能力。

3.突出实用性。对理论方面不求系统、完整、深化，只求够用与实用。一些概念直接给出定义，原则、原理一类的知识从简，侧重技能、技巧方面的知识运用，主要是培养学生的策划、组织、协调和沟通能力。

4.注重配套性。针对高职高专学生的特点，以会展职业岗位的素质和能力要求为基点，通过每个项目设立的知识目标、技能目标、学习重点、学习难点、案例导入、温馨提示和案例回放等栏目，对组织展览活动的内容、方法及技巧进行了认真的总结，使学生能够灵活地掌握与运用，更加注重对学生职业岗位能力的培养。

5.强化技能训练。从会展行业的实际工作出发，结合每项目讲述的相关内容，有针对性地在每项目后面设有实训项目，侧重技能方面的知识学习与运用，包括经验、方法、技巧等。力求课堂教学与活动现场教学相结合，校内实训与校外实训相结合，模拟训练与顶岗实习相结合，以满足学生学习的要求，力求符合高职高专课程和教学内容体系的改革方向。

本书按照展览活动组织实施工作的先后顺序编写，全书共分10个项目。本书第2版的第6、7项目由桂林旅游学院黎春红编写；第4项目的第2节由厦门国际会展职业学院朱超编写；其余项目均由厦门东海职业技术学院张金祥编写，张金祥同时负责全书的统稿与文字修改等工作，第3版的修改工作均由张金祥完成。

在本书编写与组织过程中，我们参考了许多专家、学者公开出版和发表的著作和论文，还引用了其中不少精辟的论述与翔实的资料，这些著述均在参考文献中列出，在此，谨向这些作者表示诚挚的谢意！

由于编者水平有限，本书难免存在不足之处，敬请同行、读者和使用本教材的老师和同学批评指正。

张金祥

2024年6月30日于厦门

目录 CONTENTS

项目一
会展概要

【知识目标】

- 掌握会展业的基本概念与定义。
- 学会展览会名称的构成和用法。
- 掌握展览会的主要构成因素。
- 熟悉国内外展览会的分类标准。

【技能目标】

- 具备正确确定展览会名称的能力。
- 能够准确对展览会进行分类。
- 对会展业有一个较为深刻的认识与了解。

【学习重点】

- 展览会名称的构成和用法。
- 展览会的主要构成因素。

【学习难点】

- 展览会名称的构成和用法。

【案例导入】

中国进出口商品交易会的发展历程

中国进出口商品交易会(简称“广交会”)创办于1957年4月25日,每年春秋两季在广州举办,由商务部和广东省人民政府联合主办,中国对外贸易中心承办。它是中国历史最长、层次最高、规模最大、商品种类最全、到会采购商最多且分布国别地区最广、成交效果最好的综合性国际贸易盛会,被誉为“中国第一展”。

新中国成立后,1949年11月,在美国提议下,一个实行禁运和贸易限制的国际组织“输出管制统筹委员会”在巴黎秘密成立;1951年,美国又操控联合国通过对中国实行“禁运”提案。为了打破封锁、发展对外贸易、换取国家建设急需的外汇,新中国对此坚定不移。因此,在紧邻港澳、有着悠久对外贸易历史和海上丝绸之路重要起点的广州创办广交会,成为不二选择。

1955年10月至1956年5月,广东省外贸系统先后三次成功举办出口物资展览交流会。在此基础上,党中央、国务院批准外贸部和广东省共同以中国国际贸易促进委员会的名义举办中国出口商品展览会。1956年11月10日,中国出口商品展览会在广州中苏友好大厦举办。为期两个月的展览会上,共有来自37个国家和地区的2736名客商到会,出口成交5380万美元。这次展览会成为日后中国出口商品交易会的“预演”。

1957年4月25日,首届中国出口商品交易会开幕,周恩来总理提议简称为广交会。首届广交会展出面积9600平方米,分设工业品、纺织品、食品、手工艺品、土特产品5个展馆,13个专业外贸总公司组织交易团参展,展示商品1万多种,包括自行研制的解放牌载重汽车、普通车床等，也有各种日用轻工业品、农副土特产品以及传统工艺品。19 个国家和地区的 1200 多位采购商到会。广交会第一年即成交 8686 万美元，占当年全国创收现汇总额的 20%。

第 1 届广交会成功创办，迅速成为中国出口创汇的主渠道，开辟了一条中国与世界交往的通道。从 1965 年开始，广交会年出口成交占全国外贸年出口总额 30%以上，1972 年、1973 年，占比均超过 50%。几十年里，广交会会址几经迁移，展馆面积增加了几十倍，规模逐步扩大，影响力日益提升。自 2007 年春季第 101 届开始，为促进贸易平衡，广交会开始设立进口展区，正式更名为“中国进出口商品交易会”。至此，广交会由单一出口平台变为进出口双人可交易平台。

广交会成为新中国冲破西方经济封锁与政治孤立、打开通向世界大门、与各国平等互利、互通有无、对外贸易的时代窗口。

广交会历经 60 多年的改革创新发展，经受各种严峻考验从未中断，加强了中国与世界的贸易往来，展示了中国形象和发展成就，是中国企业开拓国际市场的优质平台，是贯彻实施我国外贸发展战略的引导示范基地。它已成为中国外贸第一促进平台，是中国外贸的晴雨表和风向标，是中国对外开放的窗口、缩影和标志。

从 2008 年第 104 届起，广交会实行按专业分三期办展模式。第一期，以工业类题材为主，包括电子及家电、机械、建材、五金工具等 8 类 20 个展区；第二期，以日用消费品、礼品、装饰品类题材为主，包括 3 类 18 个展区；第三期，以纺织服装、食品、医保类题材为主，包括 5 类 16 个展区。其主要目的是吸纳更多不同行业的中外企业参展，为企业开拓国内国际市场创造条件。同时，按行业集中展示，有利于突出展览主题，为专业采购商采购商品提供便利，高效满足全球采购商“一站式”采购需求。

自创办以来，广交会已累计出口成交约 1.5 万亿美元，累计线下到会和线上观展境外采购商约 1000 万人，每届广交会展览规模达 118.5 万平方米，境内外参展企业近 2.5 万家，210 多个国家和地区的约 20 万名境外采购商与会。广交会的发展过程也是我国不断发展强大的过程。广交会为促进中国与世界各国经贸关系发展发挥了独特的作用，已经成为我国对外开放的重要窗口，是我国对外贸易的重要平台。

（根据百度百科《中国进出口商品交易会》整理）

案例分析

1.广交会的发展历程带给我们哪些思考？

2.广交会哪些方面值得我们现代会展人学习和借鉴？

任务一　会展业概要

1.1.1　会展的基本概念

会展业在国外已经有 100 多年的发展历史，我国会展业的发展相对滞后，是在 20 世纪 80 年代我国实行改革开放以后才逐步发展起来的。随着我国经济实力的不断强大，我国的会展业也在快速发展，逐步由会展大国向会展强国转变。目前，我国的会展业已经成为一个独立的产业，在国民经济行业分类中拥有自己的代码：L7491，归属于商务服务业。

目前，对会展还没有一个统一的定义，这主要是与各个国家或地区国民经济统计的方法有关，但最具代表性的有以下两种：一是会展仅包括会议和展览，有的也称之为狭义的概念，这以欧洲各国为主；二是会展除了包括会议和展览外，还包括奖励旅游和各种节事活动，如庆典活动、节庆活动、文化活动、科技活动和体育活动等。有的也称之为广义的概念，这以美国为主。

1.1.2 会展业的含义

1）产业的定义

在讲述会展的定义之前，先来看一下产业的定义。通常我们所说的产业是指国民经济中生产同类产品或提供类似服务的经营单位的集合。按照产业经济学的产业划分理论，一个独立产业的形成必须要满足以下几个条件。首先是生产规模的规定性，就是说该行业的企业数量和生产或制造出来的产品必须达到一定的规模；其次是从业人员的职业化规定性，即该行业的从业人员也必须达到一定的数量，并具有一定的职业道德规范；最后就是社会化功能性，即该产业在国民经济发展中已成为不可缺少的一部分。

2）会展业的定义

以市场化运作的会展活动是以追求经济效益为主要目的、以企业化运作提供社会化服务、以口头交流信息或者以集中陈列展示物品为主要方式的集体性和综合性活动。按照上述产业的定义，可把会展产业定义为：利用各种会展资源，以会展场馆设施为条件，为社会提供会展活动策划、组织、场地及其配套设施和其他各项服务的经营单位的集合。这些单位的经营范围主要包括会展策划、组织、咨询、广告制作与发布、场馆经营、展位设计与搭建、现场服务、展品运输、评估等。

3）如何理解会展业的定义

（1）会展是一种经济性活动

会展业和会展经济在我国其实是近几年才出现的，也越来越被人们所接受，并受到业内和经济界、工商界人士的重视。会展是一种能够创造经济价值、提升社会经济总量的经济性活动。近年来，我国的会展业每年正在以20%左右的速度增长，会展作为经济贸易和信息交流的桥梁与载体，对国民经济的发展起到了积极的促进作用。根据中国贸促会发布的《中国展览经济发展报告2023》的统计，2023年，我国共举办经贸类展会3923项，比2022年增加2116项，同比增长117.1%；比2019年增加376项，同比增长10.6%。2023年中国经贸类展会总面积1.41亿平方米，比2022年增加8548万平方米，同比增长153.3%；比2019年增加1076万平方米，增长8.25%。另据有关机构的预测，我国作为世界第二大经济体，预计到2030年市场规模将达到83亿美元，2022年至2030年分析期内的年均复合增长率为18.1%。会展活动的经济性主要体现在两个方面：一是能给会展活动组织者创造丰厚的经济效益，这也是我们所说的直接经济效益；二是能够带动其他相关产业的发展，为其带来可观的经济效益，这就是我们平时所说的间接经济效益。

(2)会展产业是会展活动与经济活动相互融合的必然结果

会展活动与经济活动相融合到一定程度,就会形成一个独立的产业。会展业是近几年刚刚形成的一个新兴产业,这已成为人们的一种共识。会展业属于第三产业,也叫作服务贸易业。我国会展活动的产业化具有以下标志。

①会展企业的大量出现。产业是具有某种同一属性的企业或组织的集合,又是国民经济以某一标准划分的部分的总和。会展企业的大量出现是会展产业形成的主要标志。目前,我国会展企业主要有:会展组织机构、展出场地提供机构和会展活动服务机构。

②会展行业协会的建立。行业协会的诞生是一个行业的企业达到一定的数量和市场化程度发展到一定阶段的必然结果。

③会展人才培养机制的建立。随着我国会展业的不断发展,会展人才教育越来越受到社会各界的重视。会展人才学历教育和培训机构也越来越多。研究生、本科生、大专生和短期培训教育体系以及会展职业资格认证体系正在逐步形成。从某种程度上来说,这也是我国会展业不断走向成熟的一个重要标志。

④会展业的发展开辟了就业新领域。据国际展览联合会的测算,一般在展览会目的地,平均 20 平方米的展览面积,就可为其提供 1~2 个就业岗位;平均每 1000 平方米的展出面积,就可以创造 100 个就业机会。据不完全统计,我国现有会展从业人员在 100 万人左右。今后 3 年内,会展市场需要从业人员 200 万人左右,其中,中高级会展商务人员 50 万人左右,而且每年要以 15%的速度递增。任何一个产业的形成,其从业人员必须要达到一定的数量和规模,否则,就不能称之为产业。

(3)会展是一种服务于社会的活动

会展企业提供的是一种社会化服务平台。会议是在同一时间、同一地点把与会者集中在一起,相互交流经验与信息;展览活动就是将参展企业与观众聚集在一起,进行面对面的交流与洽谈,从而达到宣传企业形象、品牌推广、信息与技术交流、贸易洽谈和经济技术合作的目的。

(4)会展的基本形式

会展是以会议和展览为基本形式,并同时具有综合性特点的活动。任何一种会展活动都离不开这两种形式。目前,会展活动也越来越向着综合化的方向发展,主要表现在以下几个方面。

①会议和展览形式相互交融和渗透。会中有展,展中有会,相互衬托,相得益彰,这是现代会展活动的一大特点。

②会展活动与其他活动形式相互交融和渗透。如在会展活动中时常会举办一些时装、体育、文艺表演以及评选或抽奖等活动,为会展活动烘托气氛,增添亮点,达到加深交流和扩大影响的目的。

③会展活动与节庆纪念活动相互交融和渗透。目前,各种层次、各种类型的节庆纪念活动层出不穷,如文化节、旅游节、艺术节等。会展活动常常在这些活动中扮演着重要的角色。

④线上与线下相结合。随着我国新一代数字技术的广泛应用,一大批会展项目已经实现了虚实结合、相互补充,并催生了虚实融合一站式会展技术平台,元宇宙技术场景展览业新业态、新模式。在为展览业带来深刻变革的同时,也激发了展览业发展的新动能。

1.1.3 展览会名称的构成与用法

作为展览会的组织者，在动手策划要举办的展览会之前，应该先给展览会起名字。现在，有些展览会组织者不根据展览会的展出规模和参展商的区域分布，就取名国际展览会或国际博览会等，总认为展览会的名字起得越大越好，以此来引起社会各界的关注。其实不然，展览会名称只要符合实际就是最好的。为了给展览会取一个恰当的名称，下面先来了解一下展览会名称所包含的基本内容和相关知识。

1）展览会名称的构成

展览会的名称一般由以下几个部分构成，这几个部分主要是基本部分、时间部分、地点部分、行业部分和范围部分，如“第134届中国进出口商品交易会”和“2023中国-东盟美容美发化妆品博览会”等。下面分别对这几个部分的内容作进一步说明。

（1）基本部分

基本部分主要用来表明展览会的性质和特征，常用的词汇有展览会、博览会、交易会、洽谈会、展销会、节和周等。

（2）时间部分

时间部分主要说明展览会的举办时间。在展览会的名称里，展览会举办时间的表示方法有以下三种：

①用“届”来表示，如第23届中国国际投资贸易洽谈会。用“届”来表示最常见，它强调展览会举办的连续性。

②用“年份”来表示，如2023杭州国际珠宝展览会。那些刚举办的展览会一般用“年份”来表示，但在用“年份”表示时间时，常常把“年份”中的“年”字省略掉。

③用“季”来表示，如法兰克福春季消费品展览会。这种表达方法主要根据展览会的具体题材，在一年的时间里举办两届或两届以上的展览会往往采用这种表达方式。像法兰克福春季消费品展览会，就是分别在“春季”和“秋季”举办，每年举办两届。

（3）地点部分

地点部分主要说明展览会的举办地点。例如，2023上海咖啡与茶展览会中的“上海”，就是说明这个展览会是在上海举办的。

（4）行业部分

这一部分是用来表明展览题材和展出范围。例如，2023宁波首届农业博览会中的“农业”和第20届上海国际汽车工业展览会中的“汽车”，就是表明这个展览会属于什么行业或产业的展览会。这一部分通常是一个产业的名称或是一个产业中某一个产品大类的名称，有的展览会也可以是几个相关产业或一个产业中的几个大类，还有些展览会的名称里没有行业标识，如2023中国武汉中外商品博览会。

（5）范围部分

这一部分主要是表示展览会参展商来自哪些国家与区域或展览会展出的展品出产地都是哪些国家和地区。例如，第20届上海国际汽车工业展览会中的“国际”就是表明这个展览会是一个国际性展览会。再如，第23届中国国际投资贸易洽谈会的“中国”，也是表明这个展览会是一个国家级的展览会。展览会名称里体现参展企业区域范围的词主要有

“国际”“世界”“全国”“地区”等。

2)展览会名称的用法

现在,我们国内展览会名称的叫法比较多,常见的主要有展览会、博览会、洽谈会、交易会、展销会、订货会、周和节等。目前,我国会展行业对上述名称的使用比较混乱,还没有一个明确的界定。其实,它们之间还是有一定区别的,其基本用法如下。

(1)展览会

一般来说,展览会的展出日期和地点相对固定。其主要目的是通过展示产品和服务,来宣传和推广产品与服务,进一步提高自己的知名度和树立企业的形象,其最终目的是进行贸易。展览会展出范围较窄,专业性也比较强,参与展出的行业有限,往往是一个或几个相关联的行业参加展出,也就是通常所说的专业性展览会。例如,第16届中国(北京)国际工程机械、建材机械及矿山机械展览与技术交流会、第18届中国国际机床展览会等,展览会现场一般不准零售。另外,专业性较强和规模较大的展览会对入场参观和洽谈的观众也有一定的限制,展出的大部分时间只对专业观众开放,往往在展出期间只有一天的时间允许普通观众入场,也称之为“公众开放日”。

(2)博览会

从严格意义上说,博览会的展出规模比展览会的规模要大,参加展出的行业也多,具有综合性,但目前也有只展出一个或几个相关行业的博览会。例如,中国国际供应链促进博览会和第6届中国国际进口博览会等,其性质和特点基本和展览会相同。但是,2010年在上海举办的世界博览会与一般的博览会却有许多不同。主要是世界博览会实行申办制;展出时间比一般博览会要长,它的展出时间长达6个月;展出规模庞大;参展形式也有所不同,世界博览会主要是以一个国家的名义参加展出。通过展示一个国家的历史、文化和经济建设的成就等,来展示一个国家的整体实力和形象以及自己在国际社会中的地位等,其贸易性则次之。世界博览会现在已经成为促进世界各国相互了解,加强外交和经济贸易往来的舞台,这一功能也是一般博览会无法比拟的。

(3)洽谈会

为了达到某一种目的,在一方或多方参加展出的同时,邀请双方或多方代表在同一时间积聚在同一地点,通过参观、交流和洽谈而进行贸易与合作的一种展出形式,其基本性质是贸易与合作。其实,“洽谈会”这一名称的出现要比“展览会”“博览会”晚得多,可以说是我国改革开放以来才逐步被人们所使用。任何一个名称的出现,到被人们接受,它都会有一个逐步演变的过程。如中国国际投资贸易洽谈会,在改革开放初期,我国各行各业都急需从国外引进资金、先进技术和管理经验,是在这样的历史条件、大环境和大背景下而创办的,其主要性质是吸引外资和洽谈合资合作。再如,中国哈尔滨经济贸易洽谈会,是我国与俄罗斯及东欧国家边境贸易兴起时期而举办的。那时候,边境贸易的交易形式以易货贸易为主,当时的主要目的也是在展出期间邀请俄罗斯及东欧国家的客商积聚在哈尔滨,通过参观、洽谈,最后达到进行交易的目的。不管它的交易形式如何,是易货贸易还是现汇贸易,其性质还是以贸易为主。开始举办阶段,这个洽谈会的名称是“中国哈尔滨对苏地方边境经济贸易洽谈会”。随着我国改革开放的不断深入和边境贸易的不断发展,才逐步演变成今天这个名称。

(4)交易会

交易会主要是由多个行业或具有某一共同特征多行业产品参与展出的展览活动。它的主要目的是宣传和交易,其基本性质是贸易。例如,广州出口商品交易会,它在参加展出商品的类别上没有更多的限制,只要符合出口标准和要求的均可参加展出。又如,中国国际高新技术成果交易会,它参加展出的产品也不限行业,但其产品必须具备高新技术这一特性,否则,不允许参加展出。从某种意义上说,交易会在展出题材方面具有一定的综合性。

(5)展销会

展销会是由一个或多个行业参加展出,以现场销售为主要目的的一种展出活动。规模一般都不大,其主要性质是零售,参加的企业以中小型企业、批发企业、零售企业和个人为主,对入场观众没有任何限制。例如,2023 年首届呼伦贝尔·海拉尔冰雪产品冬季展销会、2023 年福州春季住房展销会、2023 长三角供销合作社名优农产品展销会等。

(6)订货会

目前,由多家企业参加的全国性和区域性订货会已经基本消失,并逐步被各种展览会和博览会所取代,但一家或数家企业自行组织的订货会还仍然存在。生产企业根据自己的生产和产品上市的季节,邀请自己的客户在同一时间集聚到同一地点来参观产品,相互沟通市场信息,共同洽谈订货的款式和数量。例如,2024 北京图书订货会、2023 萌家宜家纺秋冬新品订货会、Ontimeshow 2023 秋冬订货会以及晋帛家纺 2020 春夏新品订货会等。

(7)周和节

一般来说,周和节与展览会和博览会没有严格的区别,如中国北京高新技术产业周和大连国际服装节等。所不同的是这类周和节的举办时间比展览会要长一些,除了以展览活动为主以外,周和节更注重组织与之相关的辅助活动,丰富整个活动的内容,提高整体活动的影响力。但有的节却与展览会存在着很大的不同,如 2023 云南罗平油菜花节、2024 泉州工业旅游节、枣庄第 14 届温泉文化旅游节、2023 湖南油菜花节等。这一类的节类似于节事活动,以组织当地的民俗活动、宣传优势资源和旅游资源为主,展览活动为辅。其主要目的是通过举办这一活动来进一步提高举办地的知名度和吸引更多的游客到该地区去旅游观光。

3)展览会名称应注意的几个细节

(1)名称容量要适中

一个好的展览会名称不要太大,也不要太小。名称太大会给参展企业一种不真实感,反而会降低企业参展的信心;名称的范围太小,展览会的展出规模则会受到限制。因此,在确定展览会的名称时,一定要尽可能多地掌握相关产业的发展信息,为该展览会的发展留有一定的空间。

(2)名称不要太长

展览会的名称是一个展览会的"眼睛",是对一个展览会的高度概括,是一个展览会的精华。受众首先看到或听到的是展览会的名称,所以展览会名称不宜太长、太具体。例如,××国际自动门、电动门、商业门、车库门、工业门及××设备展览会,这个名称就显得有点长,也过于具体,倒不如称为××国际门业(或者门类)及××设备展览会更好些。名称太长，不便于记忆，也不便于该展览会品牌的传播与推广。另外，展览会如果是国际性展览会时，还要注意它的英文名称和缩写。总之，一个好的展览会名称除了与展览会题材相符，并留有一定的发展空间外，不论是中文名称，还是英文名称与缩写，都要读起来顺畅，听起来悦耳。这样，才便于记忆与推广。

（3）时间不要重复使用

在前面已经叙述过，展览会名称中时间的表示方法有3种：一种是用“年份”来表示；另一种是用“届”来表示；再就是用“季”来表示。用“年份”来表示时，通常会把“年份”中的“年”字省略，如2023中国武汉中外商品博览会，而不是2023年中国武汉中外商品博览会。人们一看到“2023”就知道是2023年，这已经成为一种习惯，所以，再加“年”就显得有点多余了。用“届”来表示时，第1届往往是用“首届”来表示，从第2届开始按照顺序依次类推。但现在许多展览会名称表示时间时，既用“年份”，又用“届”，如2023第2届×××机械装备制造业展览会，这给人们的感觉是该展览会在2023年共举办了2届。这样重复使用，容易给人们造成误解和错觉，也不符合习惯与规范。其实，习惯用法是用了“年份”，就不要用“届”；用了“届”，就不要用“年份”，两者不可重复使用。

从以上内容可以看出，展览会的名称基本上反映出展览会的大概内容和基本定位。一个具有一定专业常识的人就能通过展览会的名称基本判断出该展览会是专业性展览会，还是综合性或消费性展览会，该展览会的展出范围大约是什么。在确定展览会名称时，既不要太宽泛，又不要太狭窄，要有一定的容纳性。太宽泛时，会给人们一种不真实感；太狭窄和容量太小时，一定会制约展览会规模的发展。所以，在确定展览会名称时一定要谨慎，三思而后行，要根据相关行业的发展，给自己的展览会起一个既准确，又有一定发展空间的名称。

任务二　展览会的构成要素

1.2.1　会展管理机构

1）国际会展管理机构

国际会展管理机构的产生是世界会展业发展的必然产物。经过近百年的发展，它们的业务范围各有侧重，但它们有一个共同的特点，那就是在它们的管理和服务领域里体现出的权威性、独特性和公平性。主要国际会展管理机构如下：

（1）国际展览联盟

UFI是国际展览联盟（Union of International Fairs）的简称。为了适应发展的需要，该组织在2003年10月20日开罗第70届会员大会上，决定更名为全球展览业协会（The Global Association of the Exhibition Industry），但是，其简称仍为UFI。UFI是迄今为止世界展览业最重要的国际性组织之一。

1925年，UFI在意大利的米兰成立，最初由欧洲的20家展览公司组成。前期只有举办展览会的展览公司才能成为其正式会员。从1994年起，展馆、展览会以及会展相关机构，如贸易协会、展览服务机构、管理与统计机构、研究机构和专业报刊等也可被接收为会员。不过，至今 UFI 80%的活动还是集中在展览会组织领域。UFI 总部位于巴黎，其法人代表为主席。日常事务由秘书长负责处理，日常运行主要靠会员缴纳的会费。

经过发展，UFI 现已拥有 256 家会员组织，其中包括 233 家组展者、展馆业主和展览行业合作组织，42 家展览协会。它们分布在五大洲 71 个国家的 156 个城市。

随着我国展览业的快速发展，其国际化、品牌化趋势越来越凸显，国内通过 UFI 认证的展会项目也逐年递增。中国展览数据统计报告中的数据显示，截至 2022 年 1 月，我国通过 UFI 的会员单位有 211 个。

（2）国际展览局

国际展览局（Bureau of International Expositions）成立于 1928 年，是一个协调和审批世界博览会事务的政府间国际组织，总部设在巴黎。目前，有 91 个成员国，其中，欧洲地区 28 个，北美洲地区 1 个，中美洲地区 16 个，南美洲地区 8 个，非洲地区 12 个，亚洲地区 23 个，大洋洲地区 3 个。中国于 1993 年 5 月 3 日正式加入国际展览局。中国国际贸易促进委员会一直代表中国政府参加国际展览局的各项工作。国际展览局第 134 次全体大会一致通过，选举中国资深外交官吴建民担任国际展览局新一届主席。这是在国际常设组织中担任主席的第一位中国人，也是国际展览局成立以来首位来自发展中国家的人士担任主席。

1928 年 11 月 28 日，31 个国家的代表在巴黎召开会议，签订了世界上第一个协调与管理世界博览会的建设性“公约”，即《国际展览会公约》。此公约规定了世界博览会的分类、举办周期、主办者和展出者的权利和义务、国际展览局的职责、机构设置等。《国际展览会公约》后来经过多次修改，成为协调和管理世界博览会的国际公约。国际展览局也就成为专门监督和保障《国际展览会公约》的实施、协调和管理举办世界博览会，并保证世界博览会举办水平的政府间国际组织。

国际展览局是政府间的国际组织，其成员为缔约国政府，联合国成员国、不拥有联合国成员国身份的国际法院章程成员国、联合国各专业机构或国际原子能机构的成员国可申请加入。国际展览局的一切活动均通过外交途径进行。

国际展览局设 4 个专业委员会：执行委员会、行政与预算委员会、条法委员会、信息委员会。

国际展览局全体大会由缔约国任命的代表组成，每个国家可有 1～3 名代表。全体大会召开定期会议以及特别会议。它对《国际展览会公约》规定的国际展览局权限内的所有问题作出决定，是国际展览局的最高权力机构。

国际展览局主席由全体大会以秘密无记名投票方式从缔约国政府代表中选举产生，任期 2 年。在任期间，他不代表本人所属国家。主席可以连任。国际展览局主席召集并主持全体大会会议，签署相关文件，有选择地参加国际展览局专业委员会工作会议，考察世界博览会申办国、出席世界博览会主办国举办的有关活动。国际展览局秘书长由全体大会任命，是国际展览局的法人代表，负责处理国际展览局日常事务，编制预算草案，向全体大会提交财务和活动报告。现任国际展览局秘书长是西班牙人文森特·冈萨雷斯·洛塞泰斯。

(3)国际展览管理协会

国际展览管理协会(International Association for Exhibition Management,IAEM)于1928年成立,总部设在美国达拉斯。该协会与国际展览联盟(UFI)在国际展览界均享有盛誉,被认为是目前国际展览业最重要的行业组织之一,两者现已结成全球性战略伙伴,共同促进国际会展业的发展与繁荣。

IAEM以促进国际展览业的发展与交流为己任,每年定期举办国际展览界的交流合作会议、短期提高课程及专题会议,出版相关刊物和买家指南,提高展览会组织者的管理水平。目前,中国内地有10多家专业展览机构获准成为IAEM成员,但其中绝大部分是大型会展中心,而专业展览公司只有寥寥几家。深圳市会议展览业协会是IAEM成员,该协会秘书长孙翌伦是IAEM中国区主席,国内申请IAEM成员可向该协会国际部咨询。

(4)国际大会及会议协会

国际大会及会议协会(ICCA)创建于1963年,他们主要的目标是通过对话操作方法的评估以促使旅游业大量地融入日益增长的国际会议市场,同时为他们对相关市场的经营管理交流实际的信息。从一开始,就被证明了这确实是一个恰当的时机,会议产业的增长速度远远超过了人们的预料。

国际大会及会议协会是全球国际会议最主要的组织机构之一,它是唯一的一个包括国际会务活动操作、执行、运输及住宿等方面主要专业成员的社团组织。在全球拥有76个成员国,是会议业当之无愧的全球化组织。

作为会议产业的领导组织,他包含了所有当前以及未来的专业部门,国际大会及会议协会一直通过下列方式为所有会员提供最优质的服务:

①参展成员的技巧及理解;

②为成员间交流信息提供便利;

③为成员最大限度地发展商业机会;

④根据客户的期望值,提高并促进专业水准。

结合会议产业专业部门所代表的门类,国际大会及会议协会拥有自己的结构体系。中国的上海国际会议中心和北京国际会议中心是该组织成员,它们在该组织中按专业划分为"G"类。

(5)美国独立组展商协会

独立组展商协会(SISO)的总部设在芝加哥,现有170家会员,世界上有影响、实力雄厚的展览会组织者,如法兰克福展览公司、励展公司、蒙哥马利等展览公司均是该协会的会员。该协会的会员每年在全世界举办3000多个贸易展览会。目前,独立组展商协会成员在美国举办的展览会已占美国展览会总数的45%,并呈现逐步扩大的趋势。

2)主要国家的会展管理机构

从世界会展业的发展历史来看,德国、美国、法国、新加坡等会展经济发达国家都有自己的国家级行业协会。这些协会的共同特点就是拥有全球性和权威性。众多会展发达国家的成功实践都已证明,顺畅的行业管理体制是一个国家或城市会展业健康发展和整体促销的基本条件。在欧美发达国家,政府不直接参与会议或展览会的组织和管理,而是为会展业的发展提供必要支持,除了提供优惠政策、投资兴建场馆、资助企业出国参展外,还协助、促进会展公司开展会议或展览会的推广工作。在会展经济发达的一些国家,会展管理机构大多数是行业协会，也有的是政府部门，但他们的目的都是负责规范和调控会展市场，使会展市场能健康有序地发展。主要国家的会展管理机构如下。

(1)德国展览与博览会协会

德国展览与博览会协会(AUMA)是德国展览业的权威组织。1907年成立，现有会员78家，主要是德国展览公司和展览会组织者、德国工商大会、德国各大行业协会、对展览感兴趣的专业协会、与展览业有关的专业协会、出国展览执行公司等。

德国展览与博览会协会的最高权力机构是会员代表大会，下设顾问委员会、董事会和秘书处。顾问委员会由30名来自德国经济界主要协会和展览公司的代表和另外约30名精选的经济界和展览界的专家组成。董事会最多由22名德国工商界和展览公司代表组成，董事长和一名副董事长来自工商业界，另一名副董事长来自展览公司。秘书处主要负责协会的日常工作，设总干事长一名，干事长两名，分别负责德国国内展和国外展。

AUMA下设许多工作委员会，负责会员间的经验交流、提供建议及各种议案的准备工作等。主要工作委员会有展览会协调委员会、协会IT工作组、展览会透明度和法律、管理工作委员会及出国参展工作委员会。

AUMA作为德国展览业唯一的行业组织，其主要任务是维护德国展览业在国际、国内的共同利益，负责与议会、政府各部门和其他行业组织进行沟通；协调所有在德国举办的展览及德国在国外组织的展览活动，对外宣传德国展览市场，吸引外国企业来德参展及来德举办展览会，积极支持会员开展国外展览业务；致力于改善展览市场透明度，平衡参展商、参观者和展览会组织者之间的利益关系；对展览会进行调查和评估；出版和发布展览会指南，提供与展览有关的咨询服务和培训等。

AUMA不是展览会的组织或执行机构，而是一个服务和协调机构。展览业协会数据库包含了全球5500多个展览会的信息，而且不断更新。研究、评估和维护迅速膨胀的数据库也是展览业协会的主要任务之一。

AUMA是国际展览联盟(UFI)的成员，代表政府和德国展览业参加国际展览联盟大会。展览业协会也是联邦—州展览委员会的常务成员，负责协调州与联邦的国外参展事务，避免重复补贴。协会还定期参加德国展览会组织者协会如德国展览城市利益共同体(IDFA)和德国展会组织者专业协会(FAMA)的各项活动。

在协调和确定每年的官方出国参展计划，特别是争取增加出展预算、改进扶持的范畴及实施方式、提高扶持计划和资金使用效率等方面，AUMA都发挥着积极的作用，并与相关的联邦部门一起担任国外参展项目的主办单位。协会内具体负责协调政府与经济界在国外参展事宜的是出国参展工作委员会，委员会由德展览业协会、德国主要行业协会、联邦主管机构，如经济与劳动部，消费者保护、食品与农业部，外交部和联邦新闻署的代表组成。

(2)法国企业和技术国际促进署

法国企业和技术国际促进署(CFME-ACTIM)是法国境外出展委员会(CFME)和技术、工业和经济合作署(ACTIM)合并后的名称。该机构与对外贸易中心(CFCE)一样隶属于经财部对外关系总司，是法国促进出口和对外投资最重要的全国性公共机构之一，其主要业务是：

①组织法国企业参与国际大型展览会和博览会。

②邀请国外企业决策人在法国接受技术信息培训，协助法国企业加强与外国企业的接触。

③在国外举办技术研讨会和产品介绍会，联络各方面专业人士，并与其保持经常联系。

④在国外设立信息中心和新闻处，利用国外媒体介绍法国技术。

⑤帮助法国企业扩大在国外市场的影响。

（3）美国展览服务和承包协会

从 1971 年开始，美国展览服务和承包协会（Exhibition Services & Contractors Association，ESCA）就为服务搭建商及其合作伙伴提供服务。目前拥有包括美国、加拿大、墨西哥的 160 多个成员，并与国际展览管理协会（International Association Exhibition Management，IAEM）、美国贸易展参展商组织（Trade Show Exhibitors Association，TSEA）和美国工业展览研究中心（Center Exhibition Industry Research，CEIR）进行合作，促进展览业及会员利益的共同发展。ESCA 是负责展览馆装修的具体部门，为展览会提供以下服务的企业可以成为其会员：AV 视听设备、装饰、人工、展位设计、电力、交通与物流、搭建与撤展、展示建筑、保洁及维护、管道、安全、家具、影像制作、给排水、绿化植物等。

ESCA 的宗旨是：

为展览、会议等活动提供服务与材料的公司联络，并提供服务。

展览服务行业的论坛。

提供会员与企业之间的信息交流。

寻求总承包、专业承包、独立承包及其他供应商。

为会员在当今环境下寻求优惠与帮助。

主要任务：ESCA 致力于促进展览和会议业的发展。通过会员与客户之间的相互学习和信息交流来提高会员的专业水平，促进各行业展览领域的合作。

会员利益：

ESCA 论坛。双月刊新闻简报，包含重要的最新产业消息、广告、重要人物信息等。客户有 1000 多家，他们分别代表了展览业各领域的企业。

重要新闻及其他机会，随时通过电子邮件和传真传递。

收录了所有的会员名单，并提供免费链接以及会议、会员名录等信息。

夏季培训会议。通过互联网和会议对会员进行培训。

年度大餐。与 IAEM 年会同期举行，借此机会，你可以与同行交流，结识新会员，庆祝年会。

年会其他节目。会员用信用卡可节省很多开支，如广告、租车、人力资源咨询等。

网络。为会员提供会展行业最重要的定期或正在举办的网络培训机会。通过举办夏季培训、广告、主办及其他活动，为会员创造一个与同行交流的平台。

会员必须遵守的自律条款：

精确。会员必须提供真实、准确的服务信息。

透明。会员必须遵守 ESCA 提供的完整付款细节及条款。

送达。按约定提供服务，如无法提供约定服务的，则需提供比约定服务更好或同等的变通服务，或给予适当的赔偿。

合作。会员之间与展览会管理、其他承建商、设施管理、参展商合作服务。

义务。会员要永远为顾客提供及时、可靠、优质的服务。

遵纪守法。会员必须遵守联邦、州政府及当地法律、法规的有关规定。

制度。会员要遵守安全操作与展览会规定的各项条款及标准。

保密。会员对客户交易保密，在没有客户允许的情况下，禁止泄露任何信息，法律另有规定的除外。

利益冲突。会员不允许下属或从属的供应商和分包商破坏顾客利益。

争议解决。会员与客户之间公正、迅速地解决争议，若无法解决，则通过调解与仲裁。

（4）意大利对外贸易协会

意大利对外贸易协会（ICE）创建于1926年，是意大利对外贸易部领导的官方机构，协会总部设在首都罗马。并在意大利国内设有地方办事处35个，在国外有78个办事处，1200名工作人员。协会的宗旨在于促进意大利与世界各地的贸易、工业和科技合作，并提供有关意大利的经济信息，协会也替意大利工商界收集国际性的市场信息和协助他们寻找贸易伙伴。此外，协会还帮助外国公司在意大利寻找供应商和合作伙伴，并引导他们在意大利投资。意大利对外贸易协会提供的服务包括：

①通过组织贸易代表团和技术研讨会、参与国际展览会、发行专业杂志报纸、在主要的商场举行店内促销等服务形式来促进意大利产品的出口。

②通过其海外网络提供服务、投资机会和工业项目等信息资料。

③为意大利公司的海外运作提供协助，促进各种形式的工业合作。

④为国外工商企业提供有关意大利的产品和商务信息。同时，为意大利公司寻找贸易伙伴。

⑤为国外的专业人员组织国际贸易或科技领域的培训课程，以促进双方的联系和信息交流。

意大利对外贸易协会和意大利机床、机器人和自动化制造商协会都组织意大利国家展团参加在北京举办的每一届中国国际机床展览会，并获得丰硕成果。意大利对外贸易协会还在中国每年举办意大利机床技术研讨会、出版有关意大利机床机器人自动化等技术刊物、组织中国代表团赴意大利参观北京国际机床展览会，有力地推动了意大利和中国机床工业的交流和合作。

该协会上海办事处自1987年建立以来，积极组织有关的意大利厂商参加各种展览会、技术交流会，出版技术刊物，开展两国业务人员互访等活动，促进了意大利和中国之间的经济贸易和技术合作。

（5）新加坡国际企业发展局

新加坡国际企业发展局的主要工作是帮助企业销售他们的产品和提供服务，为新加坡企业建立全球联系网络以及充当企业融资的桥梁，其使命是“帮助设在新加坡的本地和外国企业成功地发展和国际化”。

新加坡国际企业发展局的前身是新加坡贸易发展局，该局成立于1983年，

下辖5个主要部门：企业部、创业部、国际业务部、企业能力发展部和贸易促进部，并在全球设有超过35个办事处及联络点。其主要任务是促进和发展新加坡的国际贸易。

3）我国的会展管理机构

目前，我国根据展览会性质的不同对各类展览会实行分级、分类管理，申报审批和备案登记制。因为会展业在我国是一个新兴行业，真正发展成为一个独立的产业仅有几年的历史，所以在会展管理和会展市场宏观调控方面明显滞后于会展业的发展。也可以说，还带有一定的计划经济的色彩。值得高兴的是，近几年来会展业的快速发展和会展业对当地经济的带动与促进作用已经引起许多地方政府的重视，并采取各种手段来规范和调控自己区域内的会展市场，使其能健康、有序地发展。就目前我国对会展业管理的状况来看，我国主要的会展管理机构如下。

（1）国家级会展管理机构

①商务部：主要负责研究我国会展业的发展动态，根据产业的发展制定宏观调控的政策与法规，如商务部于 2004 年 1 月 12 日发布并实施的《设立外商投资会议展览公司暂行规定》等。除此之外，还负责由原对外贸易经济合作部负责管理的国外来华展览会和各种涉外经贸类展览会以及由原国家经贸委、国内贸易局负责管理的国内全国性展览会。如今，国内展览会的审批已宣布取消，商务部也宣布取消了国外来华展览会举办单位资格的认定，但此类项目仍需要审批。

②科技部：主要负责管理科学技术类展览会。

③文化部：主要负责文化、艺术类展览会。

④国家新闻出版署：主要负责对国内单位出国举办图书、报刊、电子出版物展览会与展销会，国内企业出国参加国际图书、报刊、电子出版物展览会及展销会和国外企业来华举办图书、报刊、电子出版物展览会、展销会、出版贸易洽谈会等活动的管理、协调与审批。另外，还负责我国新闻出版和著作权对外交流与合作以及图书、报刊和电子出版物进出口贸易的管理与协调等。

⑤工商管理部门：主要负责对各类展销会进行备案登记管理。

⑥中国国际贸易促进委员会：中国国际贸易促进委员会简称贸促会，是我国最大的贸易促进机构，主要负责出国单独举办或参加经济贸易类展览会的管理与协调，并根据我国外交、外经、外贸发展战略的需要，代表国家在国外单独举办或参加大型的博览会、展览会，如世界博览会等。

（2）地方会展管理机构

从我国会展业发展的整体状况来看，会展业的发展水平也不均衡，各地政府对会展业的重视程度和宏观管理与协调的力度也不一样，对会展项目的支持力度也各不相同。总体来看，经济发达地区，政府部门对会展业比较重视，会展管理机构也比较健全。所以，会展业发展速度较快的城市或地区，其会展市场也较健康、有序，规范程度也比较高。由此可见，会展业的发展与经济的发展密不可分。现在，我国各地对会展业的管理模式不尽相同，但归纳起来，地方会展管理机构分以下三种类型。

①政府部门：这些部门主要是会展行业管理办公室，也就是通常人们所说的“会展办”，有的地方则称为会展行业领导小组。尽管称呼不同，但它们都是当地政府的一个常设机构，主要职责范围是会同有关部门对当地的会展市场进行调控与管理。另外，像“贸易发展局”等部门，主要负责国家对会展业扶持政策的审批与实施，以及地方政府对会展

业扶持政策的制定、审批与实施等。

②地方贸易促进机构：国家贸促会是我国成立时间比较早，机构设置比较齐全的贸易促进机构。在全国各省、自治区、直辖市和副省级城市都设有分会，在其他一些中小城市也设有支会。这些分会和支会在促进当地的经济发展和对外改革开放方面都发挥着积极的促进作用。他们除了组织当地的企业赴国外参加各类博览会或展览会外，许多地方政府还根据本地会展业发展的实际情况，赋予其另外一项职能，那就是负责在其行政管理区域范围内对展览会项目进行协调与审批，对其会展市场进行宏观调控和管理，以便使其会展市场能健康有序地发展，福建省的晋江市就是如此。

③行业协会：行业协会的出现是一个产业在市场经济条件下逐步走向成熟的主要标志。在一些市场经济发达的国家或地区，行业协会组织将发挥更大的作用，承担起该行业的主要管理职责。从大的方面来说，它是政府和企业的集合体，一方面，它代表政府来规范和管理产业市场，是贯彻行业法规、政府政策与意图的执行机构；另一方面，它又是企业的代言人，维护企业合法权益的领头人，代表企业与政府有关部门进行洽谈和沟通。不论哪一个行业的协会都具有民间性、非营利性、公平性、代表性和服务性等特点。

由于我国会展业的发展起步较晚，我国大多数会展行业协会都是近 10 多年才成立起来的。到目前为止，我国有不少省市都成立了会展行业协会，如北京国际会议展览业协会、深圳市会议展览业协会、香港展览会议业协会、厦门会展业协会、温州会展业协会、广东会议展览业协会、上海会展行业协会和山东国际展览业协会等，这些协会对加强地区展览行业自律起到了明显的作用。

4）会展行业协会的主要职能

（1）制订行规，进行行业间的协调和管理

世界上，许多发达国家的展览行业协会主要是利用市场机制和行规对展览业进行协调与管理，其着眼点在于展览业的秩序、效益与发展。一方面，它会同政府有关部门，共同制订一套行业道德与行为规范，一旦有会员违反有关规定，就会采取制裁措施，以维持公平竞争的秩序；另一方面，在会员单位之间，就展览会项目、展出时间、展出地点、展位价格、展览会质量等方面进行协调，以更好地维护会员的正当利益；再就是在制订行业道德与行为规范的同时，对协会本身的行为也提出了明确的要求，形成了一整套相互监督和相互制约的机制，从而保证了行业协会的权威性和公平性。在我国，由于全国性的会展行业协会尚未成立，再加上我国对会展业实行的是根据展览会所涉及的行业进行分头归口管理制度，在会展行业的法治建设与会展市场的宏观调控和管理等方面就显得乏力和滞后，与我国目前会展业的快速发展不相适应。

（2）进行专业人才培训，提高从业人员的专业技能

任何一个产业的发展，都离不开一大批具有一定专业知识和技能的从业人员来支撑。展览业是一个有着广阔发展前景的新兴行业，更需要大量的专业人才补充进来。世界上许多会展业发达国家、会展行业协会都承担着会展专业人才培养这一任务。经过多年实践，积累了许多成功的经验，也形成了一套完整的专业人才培养体系，分别通过理论学习、工作实践、参与协会活动和考试等方式给予被培训人员各种机会，每完成一个专业测定就授予一定的分数，累积到一定分数后，协会将授予一个资格证书，有了证书就表明你在展

览业取得了一定的地位和名誉,从而也保证了从业人员的专业知识与技能。

我国会展人才的教育与培养在前些年几乎是空白,从事展览业人员多由其他行业转业而来。但近几年我国在这一方面也有很大的进展,许多国外著名展览企业进入中国带来先进的管理理念的同时,也带来了他们的专业人才培训系统。另外,许多国内大专院校已经开设了会展专业,或成立了专门的会展学院。我国的会展职业已经正式发布,会展职业资格的鉴定认证标准也即将颁布。这充分说明,我国会展专业人才的教育和培训体系正在逐步形成,大批专业人才将要充实到会展行业中去,以满足急剧扩大的展览市场的需要。在这一方面,我们国内会展行业协会所发挥的作用还没有国外会展行业协会发挥的作用那么大。

(3)对展览会进行资质评估

全世界每年举办的大型展览会有4000多个,中小型的更是不计其数。这造就了展览市场的繁荣,但这当中也难免会有一些规模不大、质量不高和影响力不大的展览会。因此,展览会的名牌效应就显得更加重要,展览行业协会一方面承担着制订展览会评估标准和对展览会进行评估的职能;另一方面,还要向社会提供尽可能详细与准确的展览会信息。现在世界各国的展览会评估标准不同,所采取的评估方式与方法也不一样,但其目的都是进一步提高展览会的举办质量,规范和净化展览市场,提高展览会的品牌声誉,更好地维护参展商、观众和主办者的利益。从世界范围看,展览会评估和资质认定的权威机构是国际展览联盟(UFI)。该联盟的成员是建立在品牌展览会的基础上的。UFI对申请加入其协会的展览项目和其主办单位有着严格的要求和详细的审查程序,取得UFI的资质认可、使用UFI的标记成为名牌展览会的重要标志。我国现在虽然还没有统一的展览会评估标准,但许多地方展览行业协会已根据自己会展业发展的实际情况,制订了展览会评估标准,开始对相关展览会的整体效果进行评估,并在评估方面积累了一定的经验。这对提高展览会的质量和规范展览市场起到了积极的作用。

(4)加强信息的收集与交流,更好地为社会和会员服务

服务是任何行业协会的重要职能之一。随着经济技术的不断发展,展览市场也在向全球化的方向发展,壁垒和障碍在不断减少,区域范围在逐步缩小。这既有利于展览会组织者在确定举办展览会时掌握更多行业信息,也增加了展览会的参与者选择展览会的准确性。国外的展览行业协会将收集到的这些展览信息进行整理、分析和分类之后,及时地传递给展览会组织者或展览会参与者,更好地为社会和会员服务。我国的展览行业协会也以此作为自己为社会和会员服务的重要内容,但其信息收集的手段还不够先进,收集的范围还不够全面,传递的速度也不够快,这也就降低了信息的准确性和时效性。

1.2.2 展览会组织机构

一个展览会的成功举办往往需要多个单位或机构的密切配合与合作,一个大型展览会尤其如此。展览会的组织机构是指负责展览会组织、策划、招展和招商等事宜的有关单位。它们可以是政府部门、行业协会、新闻媒体和企业等。通常情况下,一个展览会的组织机构分为以下几个类型。

1)主办单位

从严格意义来说,展览会的主办单位必须具备经国家主管部门批准的、能独立举办展览项目的资质,具有招商招展能力和独立承担民事责任的能力,设有专门从事办展的部门和有相应的展览专业人员,并具有完善的办展规章制度。也就是说,主办单位在法律上拥有展览会的所有权,并对展览会承担主要法律责任。另外,主办单位在展览活动中起着决定性作用,它不但决定展览会的性质、特点、形式、时间和地点,而且决定展览会的最终效果。

在实际操作中,主办单位有三种类型:一是完全拥有型,这种类型的主办单位亲自负责展览会的实际策划、组织、操作与管理,并对展览会承担主要法律责任;二是半拥有型,这一类型的主办单位不参与展览会的实际策划、组织、操作与管理,但对展览会承担主要法律责任;三是名义拥有型,这一类型的主办单位既不参与展览会的实际策划、组织、操作与管理,也不对展览会承担法律责任。第二和第三类型的主办单位,主要是利用这些"主办单位"强大的行业号召力和影响力来扩大展览会的展出规模,提高展览会的知名度,而不是利用它们对展览会的实际操作能力。

2)承办单位

展览会的承办单位直接负责展览会的实际策划、组织、操作与管理,并对展览会承担主要财务责任。承办单位对举办展览会的各个方面都会产生重大影响,是展览会组织机构中较为核心的单位。除了上述职能外,大部分承办单位还要负责展览会的招展、招商和宣传推广等工作。在实际操作中,有的承办单位可能要承担上述所有的职能,有的承办单位可能只需要承担上述的部分职能。其实,一个展览会的承办单位可以是一个,也可以有多个,这要根据展览会的具体情况而定。在策划举办展览会时,要根据各单位的优势和劣势,并结合展览会的实际需要,对它们作出安排。如有些单位的招展能力很强,但展览会现场的管理能力不足,可以让它主要负责展览会的招展工作;有些单位的展览会现场管理能力很强,但招展能力不足,可以让它主要负责展览会的现场管理工作。总之,一个展览会不管是几个单位来承办,也不管他们负责哪一项或哪几项工作,主办单位都必须对他们所承担的工作进行及时有效的监督、检查,以确保展览会的顺利举办。

3)协办单位

展览会的协办单位一般不承担财务和法律责任,也不承担展览会的主要招展和招商工作,而主要是协助主办或承办单位负责展览会的策划、组织、操作与管理,部分地承担展览会的招展、招商和宣传推广工作。在实际操作中,协办单位可以是一个,也可以是多个。选择协办单位的原则就是充分利用它们的优势资源来为展览会服务。因此,展览会最为常见的协办单位就是那些有一定的招展、招商和宣传推广工作能力,但又不愿或不能对展览会承担主要财务责任的单位。如有些行业协会具有行业资源优势,让它作为展览会的协办单位,在行业内开展招展、招商工作,它们的号召力就大得多。再如新闻媒体具有宣传推广的优势,邀请它们作为协办单位,有利于展览会的宣传与推广。尽管协办单位对展览会不承担主要责任,但它们的作用不可小视,因为协办单位所起的作用往往是主办或承办单位所缺乏的,但又是展览会所必需的。

4)支持单位

展览会的支持单位对展览会主办或承办单位的展览会策划、组织、操作与管理或者是招商、招展和宣传推广等工作起支持作用。支持单位有时候也承担一些招商和宣传推广工作,但基本不参与展览会的招展工作,也不对展览会承担任何财务和法律责任。

对于一个展览会而言,主办单位和承办单位是最为核心和最为重要的办展机构,也是举办一个展览会必不可少的;协办单位和支持单位对一个展览会来说不是必不可少的,它往往是结合主办单位和承办单位的实际能力,并视展览会的实际需要来决定是否需要。

1.2.3 展出场地提供机构

展出场地提供机构就是以一定规模的展览场地为依托,具有为会展活动提供配套服务功能,并配置规范服务和管理的专业人员的单位,也就是通常所说的展览馆或会展中心。它的功能主要是以租赁的方式向展览会组织机构提供展览活动所需要的场地;为参展商提供一个集中展示产品和与观众进行洽谈、交流的场所;为会展活动提供设备与设施租赁、展位设计与搭建、周边广告的制作与发布等。

据统计,2022 年中国展览场馆在用数量为 356 座,同比 2021 年增加 65 座,增速 22.34%;正在建设的展馆有 27 座,同比 2021 年在建展馆增加 3 座;全国已经立项待建展馆有 8 座,同比 2021 年增加 2 座。预计国内展览场馆数量将达到 391 座,展览场馆建设情况向好。从全国投入使用的展览场馆数量来看,广东省展览场馆达到 41 座,为全国各省(区、市)最多,占比达 11.52%。山东省 39 座,江苏省 31 座,分别位居全国第二、第三,占比分别达 10.96%和 8.71%。

会展场馆面积的迅速增长,并不一定会给会展业带来繁荣,因为会展业的发展是多个要素所决定的,而场馆只是其中要素之一。不顾会展市场规模,而盲目扩大展馆面积,其结果是既浪费资源,又给展馆经营单位带来沉重的包袱。据有关专家测算,展馆的利用率达到 40%以上,展馆才会盈利,而我国部分展馆的利用率仅在 10%~30%。其实,场馆并不能创造市场,只有市场才能造就场馆。

1.2.4 参展商

参展商就是向展览会组织机构租赁展位或场地展示其产品、与观众进行交流和洽谈的单位或个人。在展览活动中,参展商是展览活动的基本要素,也是展览会组织机构的"衣食父母",因为展览会的主要收入来源于参展商。没有参展商的参与,展览会就不可能存在。参展商是否参展是展览会能否顺利举办的前提,也是展览会赖以生存和发展的原始动力。参展商数量越多,展览会的展出规模就越大;他们投入的资金越多,展览会的展出水平就越高;他们的来源区域范围越广,展览会的影响力和吸引力就越强。参展商的参展行为是否活跃,直接关系到展览活动的影响力和生命力。实践证明,参展商数量越多、规格越高,展览会品牌的影响力就越强;来源范围越广、投入的程度越高,展览活动的观众就越多,生命力就越强。所以在展览会的组织过程中,展览会组织机构都把招展当作一项很重要的工作来抓。

通常会展业内又把参展商分为目标参展商、潜在参展商和参展商。目标参展商就是与展览会题材相关联的生产制造型、研究与技术开发型、贸易型和服务型等企业和单位；潜在参展商就是那些展览会题材范围内各类型的企业和单位，他们由于其他因素的影响或者是他们认为参展时机还不成熟而暂时尚未参展，但有参展意向。参展商就是那些已经参加过一届或者几届的企业和单位。

1.2.5 观众

观众是指那些在展览会展出期间进入展出现场参观或与参展企业进行交流信息、洽谈业务的人员。观众分为专业观众和普通观众。专业观众是指那些在展览会题材相关行业内从事各种职业的人员，主要来自相关行业的生产制造企业、研究机构、技术开发机构、进出口企业、批发与零售企业、行业管理部门和服务型企业等单位。普通观众也称一般观众，主要是指那些他们所从事的职业暂时与展览会题材没有联系而又有兴趣入场参观的人员。由于人员的流动和职业的转换，专业观众可能会变成普通观众，普通观众也可能会变成专业观众。观众既是展览行为的起点，又是展览活动的终点，因为任何展览会的举办，最终目的都是满足观众的欣赏、购买和选择的需要，展览效果的好坏最终也要由观众来决定。因此，没有观众的展览会便是失败的展览会。不以观众的需要为目的，也就不可能最大限度地吸引观众，甚至无法完成展览会的全过程。

目前，展览会组织机构在展览会的组织过程中也越来越认识到招商工作的重要性。在重视招展工作的同时，也逐步重视对观众，特别是对专业观众的宣传、引导和组织工作。许多国外展览会组织机构在举办专业性展览会时，展出期间的大部分时间只允许专业观众入场，仅仅在展览会闭幕的当天或者前一天才允许一般观众入场，也称作“公众日”。他们这样做的目的就是保证观众的质量，为参展商创造一个交流与洽谈的环境。

温馨提示

就一个专业展览会来说，参展商和专业观众就像一对孪生姐妹，谁也离不开谁，并且二者要相互匹配、相互支撑。只有好的参展商，没有相应的买家不行，仅有好的专业观众，没有相对应的企业参展也不行。一个展览会缺少二者中的任何一项或二者互不匹配都不可能有一个好的发展前景。

任务三　展览会分类标准

世界上，一些会展业发达国家和地区都根据展览会的性质制定各自的展览会分类标准，但各自的分类标准不尽相同。现就主要国际组织和国家的展览会分类标准举例如下。

1.3.1 国际展览联盟的展览会分类标准

国际展览联盟被认为是目前国际展览业最重要的行业组织。凡是通过该组织认可的展览会，即可使用“UFI”标志，此标志也被认为是展览会最高品质的象征。该组织的展览会分类标准见表1.1。

表 1.1　国际展览联盟的展览会分类

大　类	小　类
A:综合性展览会	A1:技术与消费品展览会 A2:技术展览会 A3:消费品博览会
B:专业性展览会	B1:农业、林业、葡萄业及设备 B2:食品、餐馆和旅馆业、烹调及设备 B3:纺织品、服装、鞋、皮制品、首饰及设备 B4:公共工程、建筑、装饰、扩建及设备 B5:装饰品、家庭用品、装修及设备 B6:健康、卫生、环境安全及设备 B7:交通、运输及设备 B8:信息、通信、办公管理及设备 B9:运动、娱乐、休闲及设备 B10:工业、贸易、服务、技术及设备
C:消费展览会	C1:艺术品及古董 C2:综合地方展览会

1.3.2　英美国家的展览会分类

(1)英国的展览会分类

英国展览会分类标准主要有以下 16 个大类:

①服务业及相关行业;
②农业、畜牧业、林业及渔业;
③烹调、食品生产及加工、饮料;
④汽车、飞机、船舶及防务;
⑤服装、纺织品、鞋;
⑥艺术品、嗜好品、娱乐、体育用品;
⑦广播、计算机、电子、电讯;
⑧建筑、施工、采矿、公共服务;
⑨工业、化工;
⑩维修、保养、保护、保卫;
⑪药品、保健、制药;
⑫家庭生活方式;
⑬工业制造;
⑭能源、电力、水;
⑮综合贸易博览会;
⑯国际博览会。

(2)美国展览会分类

美国展览会大致分为20个类别:

①礼品类展览会;

②玩具类展览会;

③五金类展览会;

④汽车类展览会;

⑤游艇类展览会;

⑥计算机类展览会;

⑦成衣类展览会;

⑧时装类展览会;

⑨食品、糖果类展览会;

⑩消费电子类展览会;

⑪工业电子类展览会;

⑫电器用品类展览会;

⑬运动器材类展览会;

⑭文具类展览会;

⑮酒店、餐厅用品类展览会;

⑯纪念品类展览会;

⑰办公用品类展览会;

⑱杂货类展览会;

⑲赠品类展览会;

⑳处理品类展览会。

1.3.3 我国的展览会分类

(1)我国展览会等级分类标准

我国《专业性展览会等级的划分及评定》商业行业标准由国家经济贸易委员会于2002年12月2日正式批准发布,并自2003年3月1日起实施,其商业行业标准的编码为:SB/T 10358—2002。此等级评定分类标准对专业性展览会评定的范围、等级的划分、展出面积、展位数量、参展商与观众的来源分布都作了明确界定。

(2)我国对外经济技术展览会分类

我国对外经济技术展览会分类目录(The Classified Catalogue of Foreign Economic and Technological Exhibitions)如下:

对外经济技术展览会分类目录

一、产业(加工、制造)技术及设备

0 一般机械及通用设备

00 机械综合类或工业博览会

01 机床及金属加工设备

02 工具及五金

03 电工设备

04 仪器仪表

05 实验设备

06 能源及冷暖设备

09 其他

1 矿产化工类

10 矿产化工技术设备综合类　　11 采矿及矿业加工

12 表面处理　　13 精细化工

14 化学工业及技术　　19 其他

2 建筑业及管道工程

20 建筑建材技术设备综合类　　21 建筑机械

22 建材制造技术及设备　　23 管道技术及设备

29 其他

3 轻工业

30 轻工业制造技术设备综合类　　31 包装机械

32 印刷机械　　33 标签印刷及防伪技术及设备

34 制革、制鞋、制包技术及设备　　35 钟表、眼镜技术及设备

36 珠宝首饰制造技术及设备　　37 照明制造技术及设备

38 陶瓷制造技术及设备　　39 其他

4 纺织业

40 纺织技术及设备综合类　　41 纺织机械

42 缝制设备　　49 其他

5 食品及医药保健品

50 食品及医药保健品技术设备综合类　　51 食品加工设备

52 酿酒设备　　53 制药技术及设备

54 保健品技术及制药设备

59 其他

6 农林业

60 农林技术设备综合类　　61 农业机械

62 林业机械　　63 木工机械

64 水利工程及技术　　69 其他

7 其他制造技术及设备

70 其他制造技术及设备综合类

对涉及 2 项内容的展览会,其编号由 2 个项目的编号组成。如“电工设备(03)及仪器仪表(04)展览会”的编号为 034;对涉及 3 项内容的展览会,按综合类编号。

二、消费品及应用产品(设备)类

A 电子及办公设备类

AA 电子综合类　　AB 办公设备综合类

AC 计算机(含软件)及信息设备　　AD 通信产品

AE 广播电视设备及产品　　AF 音响、家用电器

(3)人们对展览会的习惯分类

在会展业的发展过程中,人们对展览会的类型已经形成了一些习惯性的分类方法。这些方法虽然不像国际组织或国家的分类标准那么准确、详细,但在实际工作中,人们却

常常在这样使用。归纳起来,展览会可分为以下5个类别。

①按照展览会性质分类。根据展览会的性质,人们常把展览会分为贸易展览会和消费展览会。贸易展览会是以交流信息、洽谈贸易、签订合同为主要目的,贸易展览会一般不对公众开放;而消费展览会则是以现场销售展品为主要目的,交流信息、洽谈贸易和签订合同次之。消费展览会对观众没有任何限制,与我们通常所说的“展销会”类似。

②根据展出范围分类。按照展览会的展出范围,人们又把展览会分成综合性展览会和专业性展览会。综合性展览会的展品可能是多个行业的产品。展览会组织者在举办综合性展览会时,一般不会对展品的行业进行限制。专业性展览会就是一个或几个相关行业的产品参加展出,而相关行业之外的企业不允许参展。从目前国内外会展业的发展来看,许多大型有影响力的展览会均属专业性展览会,并显示出强大的生命力。

③按照展览会所涉及的区域分类。根据展览会所涉及的区域范围又分为国际性展览会和国内展览会。国际性展览会其参展商和观众都必须来自多个国家,我国对国际性展览会已作出了明确的界定。国内展览会又分为全国性展览会和区域性展览会。全国性展览会指参展企业来自全国各地或大部分省(区、市)。区域性展览会指由某一个区域企业参加的展览会。

④根据展出周期分类。依照展览会的举办周期,展览会可分为定期展览会和不定期展览会。定期展览会一般一年举办一届的较为多见,也有一年两届、一年四届或两年一届的,这主要视展览会题材所涉及的行业而定。不定期展览会主要是为了纪念某一个事件或达到某一个特定目的而举办的一次性展览会;而两年举办一届的展览会,其题材所涉及的大都是那些产品开发周期和使用寿命比较长的产业,如北京国际机床展览会等。

⑤按照展出场所分类。根据展出场所的不同,展览会可分为室内展览会和室外展览会。顾名思义,室内展览会就是在室内举办的展览会,这类展览会展出的展品体积不能太大,重量也不能太重。因为场馆的地面都有一定的载重限制,展品的重量一旦超过展馆地面载重限度,就不可在室内展出。室外展览会就是在室外展出的展览会,这种展览会的展品大多体积庞大、重量很重,不能在室内展出,如航空展览会、矿山机械设备展览会或重型工程机械展览会等。

【项目小结】

本项目主要叙述了会展的基本概念与定义、展览会名称的构成和用法、展览会的主要构成要素、国内外展览会的分类标准等内容。通过对本项目的学习,大家对会展业有一个初步的了解,掌握会展的相关概念与定义,展览会的分类标准以及确定展览会名称的相关要求等内容,为今后的学习奠定基础。

【复习思考题】

1.会展业的定义是什么?
2.展览会名称包含哪几部分?
3.在给展览会起名时应注意哪些问题?
4.展览会由哪几个要素构成?
5.人们对展览会的习惯分类都有哪几种?

【实训题】

实训项目一

一、实训组织

在当地选择一个具有一定规模的专业展览会，组织学生到展出现场进行现场参观。通过现场参观，学生对会展活动有一个基本的了解和认识。

二、实训要求

1.带队教师要提前作好准备，提出参观的要求和目的。

2.要认真组织，参观要有序。

3.教师要认真讲解，参观的内容要有重点。

三、实训目的

1.让学生亲身感受会展活动现场的气氛，激发他们的学习兴趣。

2.了解会展活动的主要范围及作用。

3.掌握会展活动的分类标准。

4.通过参观，提高学生对会展业的认知度。

5.为他们学习本课程的其他内容奠定基础。

实训项目二

一、实训组织

任课教师给出或让学生利用网络查找展览会的名称，并根据项目所学的知识，画出其展览会名称的组成部分。

二、实训要求

1.教师给出展览会名称时，训练的目的要明确。

2.让学生利用网络查找时，教师要提出具体要求。

3.让学生指出展览会名称由哪些部分构成。

4.教师要及时给予点评。

三、实训的目的

1.使学生熟练掌握展览会名称的构成要素。

2.激发学生学习专业知识的热情和思维。

3.使学生给出的展览会名称符合行业规范与要求。

【案例回放】

第134届中国进出口商品交易会

第134届中国进出口商品交易会于2023年10月15日至11月4日在广州举行，线上平台也继续常态化运营。本届广交会规模再创新高，展览总面积扩至155万平方米，比上届增加5万平方米。展区增至55个，展位总数7.4万个，比上届增加近4600个；参展企业2.8万多家，比上届增加3000多家；进口展吸引43个国家和地区的650家企业参展，其中“一带一路”共建国家参展企业占比约六成。

本届广交会首次参展的企业超4900家。参展企业里，拥有专精特新“小巨人”、国家级高新技术企业等称号的优质企业大约4600家。展品结构进一步优化，新品首发首展首秀活动超过了200场，参展企业带来的新展品大约68万件，其中新能源、工业自动化等高技术含量、高附加值的新展品数量大约10万件。

为进一步增强广交会的专业性，突出展览主题，为专业采购商采购商品提供便利，高效满足全球采购商“一站式”采购需求，本届广交会仍分三期举行。第一期为期五天，共设电子家电、工业制造、车辆及两轮车、照明及电气、五金工具5大板块19个展区，线下参展企业10611家，其中进口展参展企业210家，来自28个国家和地区。

本届广交会有200多个国家和地区的10万多名采购商预注册，到会人数比第133届广交会明显增长。重点市场采购商参会积极，欧美采购商预注册人数较上届同期增长8.6%，“一带一路”共建国家采购商增长11.2%，RCEP国家采购商增长13.8%。电子及家电类、机械类、日用消费品类、五金工具类、家居装饰品类等重点行业受采购商关注度高。同时，采购团组数量增加，有97家来自欧洲、美洲、亚洲、非洲的工商机构组团参会，团组数量较上届同期增长86.5%。世界500强、全球零售250强等头部企业参会踊跃，有140家头部跨国企业参会。

第134届广交会线下展，实现线下出口成交223亿美元，比第133届增长2.8%，呈恢复性增长态势。品牌企业出口成交63.5亿美元，比第133届增长7.8%，占出口成交总额的28.5%。参展企业与“一带一路”共建国家采购商成交122.7亿美元，比第133届增长2%。截至2023年11月3日，共有来自229个国家和地区的境外采购商线上线下参会。其中，线下参会的境外采购商近19.8万人，比第133届增长53.4%。

本届广交会的吸引力还来自广交会平台不断优化的开放实效。以“服务高质量发展，推进高水平开放”为主题，在展出期间，成功举办了第二届珠江国际贸易论坛，聚焦贸易热点议题举办绿色贸易和贸易数字化2场专业论坛，电子家电、医疗器械等5场行业论坛，以及10余场“贸易之桥”贸易促进活动，推动展会与贸易融合发展。继续举办广交会设计创新奖，2023年获奖产品达到了141件。设立了贸易服务专区，邀请物流仓储、金融服务、检测认证等200多家机构提供贸易配套服务。

本届广交会是在全面贯彻落实党的二十大精神开局之年召开的首届广交会，展览面积和参展企业数量均创历史新高，意义重大。

案例分析

1.本届广交会分三期举办的主要原因是什么？

2.你能谈谈现代会展业的发展趋势吗？

项目二

展览会项目立项

【知识目标】

●掌握会展信息收集的方法。
●掌握会展信息收集的范围。
●熟悉会展信息收集的渠道。
●掌握确定展览会题材的常用方法。

【技能目标】

●能够围绕着会展主题进行信息收集工作。
●初步具备确定会展主题的能力。
●能够对会展市场进行细分和预测。
●具备拟写展览会立项书的能力。

【学习重点】

●会展信息收集的方法。
●确定展览会题材的常用方法。

【学习难点】

●拟写展览会立项书。

【案例导入】

北京第24届冬季奥林匹克运动会

第24届冬季奥林匹克运动会(简称“冬奥会”)由北京市和张家口市联合举办,是由中国举办的国际性奥林匹克赛事,于2022年2月4日开幕,2月20日闭幕。

2月4日晚,举世瞩目的北京第24届冬季奥林匹克运动会开幕式在国家体育场隆重举行。中国国家主席习近平出席开幕式并宣布本届冬奥会开幕。中华文明与奥林匹克运动再度携手,奏响全人类团结、和平、友谊的华美乐章。出席开幕式的国际嘉宾有俄罗斯总统普京、联合国秘书长古特雷斯、联大主席沙希德、世界卫生组织总干事谭德塞、世界知识产权组织总干事邓鸿森、新开发银行行长特罗约等共计近70个国家、地区和国际组织的官方代表。

本届冬奥会共有91个国家和地区的代表团参加。比赛项目共设7个大项,15个分项,109个小项,近3000名冰雪健儿参加比赛。北京赛区承办所有的冰上项目和自由式滑雪大跳台,延庆赛区承办雪车、雪橇及高山滑雪项目,张家口赛区承办除雪车、雪橇、高山滑雪和自由式滑雪大跳台之外的所有雪上项目。北京冬奥会、冬残奥会的主题口号是:一起向未来。

本届冬奥会,中国队以9金4银2铜总共15枚奖牌的成绩,位列奖牌榜第3名,金牌数和奖牌数均刷新冬奥会参赛史最好成绩。值得注意的是,这9枚金牌中有5枚来自雪上项目,4枚来自冰上项目。北京冬奥会一改我国曾经“冰强雪弱”的格局,展现出“冰雪均衡”的全新局面。这既是中国冰雪运动蓬勃发展、快速进步的缩影，也表明中国冰雪运动正在进入一个全新的时代。

在北京冬奥会开幕前夕，习近平主席郑重宣示：“中方将竭诚为世界奉献一届简约、安全、精彩的奥运盛会，践行‘更快、更高、更强、更团结’的奥林匹克格言。”办好北京冬奥会、冬残奥会是党和国家的一件大事，是我们对国际社会的庄严承诺。北京冬奥会的成功举办，以其精彩、非凡、卓越赢得世界瞩目和好评，在奥林匹克运动史上留下了浓墨重彩的一笔，也将成为世界冰雪运动发展的重要里程碑，并对我国冰雪运动的快速发展产生了广泛而深远的积极影响。

北京冬奥会是全球综合性体育盛会，是设项和产生金牌最多的一届冬奥会，给更多冰雪健儿创造了实现梦想的机会。北京冬奥会的圆满成功，兑现了中国对国际社会的庄严承诺，为各国冰雪健儿提供了超越自我的舞台，也为疫情困扰下的世界注入了信心和力量。全球首个双奥之城——北京，再次为世界奉献了一届令人难忘的奥运盛会，再次向世人展现了中国人民积极向上的精神和力量，再次书写了奥林匹克运动新的传奇。

国际奥委会主席托马斯·巴赫在北京2月6日的新闻发布会上表示，北京冬奥会创造了历史，为奥运留下了一套全新的标准，将开启全球冰雪运动新篇章，并将奥林匹克奖杯授予中国人民。

案例分析

1.北京冬奥会的成功举办具有哪些意义？

2.北京冬奥会的成功举办对我国的社会和经济都有哪些带动和促进作用？

任务一　展览会信息收集

全面收集展览会项目的各类信息是一个展览会得以成功举办的基础。在信息收集的过程中，要有系统性，要利用多手段和渠道进行全面收集，以求证信息的准确性和真实性。收集到的信息越准确，反映出的市场态势客观度就越高，为全面认识市场、进行市场分析与预测以及为展览会组织机构进行科学决策提供依据。如果把举办一个展览会比作建一栋大楼的话，信息收集工作就是大楼的基础工程。可见，信息收集是何等的重要，必须引起大家的重视。下面介绍展览会信息收集的手段、方法与范围。

2.1.1　获取信息的方法

在策划举办一个展览会所需要收集的信息时，要尽量使获取的信息客观准确、全面系统且富有时效性。要达到上述目的，可以通过以下各种办法来获取上述各种信息。

1）利用网络进行信息收集

随着互联网的广泛应用，网络给人们的生活带来了很多便利，同时也拉近了人们之间的距离。利用网络进行信息收集是一种非常便捷的信息收集手段，并具有时效性强、覆盖面广、方便快捷等特点。但有一点值得注意的是，对一些重要的信息要进行多方面的分析和比较，以保证信息的准确性和时效性。

2)利用媒体和报刊收集信息

利用媒体和专业报刊收集展览会相关行业的信息是一种比较传统的信息收集方式，但这种方式还是比较有效的，也经常被人们所采用。各种媒体的信息传递方式不尽相同，在信息收集时也应注意各自的特点。例如，电视传递信息的速度快，但一般比较宽泛，所以要想取得更详细的信息仅靠电视是不够的，只有通过其他渠道才能获得；报刊传递信息的速度没有电视那么快，但它所刊载的信息一般都比较详细，如我国新颁布了一项法规，电视的新闻报道可能只报道一个标题，而报刊则会全文登载。

3)向有关部门索取相关信息

在展览会信息的收集过程中，除了利用网络、媒体和报刊之外，还可以向有关机构或部门索取展览会的相关信息。这些部门主要包括政府部门、大使馆商务处、国际组织、商会、行业协会等。在向上述组织索取信息时，索取信息的范围也要有所不同。向政府部门主要收集产业规划、产业政策、法规和统计数据等方面的信息，而向行业协会主要是收集行业发展状况、发展趋势预测与分析、企业名录等方面的信息。

4)通过同类展览会现场收集信息

在确定举办一个展览会之前，尽可能多地参观几个在不同区域举办的同类展览会。这种方式的成本可能相对较高，但收集的信息具有一定的可靠性，是第一手资料，对策划自己的展览会有一定参考价值。通过现场参观，既可以了解他们的展出规模、布展水平、参展商和专业观众的区域分布，以及收集参展企业名录等，又可以了解他们的长处与不足，为自己的展览会的整体策划和制订竞争策略提供依据。

5)通过专门的市场调查机构收集信息

随着我国市场经济的不断深入和社会化分工的逐步细化，我国目前市场上出现了许多从事市场调查和市场信息收集的专门机构。正规的市场调查机构会有一定数量的专业人员，他们会根据你的要求，制订专门的市场调查程序，利用较为科学的调查方法，有针对性地收集信息。这样，经过他们整理分析而得出的调查结论还是较为客观和真实可信的。

有关机构可能提供信息的范围见表2.1，信息收集方式与信息范围见表2.2。

表2.1　有关机构与可供信息对应表

信息获取机构或方式	可供信息类型	特　点
政府部门	产业规划、法规政策、统计数据等	宏观、准确
行业协会	产业规模与分布、行业预测、企业名录等	宏观、微观、准确
国际会展组织	展览会信息	具体、准确
国际行业组织	产业规模与分布、行业现状与发展预测等	宏观、准确
使领馆商务处	展览会举办国产业规模、企业名录等	具体、准确
市场调查机构	行业市场信息	较准确、费用较高

表 2.2 信息收集方式与信息范围对应表

信息收集方式	信息类型	特 点
网络	产业规划、法规政策、行业预测、统计数据、展览会信息、企业名录等	范围宽泛、准确性不够
电视媒体	法规政策、行业预测、统计数据、展览会信息、企业名录等	准确、传播速度快、详细度不够
报刊	法规政策、行业预测、统计数据、展览会信息、企业名录等	详细、准确
展览会现场考察	展览会信息、行业市场信息、企业名录等	准确、费用较高

2.1.2 展览会信息收集的范围

要想一个大型展览会能够成功举办，首先必须进行科学的立项策划。立项策划的关键是要在广泛、深入的市场调研的基础上，充分掌握与展览会相关的各种信息，以确保未来的会展项目具有乐观的发展前景。换句话说，开展市场调研是成功举办一个展览会的基础，组织机构对展览会题材的正确选择和准确定位依赖于科学的市场调研理论、方法和技术。即使是一个专业性展览会，也往往会涉及一个或几个行业和多个行业部门，所以需要收集会展市场信息的内容就十分繁杂，但归纳起来主要有以下几个方面。

1）产业信息

一个展览会可能会涉及一个或几个相关联的产业。涉及产业规模的大小会直接影响到展览会的展出规模。为此，收集行业信息时，一般要收集行业规模、产业集群分布、产品形态与产品销售网络、行业发展状况等方面的信息。

（1）行业规模信息

在这一方面主要收集该产业的生产总值、销售总额、进出口总额和从业人员的数量等，现在以新能源汽车产业为例。2023 年，新能源汽车产销分别完成了 958.7 万辆和 949.5万辆，同比分别增长 35.8%和 37.9%，新车销量达到汽车新车总销量的 31.6%。新能源汽车出口 120.3 万辆，同比增长 77.6%，为全球消费者提供了多样化的消费选择。动力电池出口 127.4 吉瓦时，同比增长 87.1%。据预测，2024 年总量规模可以达到 3100 万辆，同比小幅增长 3%左右。新能源汽车产销也将达到 1150 万辆左右的规模，增长 20%左右。类似以上的信息为预测展览会的展出规模和到会参观专业观众的数量提供了重要的参考依据，这些数据也是我们策划举办展览会时必不可少的重要参考信息。

另外，在收集展览会所涉及主要产业信息的同时，还要注意收集其细分行业的相关信息。比如我们在收集电子信息产业的信息时，也要注意收集汽车电子、激光和光电子等行业的信息。这些信息对进行展览会决策有着同样重要的作用。

（2）产业集群分布信息

任何一个产业都会有相对集中的产业带，这是按照其自身行业的发展规律，经过一定时间的发展而自然形成的。一般来说，产业集群集中区域，企业的数量和从业人员自然会多。掌握相关产业集群分布状况对展览会组织机构来说十分重要，因为它与你以后确定展览会举办地点和制订展览会的招商、招展和宣传推广策略有着密切的联系，这也是展览会组织机构制订展览会招商招展和宣传推广策略的基础。工业和信息化部统计数据显示，截至 2022 年 6 月，我国人工智能企业数量超过 3000 家，仅次于美国，排名第二，人工智能核心产业规模超过 4000 亿元。到目前为止，我国人工智能产业集群主要分布在京津冀、长江三角洲、珠江三角洲和川渝地区的重点城市。通过外部创新资源的引入和内部创新资源的激活，西部地区的西安，中部地区的武汉和长沙，东北地区的沈阳、大连和哈尔滨开始出现人工智能产业集群的雏形。所以，只有在掌握了上述类似的信息的基础上，制订出的策略和方案才会具备目的性和可执行性，减少市场风险。

（3）产品形态与产品销售网络信息

在一般情况下，产品的体积不是太大、比较方便搬运、运输和产品更新换代较快的产业更适合举办展览会，并且适合每年举办一届或者两届和在展览场馆内展出的展览会。而那些产品比较笨重和产品生命周期比较长的行业则比较适合两年举办一届。由于各地的展览场馆在展馆室内高度、场地承重、展馆进出通道等方面的限制，这类展览会往往不在展馆内展出，而是在室外展出。了解这方面的信息，对我们确定展览会的展出地点和举办周期是十分必要的。这类展览会主要有矿山机械设备展览会、航空展览会和重型机械设备展览会等。

另外，行业产品的销售渠道模式及其成熟度对举办展览会的影响也比较大。例如，某产业产品的销售网络比较健全，大型批发市场较多，各个企业的销售渠道已经自成体系，在此行业招展就会遇到很大的困难，涉及该行业的展览会的举办难度也会加大；再者就是举办展览会必须遵循涉及行业的特点和规律。有些行业的产品，上市的季节性很强，举办这些产业的展览会，必须按照产品的上市季节来确定展览时间，否则，展览会就很难成功，如农业或水果类的展览会一般都在秋季举办。

（4）行业发展状况信息

在讲述收集行业发展信息之前，先来看一下关于我国汽车产业的相关数据。

据工业和信息化部发布的产业数据，2023 年，汽车产销分别实现了 3016.1 万辆和 3009.4 万辆，同比分别增长 11.6%和 12%，创历史新高。产量连续 15 年保持全球第一水平。2023 年全年汽车整车出口 491 万辆，同比增长 57.9%，有望首次跃居全球第一。汽车零售额实现 4.86 万亿元，占社会消费品零售总额的 10.3%，汽车制造业规模以上工业增加值同比增长 13%，为我国经济稳定增长作出了重要贡献。

这说明我国汽车行业正处在快速成长期，举办这一行业的展览会就相对容易，并具有一定的发展空间。按照产业发展的基本规律，任何一个行业都要经历投入、成长、成熟和衰退这 4 个阶段。处在成长期和成熟期的产业比较适合举办展览会，其主要原因是处于这一阶段的行业的企业数量多、利润空间大、竞争欲望强烈，并且会利用各种手段去扩大自己的市场占有份额。所以，企业会有较强的参展欲望。

另外，在收集和分析行业发展现状与趋势信息时，还要注意收集像“9·11”等重大事件以及行业内重大事件的信息。这类事件的发生很可能使产业增长率放缓，加速产业经济的衰退，从而严重影响企业参展的积极性，甚至会使展览会不能如期举办。

收集上述信息时，要根据计划举办的展览会的定位来确定信息收集的范围。也就是说，如果要计划举办一个国际性的展览会，就要在收集国内相关产业信息的同时，还要有重点地收集国外相关产业的信息；如果计划举办一个全国性的展览会，只收集该产业的国内信息就可以了；要是计划举办一个区域性的展览会，收集该展览会所涉及的相关区域的有关信息也就足够了。

2）市场信息

我国会展业经过近些年的发展，会展市场的市场化程度越来越高，大多数展览会完全用市场化的方式和手段来运作，也就是通常所说的“商业性展览会”。即使是政府主导型的展览会也在逐步向市场化的方向转变。由此可以看出，市场化经营是我国会展业发展的主流。举办市场化的商业性展览会，需要对市场进行全面和详细的了解，对各种市场信息进行全面的认识和深入的分析，在其基础上作出的决策才具有科学性和准确性。从策划举办一个展览会的实际需要出发，需要收集以下几个方面的市场信息。

（1）市场规模与发展信息

一个展览会所涉及产业的市场规模一般决定着在该产业内举办展览会的规模，尤其在一些细分行业内举办的展览会，在这一方面的影响更为明显。如果市场规模过小，展览会的展出规模就很难扩大，甚至不能成功举办。由此可见，会展业不是一个完全独立存在的产业，它是一个与其他产业相互依存、相互促进、相互发展的产业。

现在，市场的变化瞬息万变，任何一个产业市场都会有扩大或缩减的可能性。如果一个产业市场缩减到一定程度，就会失去在该产业内举办展览会的基础。作为一个明智的展览会组织者，在关注相关产业市场的同时，还要密切关注相关产业市场的变化动态。根据产业市场的变化，随时调整办展策略，降低展览会组织者的经营风险。

（2）市场竞争状况信息

目前，就我国的市场而言，独家企业垄断市场的现象几乎不复存在，行业内企业之间的竞争越来越激烈。只是行业不同，其表现形式和竞争的激烈程度也不一样罢了。企业的市场竞争意识决定着企业的参展意愿。市场竞争较自由的行业，行业内企业的竞争意识也就相对强烈。他们都想通过参加展览会这种方式来推销自己产品，扩大自己产品的市场占有率，所以，在该产业内举办展览会就较易成功；而市场竞争度不高或市场垄断性较强的产业，行业内企业的市场竞争意识也会相对较弱，在该产业内举办展览会的难度就较大；还有一种情况，就是市场的大部分份额被少数几家大企业占据着，他们对市场产生决定性的影响。他们的市场行为对行业内其他的企业产生重大的影响，他们是否参展往往关系到一个展览会的成败。像我国的计算机行业就是如此，在十几年前，计算机行业处在起步发展阶段，“龙头”垄断性企业尚未形成，当时全国各地的计算机展览会办得异常红火。但近几年来，产业内重组和结构调整，联想、戴尔、方正等大型企业占据着我国计算机市场的绝大部分，并且各自的销售网络和营销方式均已建成。在此情况下，他们以前那种利用展览会来宣传自己的产品和提高自己知名度的欲望逐步被其他方式所代替。所以，计算机展览会也在逐步退出展览市场。

（3）经销商与终端客户信息

在组织展览会的过程中，一个展览会的参展企业不仅仅是生产企业，而经销商和零售商也占有一定的比例，在一些区域性的展览会中，经销商和零售商占的比例可能会更大。他们不但是展览会组织者的目标客户，还有可能是展览会的专业观众。在组织一个国际性展览会时，除了邀请经销商和零售商外，还应该邀请进出口商届时参展或参观，他们是一支展览活动中不可忽视的力量。所以，掌握一个行业的经销商数量和分布状况，对展览会组织者制订展览会的招商、招展计划有着重要的意义。

另外，展览会组织者还应该了解举办展览会所涉及行业产品终端用户的消费形态、购买渠道和方式等。譬如机械加工设备等行业的产品是以生产加工型企业购买为主，而轻工、日用品行业则是以个体消费为主，有些行业产品则两者兼之。所以，掌握展览会所涉及行业产品终端用户的消费形态，其主要目的是为展览会邀请和组织买家与观众做准备，以及采取相应措施来刺激消费者的消费欲望。

(4)行业组织信息

在我国目前的市场经济条件下，随着政府职能的转变，行业协会或商会的作用在行业内越来越重要。我国一些经济发达地区，行业组织一般成立较早的，它们的号召力和凝聚力也就更强。一般来说，产业内存在行业组织，就意味着该产业内有一些较统一的行业规范和行业管理，产业内的企业行为和市场行为会受到某些条例的约束，其市场竞争和市场发展也就有序。以会展行业为例，虽然全国性的会展行业协会尚未成立，但许多地方却成立了自己的行业协会，并根据各地的实际情况，采取各种措施和手段来协调与规范自己的会展市场。其主要目的就是通过行业协会的作用使会展市场健康有序地发展，避免恶性竞争。所以，行业组织对一个展览会的评价或看法会较大程度地影响到企业的参展意愿和参展行为，它们在行业内的招商能力是一般展览会组织者无法相比的。因此，在举办展览会时，在了解了行业组织作用的基础上，积极争取行业协会的支持与合作，这样会取得事半功倍的效果。

3)有关法律法规方面的信息

即使在世界上许多市场经济发达的国家，其所有的产业和市场都不同程度地受到所在国家有关法律法规的影响和约束，但不同产业和市场受影响的程度也不相同。我们国家也是如此。从一个展览会组织者的角度来说，了解国家的法律法规对成功策划和举办展览会十分重要。所以，在策划举办一个展览会时，需要从以下几个方面来了解有关法律法规的信息。

(1)产业政策信息

一个国家在不同的历史发展时期会制定不同的产业政策。根据国家整体经济发展的需要，采取鼓励、扶持、限制等政策来促进或限制某一个或几个产业的发展，以保证整个国家国民经济的平稳发展。现阶段，我国对那些高新技术产业就采取鼓励和优先发展的政策；对那些市场竞争力不强的民族产业则采取扶持政策；而对那些高耗能、污染严重的产业采取限制发展的产业政策。如果我们在那些国家鼓励和扶持的产业里举办展览会，一般会得到政府的支持，展览会成功的概率也比较高。

(2)产业发展规划信息

产业发展规划是国家和地方政府为了保证其国民经济的平稳发展，对其产业在某一发展阶段内的发展所作的长远和宏观规划。如我国的“十二五”规划就涉及各大产业并对各产业的现状、存在的问题、发展目标以及所采取的政策与措施都作了详细的阐述。各地方政府还结合自己的实际情况制定了自己的重点产业和优先发展产业的发展规划。这些规划在某种程度上决定着该产业在今后一定时期内的发展状况和发展趋势。如果举办的展览会与政府规划的重点产业和优先发展产业紧密地结合在一起，一般来说，容易得到政府的支持，企业对展览会的反应也会比较强烈。所以，在政府规划的重点产业和优先发展产业里举办的展览会一般容易成功，并具有较为广阔的发展空间。

(3)市场准入信息

市场准入包括两个方面：一个是国家对生产或经营企业资格的准入；另一个就是政府对产品销售、使用和生产等方面的市场准入政策，如国家对电工产品和食品强制推行安全标志，对药品实行特许经营，对香烟和酒实行“专卖”等。这些规定会直接或间接地影响企业的参展意愿和参展行为。在这些行业里举办展览会，就要采取与其他行业不同的办展策略，一般来说，在这些行业举办展览会的难度相对较大。

(4)产品进出口政策信息

在不同的产业发展阶段，国家对其产业的产品进出口也会实施不同的政策。这些产品的进出口政策对举办国际性的展览会会产生直接的影响。如果我国某一产业的发展比较落后或其产业的产品满足不了市场的需要，为了促进相关产业的发展或满足市场需求，平抑物价，对该产业的产品就会采取相对宽松的进口政策和相对优惠的关税税率。在这种情况下，国外企业参加在我国举办的展览会就会有较高的积极性。另外，在WTO(世界贸易组织)的框架下，国与国之间的贸易壁垒减弱，但随着贸易额的增长，贸易摩擦也在不断产生。为了限制一个国家的某一类产品大量进入另一个国家，这个国家往往会采取征收高关税的报复性政策。这些政策对国外企业参加展览会都会产生非常重大的影响；再比如，如果一国禁止或限制某类产品进出口，那么海外企业不管是参展还是参观展览会的意愿都非常低。我们国家对展览会展品的入关有着详细的规定，在举办国际性展览会时，除了了解我国有关产品进出口政策信息外，还必须详细地了解展品报关、监管和清关的手续与程序，以确保展览会的顺利举办。

(5)知识产权保护

现在，展览会已成为参展企业发布和推介新产品较为理想的场所，很多企业利用展览会这一有利时机来展出和宣传自己的新产品与新设计。如何保护这些新产品和新设计的知识产权，如何保护参展企业的合法权益，是展览会主办者必须面对的一个十分重要的现实问题。以前，在展览会上时常会出现侵犯知识产权的展品，参展企业之间知识产权纠纷案件也时有发生。这些事件的发生影响了展览会的声誉，也从一定程度上妨碍了我国会展业的健康发展。为此，商务部、国家工商总局、国家版权局和国家知识产权局于2006年1月10日发布了《展览会知识产权保护办法》，并自2006年3月1日起施行。此办法共7章35条，并对本办法的适用范围、当事人的法律责任、投诉处理等事宜作了详细规定。这也为展览会组织者处理知识产权纠纷案件提供了法律依据。

4)相关展览会的信息

就目前我国的展览市场来看，已经基本不存在没有展览会的产业。因此，在策划举办展览会时，一定要对该行业内现有展览会的情况有所了解。了解这些信息，一方面，可以为决定是否在该产业内举办展览会提供决策依据；另一方面，如果以现场参观的方式来了解相关展览会信息的话，既可以收集参展商的信息，扩大自己目标参展商的数据库，又可为在该产业内举办展览会制订相应的竞争策略提供参考依据。一般情况下，在策划举办展览会时，至少要收集到以下 3 个方面的信息。

(1)同类展览会的数量和分布信息

在收集同类展览会信息时，首先要关注的是它的数量和区域分布。因为一个产业或几个相关产业的企业总量有限，如果同类展览会的数量越多，在举办展览会时，所占有的客户资源就越少，会给展览会的招商和招展工作带来一定的难度；如果这些展览会的分布区域相对分散，就说明展览会之间的竞争激烈程度相对减弱，对举办类似的展览会也相对有利。

(2)同类展览会的竞争信息

在同一题材的展览会之间，不管展览会的规模大小和影响力如何，它们之间的竞争是不可避免的。这是市场经济的基本法则，也是目前展览市场存在着的一个不可争辩的事实。所以，在策划举办一个新展览会时，展览会的组织者必须尽可能地详细了解同类展览会之间的竞争关系和它们竞争的激烈程度。只有这样，制订出的各种策略才具有可行性。

(3)重点展览会的基本信息

重点展览会就是那些基本代表展览会所涉及产业现状和发展趋势的展览会。一般来说，这些展览会的举办历史较长、举办机构具有一定的权威性、招商和招展的网络比较健全，并且它们的展出规模和影响都较大、行业口碑比较好，这些展览会是一个新展览会项目的主要威胁。所以，在策划一个新展览会项目时，要尽量详细地掌握该题材内所有展览会的基本情况，这对策划立项举办新的展览会将是十分重要的。

任务二 展览会主题的选定

确定展览会主题对于要计划举办的展览会来说是十分重要的。它不仅关系到展览会的展出范围、展出规模，还关系到展览会未来的发展前景。为此，在展览会立项策划过程中，要认真对待这项工作，准确无误地确定展览会的主题。

2.2.1 确定展览会题材需要考虑的主要因素

确定展览会主题时，除了对收集到的上述各种信息进行处理和分析之外，还必须对办展机构本身的优劣势作出客观而科学的分析和评价，对办展机构的优劣势有一个清醒的认识。所以选择展览会题材时，一般要考虑到举办展览会的以下几个因素。

1)产业结构因素

产业结构因素主要是考虑展览会举办城市及周边地区的经济结构和产业结构等状况，这对最后决定是否进入该城市举办展览会起着重要的作用。

2)主导产业因素

主导产业因素就是在要进入该城市举办展览会时，要考虑的产业排列顺序为该城市及其周边地区的优势产业、主导产业、国家或本地区重点发展产业和政府扶持的产业。

3)城市自然因素

城市自然因素主要包括展览会举办城市的辐射能力、地理位置、航空与铁路交通状况、城市接待能力和展览设施等因素。

4)市场细分因素

市场细分就是按照消费者的需求和欲望,把整个市场分成几个或若干个子市场。通过市场细分,办展机构可以分析和把握市场机会,找到自己的目标市场,并找出适合自己举办展览会的行业。

2.2.2　细分市场分析与预测

细分市场为办展机构找到了进入某一行业举办展览会的市场机会,但是否真正决定要进入该行业举办展览会,还必须对该细分市场进行仔细分析和预测。经过分析,得出的结果是该行业确实存在举办展览会的机会,并具有较好的发展前景,就可以举办该题材的展览会。一般来说,主要从以下 5 个方面对行业细分市场进行分析和预测。

1)产业市场规模是否够大

展览会的展出规模是由参展企业的数量来决定的。如果产业市场规模过小,产业内企业的数量自然不会多,而将来参加展览会的企业也就少。在这种情况下,办展机构进入该行业举办展览会需要慎重。

2)产业市场是否具有较好的发展前景

任何一个市场都有一个培育和发展的过程。如果该行业市场虽然目前的规模不是太大,但经过分析和预测,该市场近几年的增长率比较高,确实具有较好的发展前景,这时就可以抢占“商机”,进入该行业举办展览会。这样做,虽然目前展览会的规模不大,但随着该行业市场规模的不断扩大和行业内企业数量的增多,举办几届展览会之后,其展出规模也一定会随之而扩大。

3)行业市场是否能给企业带来合理的利润

行业市场是否能给企业带来合理的利润主要包括两个方面的内容:一个是在注意分析和预测细分市场的规模和发展前景的同时,还要注意分析和预测该市场是否能给行业内的企业带来一定的经济效益。可以想象,如果行业内大部分的企业处在微利状态或亏损的边缘,企业参加展览会的积极性会有多大?另一个就是在该行业举办展览会是否能给办展机构带来利润。如果在一定时间内不能给办展机构带来相应的经济效益,办展机构也就无法生存,就更没有必要进入该行业举办展览会了。

4)行业市场的竞争态势

在分析和预测行业市场的竞争态势时,主要从三个方面进行分析。首先,关注行业市场内企业之间的竞争态势。如果该市场的大部分份额由少数几家大型企业占据着,他们对展览会关注度又不是太高,在这种情况下,即使进入该行业市场举办展览会,也一定会困难重重。其次,办展机构之间的竞争态势。在进入该市场之前,是否已经有其他办展机构进入？如果有的话，只有分析了他们自身的优势与劣势以及他们的办展策略后，才能决定是否进入该市场。最后，就是该细分市场的竞争自由度，给业内企业带来的经济效益也比较丰厚，并且你也是第一个进入该市场举办展览会的。此时，你仍需保持高度警惕，密切关注市场的发展动态。这主要是由于市场的诱惑力和吸引力，随时都会有实力强大的其他办展机构进入，为此，切不可掉以轻心。

5）办展机构的资源优势

办展机构在进入一个新行业举办展览会之前，都必须对自己所占有的各种办展资源进行认真、客观的分析。这些资源优势主要包括：政府部门和行业管理部门支持力度优势、客户资源优势、办展策划、组织、实施与服务优势以及办展机构的资金支撑优势等。任何办展机构都不可能是全能的。例如，机械设备展览会举办得成功的办展机构去举办服装展览会，其展览会就不一定能成功，反之亦然。这就说明，每个办展机构都有自己的优势和劣势，在进入一个新行业举办展览会之前，对自己的办展资源进行科学和准确的评估，为自己进入新行业成功举办展览会提供有力的保证。

2.2.3 确定展览会题材常用的几种方法

在对上述收集到的各类信息进行整理与分析的基础上，通过对行业市场的评估，就会发现具有办展发展前景的行业。如果同时发现几个行业，一般情况下，办展机构应结合自身的资源优势，选择一个行业进入，切不可几个行业同时进入，否则，将承担很大的市场风险。我们确定展览会题材通常采用以下 4 种方法。

1）全新题材

全新题材就是该办展机构在从未涉足过的新行业里举办展览会。进入一个新行业举办展览会，其工作难度加大，并具有一定的挑战性，对展览会组织机构而言，也会有不少好处。其主要表现在抢先一步、占领新市场，避开办展机构之间的激烈竞争以及开发了一个新市场，为自己培育了一个新的经济增长点等。在给办展机构带来好处的同时，也存在着由于对该行业了解不够深入，致使展览会定位不准和号召力不够以及对行业协会、生产企业和经营单位的数量与分布等数据掌握得不准，而影响展览会的筹备等风险。在分析了进入一个新行业举办展览会的好处与风险之后，一般来说，办展机构进入一个新行业举办展览会需要具备以下几个条件。

（1）办展机构要占有一定数量的行业信息资源

这些行业信息必须准确，来源要可靠，并具有时效性。也就是说，这些信息基本上能反映出该行业和行业市场的现状与未来发展走向。

（2）办展机构要具备一定数量的展览会涉及行业的企业资源

这主要关系到展览会的招商、招展工作是否能顺利进行以及展览会整体发展策略的制订。

（3）办展机构要具备一定可利用的社会资源

这些社会资源主要包括政府主管部门和行业协会等机构。有些时候，这些部门支持力度的大小往往会直接影响到展览会的展出规模和影响力，甚至关系到一个展览会的命运。这一点对一个新举办的展览会尤为重要。

(4)办展机构要有一定的专业人才

这里所说的专业人才不是指办展专业人才,而是指展览会涉及行业的专业人才。办展机构进入一个陌生行业办展,必须要掌握一定的该行业专业知识,而且还要了解该行业市场的竞争规则。

(5)办展机构要具备一定资金支撑优势

就一个新展览会而言,一般前期投入都比较大,甚至前几届会出现收支平衡或亏损的状况。这当然与办展机构对展览会的定位有着直接的关系。无论如何,没有一定数额的资金支持,该展览会的发展前景再好也很难继续举办下去。

相对而言,具备上述这 5 个条件的办展机构进入一个新行业举办展览会的市场风险会大大降低,成功的概率也会相对提高。

2)分离题材

分离题材就是按照目前市场细分的原则,把原有展览会中归属于某一细分市场的企业或者展品分离出来,举办一个独立的展览会。这种方法适合那些所谓的“专业性综合展览会”,这类展览会一般具有举办历史比较长和展出规模比较大等特点。那么,什么样的展览会可以称为“专业性综合展览会”呢？这里指的是一个展览题材几乎涵盖了所有相关行业的展览会。经过分离,两个展览会都将更加专业化,更加符合产业结构调整的发展趋势。当然在进行分离时,我们必须要考虑分离出来的最佳时机和分离出来对原有展览会造成的冲击与影响等因素。不可随意想分就分,它是要满足一定的条件,并且要符合办展机构的发展战略。通常采用这种“一分为二”的策略,要满足以下几个条件。

(1)规模条件

规模条件主要是指原有的展览会已经发展到一定的规模,某一细分题材在原有的展览会中已经占有一定的比重,并呈现出迅速发展的趋势。

(2)客观条件

客观条件主要是由于场地限制、展览会定位等,某一细分题材在原有的展览会中已经很难再进一步扩大,如果将这一细分题材独立分离出来单独举办,将会有更大的发展空间。

(3)题材细分条件

某一细分题材在原有展览会中虽然占的面积比较大,但将其从中分离出来,原有展览会不会受到太大影响,而且原有展览会还可以得到更大的发展空间。

(4)产业发展条件

根据产业结构的发展,这一细分题材已发展成为一个相对独立的产业,使其分离出来,更适合独立办展,并具有一定的发展潜力。

(5)资金支撑条件

资金支撑条件主要指办展机构要具备足够的资金、专业人才和技术优势来培育这一独立的展览会。

总之,采用这种方式对原有展览会进行分离,我们必须遵循有利于两个展览会共同发展的原则。

3)扩展题材

由于科学技术的相互渗透,以前许多关联性不大的产业,现在却有着一定的联系或密切的联系，并相互促进、相互发展着。而以前一些有着密切关系的行业，经过自身的发展，又变成了一个相对独立的行业。所谓扩展题材，就是将现有展览会还没有涵盖的那些与现有展览会题材有密切关联的题材纳入现有展览会题材的一种方法。在展览会的组织、实施过程中，展览会组织机构常常会采用这种方法来扩大参展企业数量和观众来源，扩大展览会的展出规模，使现有展览会的题材更具完整性、更具专业性和更具行业代表性。对一个现有展览会进行扩大展出范围、补充新的展览题材时，必须要以满足以下三个条件为前提。

（1）关联性

新补充的细分题材必须要与现有展览会的题材有一定的关联性，不能单纯地为了扩展而扩展，避免盲目扩展。

（2）有效补充性

新增加的细分题材是对现有展览会的有效补充，不能因为新细分题材的加入而影响到现有展览会的专业性和达标性。

（3）展出场馆的可利用性

展出场馆要有足够的发展空间，新补充的细分题材不可挤占现有展览会的展出空间。并且，新细分题材的加入不能影响到现有展览会的整体展出效果。

4）合并题材

合并题材就是将两个或两个以上题材相同或近似的展览会合并为一个展览会或者按照产业的关联性把两个或两个以上彼此相同的细分展览题材分离出来，形成另一个全新的展览会。这种策略适合那些展出规模较小的展览会，其优点：首先，展览资源得到进一步的优化配置，有利于办展机构集中精力扩大展出规模，提高展览会的知名度。其次，重新组合的展览题材更加符合产业细分的原则，符合行业发展的趋势，更具行业代表性。再次，合并后的展览题材更加专业化，整体展出环境会得到进一步净化，更有利于参展企业和观众之间的洽谈与交流。一般情况下，合并后的展览会可以得到行业内知名企业的大力支持，提高他们参展的积极性。最后，如果重组前的展览会分别由两个不同的办展机构自行举办，而重组以后，变为两家办展机构共同举办，由原来的竞争对手变成了现在的合作伙伴，消除市场竞争，更便于展览会的发展。合并题材在给新的展览会带来益处的同时，也存在一定的风险。如果合并题材选择不够准确，新展览会的专业性就会受到影响，行业影响力也会降低，办展机构之间的业务合作不当和利益分配不均可能会导致题材合并失败等。为了使合并题材达到预期效果，降低市场和经营风险，我们在展览题材合并时一般要遵循以下原则。

（1）近似性与关联性

近似性与关联性就是合并的题材必须是同一或近似行业，并且它们之间一定要有很强的关联性。

（2）不利影响的规避性

不利影响的规避性是指在合并题材涉及两个或两个以上展览会时，要采取切实可行的相应对策，将题材合并给各展览会带来的不利影响降低到最低。

(3)时机性

时机性就是根据行业产品的市场营销规律,选择最佳合并的时机,使合并后的展览会能为行业内企业所了解和接受,并能提高他们参展和参观的积极性。

(4)互利互惠性

互利互惠性就是当题材合并在两个或两个以上的办展机构之间进行时,办展机构之间应本着平等合作和互利互惠的原则,在题材合并前商定彼此之间的责权范围和利益分配方案。否则,将会影响展览会的组织与实施。

2.2.4 展览会的定位

一个展览会从举办初期到成长为具有影响力的品牌展览会,都要经历一个培育、发展和成长的过程。如何对展览会进行准确定位,就成为展览会组织者需要解决的第一个问题。一个展览会的定位将直接影响到展览会能否成功地举办,也是一个展览会成长和发展的基石。那么,一个展览会该如何定位呢?我们下面就展览会定位的原则、内容及步骤进行简要说明。

1)展览会定位的原则

展览会定位是展览会组织者为自己的展览会成长所选择的发展战略和目标。展览会的定位不同于一般产品,这是由展览会的服务功能与特点所决定的,产品定位具有单一性,而展览会定位则强调其整体性,只有将展览会的各个具体目标有机地结合在一起,展览会的整体功能才能得到最大限度的发挥。所以,在给一个展览会定位时,应该遵循以下原则:

(1)专业性原则

现在展览会的发展趋势是以专业性展览会为主要发展方向。这是科学技术的发展在会展业的必然反映,也是由会展业的特性所决定的。会展业的特性就是它具有很强的依附性,随着所涉及产业的发展而发展,一旦所涉及的产业出现萎缩,展览会也就失去了发展的基础。在计划举办一个新展览会时,首先想到的就是举办一个什么样的展览会或者举办一个什么题材的展览会。要解决这一问题,需要展览会组织者采取各种手段收集大量产业和市场信息,经过认真的分析与预测再作出决策。

(2)差异化原则

采取差异化原则就是要解决雷同化,防止复制,突出自己展览会的特点,张扬其个性。具体地说,展览会组织者一方面要找出各细分行业和细分市场之间的差异;另一方面,要找出自己与其他同类展览会举办机构之间的差异。与此同时,还要分析同题材展览会之间存在的差异,关键是办展机构要找到最适合本展览会发展的细分市场,根据自身的资源条件和市场竞争状况,通过建立和发展展览会的差异化竞争优势,赋予本展览会以区别于同题材其他展览会的差异化和个性化特征,使自己举办的展览会在参展企业和观众的心目中形成一个鲜明而独特的印象。其实,细分行业和市场不同,它们的差异性和特点也不尽相同。比如加工机械展览会、服装面料及辅料展览会、食品展览会和化工展览会等。不同行业的发展趋势和发展要求都不一样,这在客观上也决定了行业的特点将在展览会的定位上打上烙印。否则,展览会的专业化形象就会不突出,参展商和观众在展览会现场也就感觉和体验不到展览会的这种差异化与个性化特征。

(3)整体性原则

会展业在世界贸易中被公认为服务贸易的重要组成部分,是服务行业。会展业的这一特点决定了它相对于其他工业产品品牌定位的特殊性。工业产品品牌的功能性诉求一般都比较直接,如饮料是为了解渴,食品是为了充饥。展览会的功能性诉求则存在着多面性和复杂性。展览会在功能性诉求上对参展商有促进产品销售、维护客户关系、进行市场调研、提升品牌形象、拓宽销售渠道、维护媒体关系六大方面20多个功能的作用。由于展览会功能的复杂性,展览会定位并不是单一的,而是由多个方面的具体目标构成。这些具体目标是展览会整体定位的基础。反过来,展览会的整体定位又在支配着这些具体目标。这些具体目标主要包括:展览会功能、招商招展、品牌宣传推广、展出规模、展出水平、参展商与观众数量和来源区域等。如果这些具体目标或者部分目标不准确,展览会的整体定位也一定不会准确。因此,在确定某一个具体目标时,我们必须考虑到展览会的整体性,给整个展览会一个准确的定位。

(4)远近结合原则

一个展览会从举办之初的默默无闻到具有代表行业发展趋势的名牌展览会,需要一个成长和发展的历程,以及展览会组织者付出艰辛的努力。这就需要展览会组织者在给展览会定位时,既要有近期目标,又要有远期目标。近期目标要服务于远期目标,远期目标又要根据近期目标的实施状况适时地进行修正。产业结构在变,市场环境在变,所以我们对展览会的定位也必须随着这些变化而改变。目前,一些成型的品牌展览会也面临着重新定位的问题,以适应市场环境变化以及市场竞争的需要。成功的重新定位是在原有优势基础上的品牌提升和对细分市场的更加专注。在这一过程中,除了要做前面所说的相关分析外,还要特别关注自己在市场中所处的竞争地位以及竞争对手的定位。如果你举办的展览会在市场竞争中处于领先者的地位,重新定位是紧跟行业发展和客户要求而进行的,从而使自己的领先位置得到巩固,这是因为处于领导地位的展览会往往比竞争者更容易获得行业的最新信息和发展趋势;如果你的展览会在市场竞争中处于跟随者的地位,那么重新定位时,就要瞄准领导者的市场空当,在更加细分的市场上形成相对竞争优势,有效地保证自己的生存发展空间。

2)展览会定位的内容

一个展览会的整体定位是由多个目标组合而成的,并有近期目标和远期目标之分。构成展览会的整体定位的具体目标如下。

(1)功能性目标

功能性目标就是展览会组织者根据自身占有的参展商资源、专业观众资源、媒介资源、政府或行业组织背景资源、外协单位资源等优势的多少为展览会所赋予的主要功能。具体说就是展览会是以贸易为主,还是以展示为主;是以展示最尖端科学技术为主,还是以产品上市预热展示为主;是以政府形象公关为主,还是以销售渠道开拓为主。展览会组织机构的合作对象不同,展览会的主要功能目标也不一样。

(2)区域性目标

区域性目标就是展览会组织者要把该展览会办成一个什么样的展览会,也就是通常所说的是把它办成国际性的展览会，还是把它办成全国性的展览会或者是办成区域性的展览会。如果要举办一个国际性的展览会，办展机构就要具有一定数量的国外目标参展商资源和一定招展能力的国外合作伙伴，还要有足够的资金支持等条件。否则，不可贸然行事。

（3）展出规模目标

展览会是一种规模效益，它的展出规模越大，给办展机构带来的经济效益也就越多。所以，很多办展机构都想尽办法来扩大自己的展览会展出规模。但是展览会现有的展出规模或展出规模扩大的比例与所涉及的产业规模、产业发展以及展览会自身的影响力有着密切关系。为此，在确定展出规模或展出规模扩大比例时，必须要密切关注相关产业的规模发展状况和相关产业的发展趋势。

（4）展览会营销目标

展览会营销目标主要体现在展览会招商、招展和整体营销等方面。招商目标就是本展览会预计邀请专业观众的数量及其来源区域分布而设定的目标；招展目标就是计划邀请参展商的数量及其来源区域分布而设定的目标，邀请参展商数量的多少直接关系到展览会的展出规模；整体营销主要是指展览会的整体功能营销。利用各种手段让本展览会的受众知道参加本展览会一定会获得更高价值，而且比通过其他方式获得相同的价值要来得优越。他们能够而且愿意支付参加展览会而发生的各种费用。其实，展览会整体营销的过程也是展览会品牌宣传与推广的过程。

（5）参展商与观众满意度目标

参展商与观众满意度一直是展览会组织者不懈追求的目标。参展商与观众满意度的高低也是检验展览会组织者服务能力和水平的重要标志。如果客户对展览会感到满意，他们会继续为该展览会的发展带来附带价值，包括继续参展或参观，对其他企业起到示范作用，向其他参展商或专业观众推荐该展览会以及向主办单位提出改进的意见与建议等。所以，展览会组织者必须树立以客户为中心的服务理念，帮助参展商、采购商解决各种具体问题。只要是参展商、采购商需要的，展览会组织者就应该想到做到，只有通过优质的服务形成一个固定的客户群，展览会才能在群雄逐鹿的时代牢牢占据一块自己的地盘。

（6）组织者效益目标

就办展组织机构的效益目标来说，组织机构的性质不同，他们给展览会所赋予的效益目标也不一样。大家知道，展览会的效益具有双重性，即社会效益和经济效益。政府主导型展览会的主办单位大多是政府有关部门，举办这一类展览会的目的主要是利用展览会这一形式来优化本地区的产业结构，促进本地区经济的繁荣与发展，进一步提高举办城市的知名度，而展览会的经济效益放在次要的位置，更重要的是强调和突出展览会的社会效益。另一类就是我们通常所说的商业性展览会，这一类展览会的组织机构大部分是一些专业会展经营企业。他们完全按照市场经济的规律来组织和经营展览会，所以，这类展览会要追求的是经济效益，而社会效益则不是他们关注的重点。当然这类展览会也有近期经济效益和远期经济效益之分，这要视办展企业的经济实力而定。如果办展机构的经济实力较弱，他们所追求的就是近期经济效益，否则，就很难继续经营和维持下去；如果办展机构具有较强的经济实力，他们可以容忍暂时没有经济效益或者亏损，更看重的是展览会的远期经济效益。无论是近期效益，还是远期效益，他们的最终目的是让展览会产生丰厚的经济效益。

3)展览会定位的步骤

在清楚了展览会定位的原则、内容和依据后,就可以给展览会定位了,一般情况下,展览会定位有以下 4 个步骤。

第 1 步:通过对产业发展和会展市场的分析,分别找出相关行业大部分企业关注的问题和其他类似题材展览会的主要功能,以此确定本展览会要向参展商和观众提供哪些其他展览会不具备的功能、价值与特点。

第 2 步:通过细分具体的产业市场,选定适合本展览会的潜在参展商和专业观众的范围。

第 3 步:展览会定位确定后,要通过各种手段积极传播展览会的形象。将本展览会的特殊功能告诉潜在的参展商和观众,让他们对本展览会的定位有初步的了解和认知。

第 4 步:通过上述办法,将本展览会的差异化优势和与众不同的价值传递给参展商和观众,并得到他们的认同。

任务三　展览会项目立项策划

展览会项目立项策划就是根据掌握的各种信息,对即将举办的展览会的有关事宜进行初步规划,制订展览会的基本框架。其实,展览会策划的主要内容是对展览会的相关事宜作出适当的安排。这些内容主要包括:展览会名称和地点、办展机构、展出范围、办展时间、展出规模、展览会定位、招商与招展计划、宣传推广计划、展览会进度计划、现场管理计划、相关活动计划等。

2.3.1　会展项目立项的基本要素

1)展览会名称

前面对展览会的名称已经作了较为详细的讲述,在确定展览会名称时,应遵循以下几个原则。

(1)准确性原则

展览会名称的准确性就是展览会的名称要与展出内容相一致,切不可“文不对题”。

(2)适宜性原则

展览会名称的适宜性主要指的是展览会名称所涵盖的行业和展出范围相适宜。名称太大显得空洞,太小会影响展览会的发展。

(3)概括性原则

概括性就是展览会名称要对展览会的主要内容高度概括,是展览会的精华。展览会名称应避免过长和过于具体,太长不便于记忆,也不利于展览会品牌的传播。

(4)前瞻性原则

前瞻性就是在确定展览会的名称时,对展览会的发展要有一定的预见性,为展览会将来的发展预留一定的发展空间。

(5)习惯性原则

习惯性主要指的是人们在长期的会展实践活动中自然形成的一些用法，这些用法从语法或修辞的角度可能不太规范，但人们听着习惯，看起来简单、清楚、明了，并且更便于展览会的品牌传播。

2)展出地点

在选择展览会的展出地点时，首先要选定展览会的举办城市，再确定展览会具体的展出场馆。选择展览会的举办城市是与展览会题材、展览会的性质和定位分不开的，并对展览会的长远发展有重要影响。所以，在选择展览会的举办城市时，要考虑以下几个因素。

(1)产业集群因素

目前，我国许多在产业集群相对集中的城市举办的展览会都显示出较强的活力，如浙江义乌小商品博览会和福建晋江国际鞋业博览会等。展览会在产业集群相对集中的城市举办，对企业来说，参展方便，降低费用，办展机构相对容易调动企业参展或参观的积极性；对展览会组织者而言，展览会这样就具备了充分的产业基础。招商、招展工作相对容易开展，也容易得到当地政府和行业主管部门的关注与支持。

(2)消费市场因素

在确定展览会的举办城市时，我们除了考虑城市的产业集群集聚度之外，还要考虑该城市的辐射功能、消费市场容量和人们的消费水平等因素。如果一个城市虽然不是展览会所涉及产业的聚集地，但该城市对周边的辐射能力较强，消费市场容量也比较大，并且人们具有一定的消费能力，那么，这样的市场往往是企业竞争的焦点，企业参展的积极性也会比较高。展览会虽然失去了产业基础，却有较强的消费市场作支撑，展览会也容易举办成功。

(3)城市交通因素

展览会的性质不同，展览会对举办城市的功能要求也不尽一样。例如，国际性展览会一般会在对外交通和海关通关比较便利、其他配套设施比较齐全的城市举办，像北京、上海、广州等大型中心城市。这样，可以方便海外企业参展和观众参观，而全国性的展览会则应在国内比较重要的经济或交通中心城市举办，这样有利于全国的企业参展和观众参观。

(4)展出场馆因素

确定展览会具体的展出场馆的时候，需要考虑展览会的定位、题材、展出规模等因素。如果展览会的定位比较高，则展览会对展馆各方面的要求也比较高，要是把这样的展览会放在设施较为简陋的展馆内举办，其展出效果一定会受影响；如果展览会的展出规模不是太大，而在大型展馆内展出，其效果也不会好，并且增加办展成本；如果举办像矿山机械设备、重型加工机械、航空等题材的展览会，就不能在室内场馆展出，而是在室外场馆展出。有些题材的展览会对展馆的高度和地面承重等有特殊要求，如果展馆选择错误，展览会的效果将会大受影响。所以，在具体选择展馆时，还要综合考虑使用该展馆的成本、展期安排是否符合自己的要求以及展馆本身的设施和服务如何等因素。

3)展览会组织机构

一个展览会的组织机构通常由主办单位、承办单位、协办单位、支持单位等构成。他们在展览会的组织与实施过程中所承担的责任、义务和工作也各有侧重。在策划选择办展机构的组成时，展览会的组织机构不管由哪些单位组成，要本着每个部门的加入对展览会的发展都将起着不可替代的作用为原则。在展览会的举办过程中，应该注意处理好3个方面的关系：首先是要处理好与展览会所涉及产业政府主管部门和行业协会的关系；其次是要处理好与全国及国外在相关产业有较大影响力的机构建立合作伙伴或者招展组团代理的关系；最后是处理好与该行业各大专业媒体和社会公共媒体的关系。

这些单位在提高展览会规格、权威性和扩大展览会影响力等方面起着非常重要的作用。另外，他们还能吸引媒体的关注和展开新闻宣传，提高展览会的行业号召力，加速展览会品牌传播，并能有效地形成展览会的品牌效应。

有一点需要指出的是，政府主导型展览会与商业化运作展览会在展览会组织机构的构成形式方面也不一样。政府主导型展览会的组织机构通常从各有关单位抽调人员成立一个临时机构，其基本结构见图2.1；而商业化运作展览会往往由专业会展企业负责实施，他们除了邀请相关部门作主办、协办、支持单位外，不再另外成立机构，承办单位的工作基本上由该企业来承担，专业办展企业的内部结构详见表2.3。

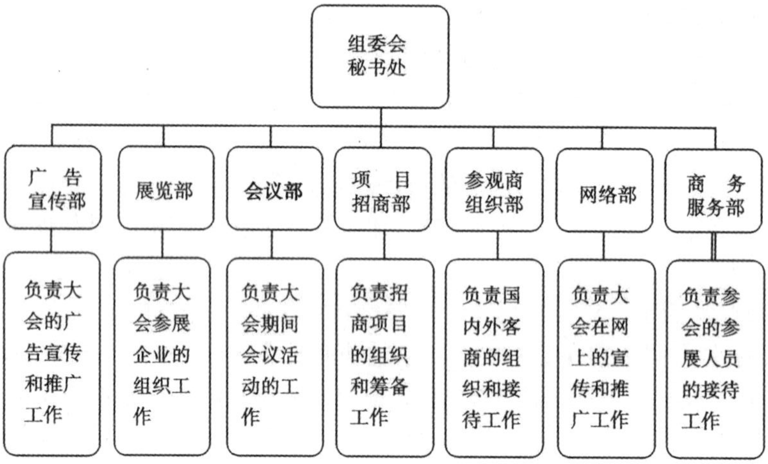

图2.1　政府主导型展览会组委会结构图

表2.3　专业会展企业内部结构表

部门名称	工作内容
公关策划部	媒介关系、项目策划、撰稿、客户服务
招商招展部	项目策划、招商招展、项目实施
展台展示部	三维设计、项目管理
会议活动部	接待、项目管理、设备租赁
特装制作厂	漆工组、木工组、焊工组、电工组
美工制作部	平面设计、制作

4)展览会的举办时间

办展时间指展览会的具体举办时间，又分为布展时间、开幕式时间、展出时间、公众开放时间和撤展时间。

(1)布展与撤展时间

布展时间指参展商入场进行展位装修和展品布置的时间；撤展时间指参展企业在正式展出结束后拆除展位装修和将展品撤出展馆的时间。布展与撤展时间的长短以展览会的展出规模和展品的类别而定。一般规模不是很大和展品重量也不太重的展览会，布展和撤展时间通常各为1~2天，而那些规模很大和展品重量又太重的展览会，布展与撤展时间则各需要2~3天。另外，场馆是按租用场馆的天数收费的，如果布展时间过长，会增加费用支出。

(2)开幕式时间

开幕式时间指开幕式的开始时间。开幕式的日期一般在展览会正式展出的当天，而具体的开幕式时间一般要比观众入场参观的时间晚1个小时左右。这主要是开幕式结束后，方便参加开幕式的领导、嘉宾入场参观以及与参展商进行交流；一些中小型的展览会没有专门部门负责开幕式的相关事宜，这也方便他们抽出相关人员来组织开幕式。

(3)展出时间

展出时间指展览会正式对观众的开放时间。正式展出天数以展览会的性质来定。贸易性展览会的展出时间一般为3~5天，消费性展览会的展出时间一般较长，需要6~8天。另外，贸易性展览会在正式展出时间内通常不允许普通观众入场，只允许专业观众入场参观。展出的最后1天或倒数第2天作为“公众日”，允许普通观众入场，同时，也允许专业观众入场参观。

总之，展览会展出时间的长短没有一个统一标准，要视不同的展览会而定。有些展览会的展出时间很长，如“世界博览会”的展期长达半年，这只是一个特例。但对于占展览会绝大多数的专业贸易展来说，展期一般是3~5天为宜。某展览会举办时间安排表见2.4。

表2.4　某展览会举办时间安排表

活动内容	时间安排	备　注
布展	2024年4月11—12日，每天9:00—19:00	超过规定时间，展馆将加收费用
开幕式	2024年4月13日9:30	
正式展出	2024年4月13—16日，每天9:00—17:00	仅对专业观众开放
	2024年4月16日9:00—17:00	公众开放日
撤展	2024年4月17日9:00—21:00	超过规定时间，展馆将加收费用

5)展出范围

展出范围是指在展览会上展出的展品范围。选择和确定展出范围是策划举办展览会过程中的一项至关重要的工作。展出范围意味着划定了展览会的参展企业和观众范围，对展览会的展出规模和长远发展也有非常重要的影响。

一个展览会的展出范围并非越广越好，这主要包括展览会题材所涉及产业的产品。在展览会题材允许的范围内，展品的范围要尽可能地广一些，这样有利于招商、招展，也有利于扩大展览会的展出规模。如果把一些与展览会题材没有关联的产品也涵盖进来，那就失去了展览会专业性的意义。

6）展览会的举办频率

展览会的举办频率是指同一个展览会在一年内举办几届还是几年举办一届或者是不定期举办。目前，展览会的发展趋势在朝着定期化的方向发展，不定期展览会越来越少，大多数的展览会为一年一届，其次为一年两届和两年一届的展览会。其实，展览会的举办频率是根据展览会所涉及产业的特征和产品生命周期来决定的。一年举办一届的展览会，一般情况下，都是涉及那些技术更新快和产品生命周期较短的产业，如轻工、电子和服装类展览会等；而那些涉及技术更新比较慢和产品生命周期比较长的产业的展览会，则比较适合两年举办一届。另外，同一题材的展览会区域不同，举办的次数也可能不一样。例如，房地产展览会在北方往往是在春秋季一年举办两届。因为受季节的影响，大部分房地产项目在春季开工建设，房地产开发企业在春季参加展览会主要是宣传和推广新楼盘，提高人们对新项目的认知度。而房地产开发企业在秋季参加展览会的主要目的则是销售。因为北方冬天气候寒冷，室内都要取暖，如果房子卖不出去，就要向热力公司交纳一定数额的取暖费。所以，房地产开发企业在秋季参加展览会的积极性也很高。而我国南方地区却不存在上述气候因素，房地产展览会在南方同一个城市一年举办两次就不一定能成功。

7）展出规模

通常所说的展出规模是指一个展览会参展企业的数量，另一个是指一个展览会的展出面积。在计算展出面积时，又有净面积和毛面积之分。净面积是展览会所有展位实际占用面积的总和，毛面积是净面积和展位间通道、空地等所占用面积的总和。大家都知道，展览会是一个规模效益的行业，也就是说在同等条件下，一个展览会的展出规模越大，它所产生的效益也就越大。其实，一个展览会的展出规模主要会受到 3 个方面的制约。首先是产业规模的制约。例如，一个电子产品展览会与一个婚纱展览会相比，虽然它们属于同级别，但前者的展出规模要比后者大很多，这就是产业规模的制约所致。其次是展览会自身影响力的限制。虽然一个展览会所涉及的产业规模很大，但该展览会刚刚举办，企业对该展览会还处于观望阶段，这时要扩大展览会的展出规模比较困难。最后是展位价格的限制。如果展览会的组织者把展位的价格定得很高，也会影响一部分企业参展的积极性。所以，在确定一个展览会的展出规模时，展览会组织者要综合考虑各种因素，避免不必要的经济损失，从而使展览会所产生的效益最大化。

2.3.2 展览会效益预测

任何一个展览会都具有两重性，即社会效益和经济效益，不论是政府主导型的展览会，还是按市场化运作的商业性展览会，只不过这两种展览会的关注重点不同罢了。但在策划一个展览会时，不管是哪一类的展览会，组织者对展览会的这一两重性都不容忽视。

下面就其进行简要的说明。

1)社会效益预测

展览会的社会效益,主要是指展览会对所涉及行业发展的促进作用和影响力以及在城市整体经营中所起的作用等。这是检验一个政府主导型展览会成功与否的重要指标。展览会组织者在策划展览会之初,首先想到的就是希望通过展览会的举办所达到的效果。其实,这也是他们对展览会社会效益的预测。而商业性展览会组织者对展览会社会效益的预测更多的是关注展览会对所涉及行业的影响力。一个展览会处在不同的发展阶段,组织者给展览会所预定的目标也不一样。相对而言,商业性展览会的组织者关注经济效益更多一些。

温馨提示

会展行业是一个带动性很强的产业。会展活动的组织者在追求经济效益最大化的同时,要注重发挥会展活动的社会效益。只有做到经济效益与社会效益相统一,会展活动才能具备强大的生命力和广阔的发展空间。

2)经济效益预测

展览会经济效益预测就是策划展览会时,对展览会主要收入和主要支出的初步估算。这是评估一个展览会项目是否可以立项举办的重要依据。对展览会经济效益预测的前提是先要预测展览会的展出规模、确定展位价格以及其他收入数额,另外就是要预测展览会的各项支出款项。这样才能对一个展览会的经济效益作出预测。展览会经济效益预测在后面的项目里还会详细说明,现在仅把一个展览会的主要收入和支出项目列出来,见表 2.5。

表 2.5 展览会主要收支项目表

单位:万元

收入			支出		
项目	金额	比例/%	项目	金额	比例/%
展位租金 门票收入 广告收入 企业赞助			场地费用 展出现场装饰费用 宣传推广费用 招展费用 专业观众组织费用 开幕式及配套活动费用 开幕式酒会及宴请费用 办公及人员费用 税收 不可预见费		
合计			合计		

2.3.3 展览会实施计划策划

有关一个展览会的各个执行计划，涉及的面很广，内容也比较多。在后面项目里还会涉及这些内容。这些计划的主要内容见表 2.6。

表 2.6 展览会相关实施计划一览表

计划名称	计划主要内容	重点说明
人员分工	适时统筹安排工作人员	使每个人了解自己的责任、目标和任务等
招商、招展	制订招商、招展的策略、措施和办法	不同实施阶段，招商、招展各有侧重
宣传推广	树形象、建品牌、与招商招展紧密配合	不同实施阶段，要选择适宜的媒体与传播方式，突出重点
服务商安排	展位搭建、现场布置、运输、住宿、旅游、餐饮等	选择有资质、信誉好、价格低的企业
进度管理	各项筹备工作，如招商、招展、宣传推广等	合理调配、统筹安排，保证各项工作如期完成
现场管理	开幕式、布展/撤展与展出现场管理协调、观众登记、咨询及突发事件处理等	合理调配人员、各负其责，提高服务质量，保证展览会顺利进行
配套活动	论坛、宴会、交流会、研讨会、评奖与各种表演等	早策划、早安排、精心组织，增加展览会的附加值

任务四 展览会项目立项策划书

展览会立项策划书是在掌握计划举办的展览会所涉及信息的基础上，对该展览会的有关事宜提出的初步书面规划，设计出展览会的基本架构，初步确定展览会立项的基本要素，提出展览会组织和实施的策略和方法。展览会项目立项策划书的主要内容见表 2.7。

表 2.7 展览会立项策划书主要内容一览表

结　构	分　类	主要内容	备　注
封面		策划书名称、公司名称、策划书完成日期	
提要		主要内容简要介绍	
目录			

续表

结　构	分　类	主要内容	备　注
正文	办展市场环境	展览会题材所涉及产业和市场的情况分析；国家有关法律、政策分析；相关展览会的情况分析；展览会举办地市场分析等	
	展览会基本要素	展览会名称与举办地点、办展机构的构成、展出范围、办展时间、办展周期、展出规模和展览会定位等	
	展览会执行方案	招展计划、招商计划、宣传推广计划、展位价格及初步预算方案、工作人员分工计划、展览会筹备进度计划、展览会服务商安排计划、展览会开幕和现场管理计划、展出期间举办的相关活动计划等	
	经济效益预测	初步确定展位价格和预算方案	

【项目小结】

本项目主要讲述了为策划一个展览会项目所需要收集信息的范围及其方法、展览会题材确定的原则、各个执行方案的策划和如何撰写立项书等。这些内容是策划一个新的展览会项目立项必须要了解和掌握的。通过项目的学习，了解在策划一个展览会项目时需要掌握哪些方面的信息，掌握获取这些信息的手段与方法，为展览会项目的下一步可行性研究作准备。

【复习思考题】

1.收集展览会信息有几种渠道？
2.专业性展览会立项需要收集哪几个方面的信息？
3.确定展览会题材需要考虑哪些因素？常用的方法是什么？
4.展览会定位的程序、内容与应该遵循的原则是什么？
5.展览会立项的基本要素是什么？

【实训题】

实训项目一

一、实训组织

结合当地的产业集群分布情况，教师确定一个专业会展活动的主题，让学生结合本项目所学的内容，列出与此相关联的细分行业及有代表性的企业，为会展项目的立项和可行性分析做准备。

二、实训要求

1.学生要独立完成。

2.所列的细分行业必须与会展主题有一定的关联性。

3.列出的细分行业要全面并具有代表性。

4.教师要具备一定的产业分类知识。

三、实训目的

1.掌握会展市场细分的方法。

2.提高学生对会展市场细分重要性的认识。

3.避免进行会展市场细分时出现不必要的失误。

实训项目二

一、实训组织

教师确定一个专业展览会的题材,让学生利用网络或相关手段收集展览会的相关数据与信息,并利用收集到的数据和信息,起草一份展览会立项策划书。

二、实训要求

1.收集到的数据和信息要准确,并具时效性。

2.要有立项策划书的主要构成要素,依据要充分。

3.立项策划书的格式要正确,文字要准确,语言要流畅。

三、实训目的

1.培养学生的信息意识。

2.培养学生的会展文案策划能力与技巧。

3.培养学生的从业能力。

【案例回放】

北京冬季奥林匹克运动会的带动效应

第24届冬季奥林匹克运动会的成功举办实现了我们申办时的各项承诺,向全世界展现了中国是一个负责任大国的良好形象,以实际行动诠释了在北京冬奥会开幕前夕,习近平主席郑重宣示的:"中方将竭诚为世界奉献一届简约、安全、精彩的奥运盛会,践行'更快、更高、更强——更团结'的奥林匹克格言。"北京冬奥会的举办在世界范围内产生强烈的积极反响的同时,也对我们国内的社会和经济产生了积极的促进和带动效应。

1.向世界展现了中国的智慧与能力。我们的基础设施和场馆建设、各项赛事安排、接待服务及人员的选拔与培训等相关事项有条不紊地进行,保证了冬奥会的顺利举行,这充分证明了我国强大的组织能力和协调能力。同时也展现了中国人民的强大团结,协作的强大,人人为冬奥会贡献自己的一份力量的精神风貌,也让全世界人民看到了我们中华儿女不畏艰难、团结协作的力量,让全世界人民都意识到了中华人民共和国的强大,更好地树立和维护了我们泱泱大国的良好形象。

2.促进冬季运动的蓬勃发展。冰天雪地是金山银山,北京冬奥会激活了中国的冰雪经济,让冰雪运动不仅成为一项体育运动,更成为一个现代产业。自2015年北京冬奥会成功申办以来,截至2021年10月,全国居民参与过冰雪运动的人数为3.46亿人,实现了"带动三亿人参与冰雪运动"的目标。

目前中国是全球滑雪市场中唯一快速增长的市场。《中国冰雪产业发展研究报告(2021)》的数据显示，在2020—2021年冰雪季，我国冰雪休闲旅游收入超过3900亿元。预计到“十四五”规划末期的2025年，我国冰雪旅游人数将超过5亿人次，冰雪旅游收入超过1.1万亿元。根据中国旅游研究院的预测，2024年至2025年的冰雪季期间，中国冬季休闲旅游产业有望迎来超过5.2亿游客，预计收入将超过7200亿元。

3.促进投资，进一步完善交通条件。北京市延庆区作为北京冬奥会三个赛区之一，大力发展特色文化体育旅游产业，成功创建国家全域旅游示范区。2016—2020年旅游收入累计达到323亿元，同比增长30.3%。形成了3条高速、1条高铁、1条市郊铁路的对外交通网络。

张家口冰雪经济和绿色产业拉动就业、助力脱贫，12个贫困县区、1970个贫困村、93.9万贫困人口全部脱贫。截至2020年底，张家口冰场雪场达29个，2020—2021年雪季结束，累计参与冰雪运动人次突破500万。基础设施建设提速升级，张家口全面跨入高铁时代。

4.促进我国冰雪产业的规模不断扩大。巨大的市场空间，加上日益雄厚的群众基础和资本持续涌入的趋势，冰雪产业企业实现快速扩张。天眼查数据显示，截至2021年末，我国有超过8500家从事冰雪运动的相关企业。在成功申办冬奥会后的2015—2021年间，新增注册冰雪运动相关企业平均增速达到24.3%，特别是2021年同比上涨38.3%，增速较快。此外，我国资本市场A股当中，也有数十家上市公司已提前布局冰雪相关产业，覆盖范围包括滑雪场、运动装备、体育赛事、培训服务乃至智能穿戴等业务。

5.氢能源的应用，实现了“碳中和”和办绿色冬奥会的目标。北京冬奥会从场馆建设基础设施建设，绿色环保材料使用，使用人工智能、5G、智能机器人等前沿技术，力争碳排放全部中和，实现了“碳中和”和办绿色冬奥会的目标。在整个冬奥会期间，使用清洁能源车辆将实现减排约1.1万吨二氧化碳，相当于5万余亩森林一年的碳汇蓄积量。另外，数字人民币成为本届冬奥会的一大亮点，已落地35.5万个冬奥场景，实现交通出行、餐饮住宿、购物消费等全场景覆盖，再一次向世界展示了中国在数字货币方面的领先水平。

北京冬奥会在碳中和方面的实践，也再次传递出在未来碳中和时代下，将会涌现出诸多个数亿元，乃至是千亿级的市场投资机遇。在未来的后冬奥时代，北京冬奥会带来的“冬奥经济效应”将会持续，创造更多价值。

案例分析

1.北京冬奥会的成功举办带给我们哪些思考？

2.北京冬奥会还有哪些社会效应和经济效应？

项目三
展览会项目可行性分析

【知识目标】

●熟悉展览会项目可行性分析的内容。
●掌握展览会项目可行性分析的方法。
●学会对会展项目发展前景进行预测。
●能够对会展项目风险进行预测。

【技能目标】

●能够对会展项目进行可行性分析。
●具备会展项目具体工作的执行能力。
●能够对会展宏观市场环境进行初步分析。
●基本具备独立制订会展项目执行方案的能力。
●能够针对会展项目存在的风险制订相应的策略。
●初步具备撰写会展项目可行性研究报告的能力。

【学习重点】

●展览会项目可行性分析的方法。
●会展项目发展前景预测。
●能够对会展项目风险进行预测。

【学习难点】

●会展项目风险应对策略的制订。

【案例导入】

第6届中国国际进口博览会

中国国际进口博览会(简称"进博会")由国家主席习近平亲自谋划、亲自提出、亲自部署、亲自推动,是党中央着眼于推动新时代高水平对外开放的重大决策,是中国主动向世界开放市场的重要举措,是中国推动建设开放型世界经济、支持经济全球化的务实行动,是世界上第一个以进口为主题的国家级展会,已成功举办五届,在国际采购、投资促进、人文交流和开放合作等方面均取得了积极成效,成为中国对外开放的重要窗口。

第6届中国国际进口博览会于2023年11月5日至10日,在国家会展中心(上海)举行。11月5日,国家主席习近平向第6届中国国际进口博览会开幕致信;同日,国务院总理李强出席在上海举行的第6届中国国际进口博览会暨虹桥国际经济论坛开幕式及相关活动,并发表了主旨演讲。本届进博会的主题为"新时代共享未来"。本届进博会主要有以下亮点:

1.新老朋友如约而至。来自154个国家、地区和国际组织的来宾齐聚本届进博会。

国家展有72个国家和国际组织集中展示。企业展吸引来自128个国家和地区的3400多家企业参展。已注册的专业观众近41万名。虹桥论坛参会规模超8000人，300多名重量级嘉宾在论坛上分享观点、交流研讨。

2.展览展示量质齐升。企业展览面积创新高，达36.7万平方米，特装展台面积占比近95%。参展的世界500强、行业龙头企业以及创新型中小企业，数量均为历届之最，创新孵化专区展览面积和项目数量较上届增加一倍。

3.虹桥论坛内容丰富。本届虹桥论坛在举办开幕式（主论坛）、“投资中国年”峰会等重要活动的同时，围绕“开放发展”“开放合作”“开放创新”“开放共享”四大板块，举行22场分论坛。论坛发布《世界开放报告2023》及最新世界开放指数，联合国贸发会议等机构也发布相关专业报告。

4.各类活动精彩纷呈。组织外资企业圆桌会、全球CEO（首席执行官）巡馆等活动，开展专业配套、人文交流等逾千场丰富多彩的现场活动，放大展会综合溢出效应。

5.新产品新技术同台亮相。食品及农产品展区美食飘香，来自全球的“土特产”琳琅满目；消费品展区大牌云集，展现国际潮流新风向；技术装备展区内，各类高端装备秀出科技“硬实力”，进博会为全球企业搭起大舞台，众多全球新品精品集中亮相。

6.“一带一路”国家参展踊跃。在进博会国家展70多个参展方中，有64个“一带一路”共建国家；在企业商业展中，“一带一路”共建国家有超过1500家企业参展，总展览面积较上届增长约30%。据统计，第6届中国国际进口博览会按一年计意向成交金额784.1亿美元，比上届增长6.7%。

案例分析

1.我国举办进口博览会的主要意义是什么？

2.参展国家和企业为什么对进口博览会的参与度越来越高？

任务一　办展市场环境分析

3.1.1　宏观市场环境

由于会展业的依赖性特征，许多社会因素都会影响到一个展览会是否能够成功举办。宏观市场环境就是指那些可能影响到展览会举办的各种社会因素。这些因素可能会给展览会举办机构带来开发新展览项目的市场机会，也可能会给其造成市场威胁，而且这些因素时刻都在变化，始终以一种动态的形式存在着，也就是说市场机会与威胁不是一成不变的。这就需要办展机构密切关注市场的变化，充分利用有利因素，及时有效地抓住市场机会，根据市场的变化，及时调整自己的办展策略。关于展览会宏观市场环境分析的主要内容详见表3.1。

表 3.1　宏观市场环境分类表

	市场环境类别	主要内容	目　的
宏观市场环境分类	经济环境	举办地经济发展状况、产业结构及集聚度、产业发展现状与趋势、从业人员数量与分布以及对其周边地区的辐射能力等	了解产业规模，制订准确的展览会发展规划
	市场环境	市场容量、人们的消费习惯与特点、消费能力、市场竞争态势及同类展览会的竞争状况等	掌握当地市场特点和利用有利条件，参与竞争
	社会文化环境	社会文化习俗、宗教信仰、重要节假日以及休假习惯等	尊重当地的信仰和习惯，选择恰当的办展时机
	政治法律环境	社会稳定、产业发展规划与优惠政策、市场准入政策以及与展览会相关的法律法规等	使展览会符合产业发展规划，争取政府部门支持，避免相关法律的不利影响
	技术环境	新技术在产业中的应用状况等	掌握新产品开发周期

3.1.2　微观市场环境

任何一个展览会组织机构在进入一个新产业举办展览会之前，除了要考虑上述各种宏观的社会环境因素对展览会的影响和制约外，还要对自身的办展条件及所占有的各种社会资源进行详细的分析。大家通常所说的微观市场环境就是指那些直接影响展览会举办的各种条件，这些条件主要包括办展机构的自身条件、目标参展商与观众、同类展览会状况、招商招展网络、展出场馆设施与配套条件及社会公众等。展览会微观市场环境的主要内容详见表 3.2。

表 3.2　微观市场环境分类表

	市场环境类别	主要内容	目　的
微观市场环境分类	办展机构自身条件	办展机构的经济实力、办展专业人员、展览会涉及产业的专业人才以及所占有的社会资源等	评估组织者的办展能力
	目标参展商与观众	掌握目标参展商和专业观众的数量与区域分布，他们的需求及其变化趋势等	了解其参与展览会的可能性
	同类展览会状况	每个展览会的基本情况、品牌影响力、相互间的竞争状态等	制订相应的竞争策略
	招商招展网络	招商招展代理的信誉、能力、数量与区域分布等	制订相应的营销策略
	展出场馆设施与配套条件	展出场馆的规模、设施、服务和价格水平以及展览会相关服务商的资质、数量、服务水平和收费标准等	选择收费低和服务水平高的服务商
	社会公众	媒体、公众、政府管理部门人员和其他社团组织等	为展览会的发展创造宽松的社会环境

3.1.3 市场环境预测

进行信息收集和市场环境分析的主要目的是在举办展览会时,充分利用各种有利条件和机会,避免市场威胁。在掌握了与展览会相关联的大量信息和对环境发展趋势作出一定的预测后,就可以对市场环境进行综合分析及评估。现在进行市场环境分析最常用的是“SWOT 分析法”,下面简要介绍一下“SWOT 分析法”。

1)什么是 SWOT 分析法

SWOT 分析法也称态势分析法,SWOT 的 4 个英文字母分别代表:优势(Strength)、劣势(Weakness)、机会(Opportunity)、威胁(Threat)。所谓 SWOT 分析,就是对与研究对象密切相关的各种主要内部优势、劣势、机会和威胁等进行认真研究与分析,根据企业自身的内在条件,找出企业的优势、劣势及核心竞争力之所在。通过调查列举出来,并依照矩阵形式排列,然后用系统分析的方法,把各种因素相互匹配起来加以分析,从中得出一系列相应的结论,而结论通常带有一定的决策性。

运用这种方法,可以对研究对象所处的情景进行全面、系统、准确的研究,从而根据研究结果制订相应的发展战略、计划以及对策等。SWOT 分析法常常被用于制订集团发展战略和分析竞争对手情况,在战略分析中,它是最常用的方法之一。

2)SWOT 分析的内容

(1)分析环境因素

运用各种调查研究方法,分析出公司所处的各种环境因素,即外部环境因素和内部能力因素。外部环境因素包括机会因素和威胁因素,它们是外部环境对公司的发展有直接影响的有利因素和不利因素,属于客观因素,一般归属为经济、政治、社会、人口、产品和服务、技术、市场、竞争等不同范畴;内部环境因素包括优势因素和弱点因素,它们是企业在其发展中自身存在的积极因素和消极因素,属主观因素,一般归属为管理、组织、经营、财务、销售、人力资源等不同范畴。在调查分析这些因素时,不仅要考虑到企业的历史与现状,而且要考虑企业的未来发展。

(2)构造 SWOT 矩阵

将调查得出的各种因素根据轻重缓急或影响程度等排序方式,构造 SWOT 矩阵。在此过程中,将那些对企业发展有直接的、重要的、迫切的、长久的影响因素优先排列出来,而将那些间接的、次要的、不急的、短暂的影响因素排列在后面。

(3)制订行动计划

在完成环境因素分析和 SWOT 矩阵的构造后,便可以制订出相应的行动计划。制订计划的基本思路是:发挥优势因素,克服弱点因素,利用机会因素,化解威胁因素;考虑过去,立足当前,着眼未来。运用系统分析的综合分析方法,将排列与考虑的各种环境因素配起来加以组合,得出一系列企业未来发展的可选择对策。通常 SWOT 分析对策组合见表 3.3。

表 3.3 SWOT 分析对策组合表

战略名称	组合方式	战略目的
SO 战略	发挥内部优势,利用外部机会	利用内部优势,抓住外部市场机会
ST 战略	发挥内部优势,回避外部威胁	利用内部优势,回避或减少外部威胁
WO 战略	利用外部机会,改进内部劣势	利用外部市场机会,改善内部弱点
WT 战略	改进内部劣势,回避外部威胁	改善内部弱点,回避外部威胁

注:SW 主要分析内部条件;OT 主要分析外部条件。

3)SWOT 分析的结果

通过 SWOT 分析,从中找出对办展机构有利的和值得发扬的因素,以及对自己不利的、要避开的东西,发现存在的问题,找出解决办法,并明确以后发展的方向。根据这个分析,将问题按轻重缓急分类,明确哪些是目前急需解决的问题,哪些是可以稍微拖后一点儿的事情,哪些属于战略目标上的障碍,哪些属于战术上的问题,并将这些研究对象列举出来,把各种因素相互匹配起来加以分析,从中得出一系列相应的结论,而结论通常带有一定的决策性,有利于领导者和管理者作出较正确的决策和规划。对宏观环境和微观环境分析以后,办展机构一般会得出以下结果。

(1)积极参与竞争

经过系统分析,如果在办展机构所占有的各种外部环境因素和内部环境因素中,有利因素大于不利因素,而且不利因素又不是影响举办展览会的关键因素,办展机构就要抓住有利时机,充分利用各种有利条件,积极参与竞争,进入相关产业举办展览会。

(2)谨慎参与竞争

办展机构进行系统分析之后,清醒地认识到在内外部各种环境因素中,机会因素和威胁因素并存,但经过努力,不利因素可以转化为有利因素,至少可以回避威胁因素或者可以将威胁降低到最低程度。这样,展览会组织机构就要采取各种策略来改善环境,降低市场风险,为进入相关产业举办展览会而创造条件。

(3)放弃竞争

如果办展机构采取各种措施仍不能改善办展环境,无法限制或扭转不利因素的发展或者市场风险仍然很高,在这种情况下,办展机构就要放弃进入相关产业举办展览会的打算,去寻找新的市场发展机会。

任务二 展览会项目生命力分析

一个展览会项目生命力的长短是由外部多方面的因素所决定的。这就需要办展机构不但要对各种影响展览会发展的因素进行分析,还要对举办展览会的有利因素进行分析,因为有利因素和不利因素时时都在相互转换,今天的不利因素可能会成为明天的有利因素,而今天的有利因素也可能会成为明天影响展览会发展的不利因素。因此,就需要展览会组织机构对展览会的发展前景作出准确而科学的判断和预测。只有那些具有长期发展前景的展览会项目,才有投资的价值。一般从以下几个方面来分析和预测展览会项目的发展前景。

3.2.1　展览会项目发展空间

展览会项目的发展往往和该展览会所涉及产业的发展周期有着密切关系。一般处于成长期的行业发展趋势好,市场扩展快,比较适合举办展览会;处于成熟期的产业,企业数量较多,开拓市场的意愿强烈,也比较适合举办展览会。但处于投资期和衰退期的产业,则不太适合举办展览会。分析展览会项目发展空间,就是要立足现在,分析未来,对展览会项目的未来发展作出推断与预测。展览会项目发展空间分析的主要内容见表3.4。

表3.4　展览会项目发展空间主要内容分类表

类　别	主要内容	简要说明
产业空间	举办地相关产业现状与发展趋势	是不是优势产业、重点产业、政府支持和鼓励发展产业,产业规模等
市场空间	举办地市场结构状况	展览项目是否适合市场的需求以及对企业参与展览会的影响力
地域空间	举办地的地缘优势、周边辐射力以及展览场馆状况	举办地辐射功能、交通设施、基础设施、展馆设施及服务业发展状况等
政策空间	举办地对展览会涉及产业的政策和对会展业的发展政策	当地政府对展览会所涉及产业是否采取鼓励政策及对会展业的相关政策等

3.2.2　展览会项目的自身特点与发展空间

在激烈竞争的市场条件下,任何产品或服务都要有自己的特点。没有特点的产品将很快被市场所淘汰,展览会也不例外。为此,展览会组织机构在策划自己的展览会时,必须详细分析同题材其他展览会的优势与不足,找准自己的切入点,赋予自己的展览会更多更明显的优势。这些优势是其他同类展览会所不具备或欠缺的,只有这样,自己的展览会才具有竞争力和生命力,才会有更为广阔的发展空间。通过分析与比较,找到自己的发展空间,进行分析比较时一般要从以下几个方面入手。

1)展览会的主题

展览会的主题是对展览会题材和目标的浓缩,是一个展览会的精华,也会充分反映出展览会的特点。如果一个展览会的主题清晰、明确,符合某一产业或者某一细分产业的需求,就会得到相关企业的积极响应,并且会取得比较好的效果。反之,该展览会在行业内的号召力和感召力就不大,对参展商和观众的吸引力也就不强,而且也得不到举办地政府和行业主管部门的支持与协助。在这种情况下,展览会举办机构就要修正自己的展览会主题或者放弃原有主题,选择新的展览会项目。

温馨提示

在科学技术飞速发展和市场竞争日趋激烈的今天，在会展活动的组织实施中如何通过创新来使企业参展和社会各界广泛参与显得尤为重要。会展活动的创新要围绕着会展活动的主题和所涉及产业的发展趋势以及市场的发展变化来进行。可以说，创新在会展行业是一个永恒的话题。

2）办展机构的信誉度

在目前市场竞争日益激烈的情况下，企业在消费者心目中的信誉度越来越重要，会展企业也不例外。例如，一提到“海尔”，消费者首先想到的是“海尔”的产品质量和服务水平。如果一个展览会组织机构非常珍惜自己的企业形象和在参展企业与观众心目中的信誉度，这家会展企业组织的展览会质量和水平一般也会比较好。其实，现代企业的信誉度很难与自己的产品质量和产品品牌的影响力完全分离开来，对于企业信誉度的高低，消费者往往是从其产品的质量和服务水平的亲身感受而来的。可以想象一个不注重自己企业形象的会展企业也很难组织出高质量的展览会。如果一个展览会成功举办了若干届，具有了一定的品牌效应，初步形成了自己的客户群，参展企业和观众已经感受到了组织机构的服务和展览会的品牌影响力，为展览会的成功举办基本奠定了基础。在这种情况下，组织机构要做的是采取各种有力措施进一步提高参展企业和观众的信任度与展览会的品牌感召力；如果举办的是一个新展览会，组织机构就要利用各种条件和方式将自身的良好形象与信誉传递给受众，增强其认知度。只有这样，自己组织的展览会才能成功举办。

3）参展商和观众

参展商和观众就是展览会的目标参展商和观众，具体地说就是办展机构拟邀请参展的企业和到会参观的专业观众。这就要看办展机构根据自己展览会的定位，是邀请行业内大中型企业为主，还是以中小企业为主；是在全国范围内邀请观众，还是以举办地为主。以大中型企业为主参展的展览会更能反映产业发展的趋势，有大中型企业的参与，展览会在行业内的影响力就会得到提高，邀请观众的区域范围越广，对企业参展的吸引力也就越大。可见，参展商和观众的构成也是提高一个展览会竞争力的重要条件之一。

4）展览会的展位价格

展览会的展位价格在企业参展的成本中占有较大的比例，在一定程度上也直接影响着企业参展的积极性。在同等条件下，企业会选择展位价格较低的展览会参展，因为他们总是希望以最低的成本获取最大的成果。尤其对一个新办的展览会来说，展位价格不宜定得太高。因为企业还没有亲身感受到展览会组织者服务水平的高低和组织能力的强弱，如果价格定得过高，展览会就会失去竞争力。所以，低价格也是会展企业经常采用的一种市场竞争策略。

5）展览会的服务水平

服务始终贯穿于展览会的组织实施过程之中，这是会展业的性质所决定的。除了上面所说的四个方面之外，高质量的服务也是增强展览会竞争力的重要手段之一。展览会组织机构的服务水平主要体现在与参展企业保持良好的沟通与联络，为他们提供各种咨询与个性化服务，协调他们的展位现场施工和展品就位；为观众提供咨询，一直到展览会闭幕后及时向他们提供展览会的相关数据资料、评估报告以及向他们征求意见和建议等。会展企业必须树立“服务第一”的意识，始终为参展企业和观众提供快捷、周到、细致、专业和有效的服务。这样，展览会在行业内的影响力一定会增强，其竞争力也会得到提高。

3.2.3　办展机构的优劣势分析

进行办展机构之间的优劣势分析就是要“扬长避短”，充分发挥自己的优势来提高展览会的竞争力。任何一个会展企业都不可能是全能的，都会有自己的熟知行业和陌生领域。进入自己熟悉的行业举办展览会，成功的可能性比较大，而进入一个陌生的行业组织展览会，办展机构就要承担很大的市场风险。如果一个办展机构非常熟悉电子行业，并占有一定的办展资源，它首先应该进入电子产业举办一个电子类的展览会，这比进入服装行业举办一个服装展览会成功的可能性要大得多。另外，在分析自身优劣势的同时，还要认真分析其他同题材展览会办展机构的优劣势，以此找出他们的劣势所在，以自己的优势去竞争他们的劣势，使自己处在一个有利的位置。

总之，进行优劣势分析时，千万不要进行单方面的比较与分析，这样容易产生片面性，而要进行综合比较与分析，这样得出的结论才会全面，准确度也比较高。经过分析，如果自己的展览会确实具有广阔的发展前景，但自己暂时还欠缺某些办展条件，就要尽快采取措施弥补或改善自己的不足，以满足举办该展览会所需要的各种条件。

任务三　展览会基本要素与执行方案分析

3.3.1　展览会基本要素分析

一个展览会的基本要素包括名称、标志、举办地点、举办时间等，它是展览会最基本的构成要素。在这里对其进行分析的主要目的就是要进一步看各个要素之间的关系是否协调以及各个要素是否符合行业特点和产业发展规律。基本要素分析的主要内容和应该注意的问题见表 3.5。

表 3.5　会展项目基本要素分析表

基本要素	分析的主要内容	注意的问题
名称	定位是否准确、主题是否突出	定位模糊不清、涵盖范围过宽或过窄
标志	是否符合展览会的行业特点、便于传播和记忆等	违反展览会标志设计原则、过于繁杂、记忆困难等
举办地点	展览会是否与当地的优势产业相统一，展出场地是否适宜等	违背举办地的产业发展政策，展出场馆过大或过小

续表

基本要素	分析的主要内容	注意的问题
举办时间	是否符合行业的季节性	违背行业季节性等特点
办展机构	办展机构的合作密切度、分工是否明确及合理等	分工不明确、不合理,未能充分发挥各自的优势,利益分配不均等
规模	是否符合产业规模以及展出规模目标的可操作性	制订的展出规模目标过大或过小等
展出范围	是否与展览会名称和主题相一致	涵盖展览会所涉及的相关产品不全或列入无关产品
办展周期	是否符合行业技术更新与新产品开发周期	办展周期过长或过短

3.3.2 展览会执行方案分析

各个执行方案是一个展览会成功举办的重要保证。这些方案涉及展览会组织实施的全过程,并直接关系到每个环节具体工作进行是否能达到预期的效果。所以,这就需要办展机构制订的各项方案更具合理性,更具可操作性。这些方案主要包括:宣传推广计划、招商招展计划、人员安排计划、展览会进度管理计划和展出现场服务与管理计划等。这些方案所涉及的主要内容和目的详见表3.6。

表3.6 展览会执行方案分析表

执行方案	主要内容	目 的
宣传推广计划	宣传推广展览会品牌,提高认知度,配合招商、招展等	不同阶段要突出宣传重点和正确选择传播渠道与媒体
人员安排计划	按照各阶段的工作重点,合理调配人员	分工明确、责任到人,发挥每个人的优势,充分调动大家的积极性
展览会进度管理计划	加强监督检查,增强工作安排的合理性、准确性和可行性	确保各项工作有条不紊地进行,并保证按时完成各项工作目标
展位营销计划	建立营销网络,制订营销策略	选择信誉好、能力强的展位营销合作伙伴,确保展位营销目标能如期完成
招商计划	建立招商网络,制订招商策略	选择有影响力的合作机构,保证邀请专业观众的数量和质量
服务商选择计划	根据展览会的需要,选择服务商,确定合作方式	选择有资质、服务质量高和收费合理的服务商,为展览会提供周到的服务

续表

执行方案	主要内容	目　的
现场服务与管理计划	根据各个阶段的工作重点，合理调配人员，处理好服务、管理与协调的关系	分工明确、责任到人，为参展商和观众提供及时、周到的服务，及时协调各方面的关系，预防意外事件的发生
配套活动安排计划	周密安排、突出效果、配套活动要与展览会题材相一致	丰富展览会的活动内容，有利于提高展览会品牌的影响力

任务四　展览会经济效益预测与风险预测

3.4.1　展览会经济效益预测

展览会经济效益分析是展览项目可行性分析的一项重要内容，其主要目的就是通过展览会项目的财务预算和利润分析来判断该展览会的经济效益，预测该展览会项目的经济效益如何。由于展览会项目的收入和支出不能在同一时间内进行，往往需要展览会组织机构先期垫付一定数量的资金，以保证各项筹备工作的顺利进行。预测一个展览会的经济效益如何一般从以下几个方面进行分析。

1）收入成本分析

一个展览会项目收入的多少和成本的高低直接关系到该展览会的投资回报率和净利润率，这也是展览会组织机构十分关心的问题。其实，展览会的利润是收入与成本的差额。为了使展览会项目的利润最大化，办展机构在展览会项目的运行过程中，一方面要充分利用各种渠道来最大限度地扩大收入，另一方面要采取各种措施控制和降低成本，这也是办展机构进行会展项目管理和实行经济效益分析、预测和管理的根本目的之所在。

（1）展位定价

展览会展位定价需要展览会组织机构认真分析和综合产业利润状况、市场条件、竞争对手的优劣势以及自己展览会的品牌影响力等条件来确定自己展览会的展位价格。办展机构为自己的展览会展位确定一个参与各方都能接受的价格不仅可以提高展览会的市场竞争力，也是对展览会经济效益分析与预测的基本条件，对展览会的许多分析都离不开展位价格。确定展览会的展位价格时，办展机构一般所遵循的原则、需要考虑的几个因素以及采取的几种方法如下。

①定价目标。展览会组织机构所处的发展阶段不同和对展览会的定位不同，在给展览会的展位定价时所遵循的原则也不同。通常情况下，办展机构在确定自己展览会的展位价格时应遵循的原则见表 3.7。

表 3.7　展位定价原则表

定价原则	主要目的	主要说明
利润化原则	把获取利润作为首选目标,追求的是利润最大化或达到自己预期的利润目标	展位价格高,短期内可能会有一定利润,但不利于展览会的长远发展
市场占有率原则	把扩大展出规模和提高市场占有率放在第一位,利润的多少不是关注的重点	展位价格不会很高,是有一定经济实力的办展机构常采取的一种竞争方式,在某一阶段甚至可以不要利润,而把利润目标放在以后的发展上面
质量第一原则	首要关注的是展览会的质量,把高质量的展览会呈现给参展商和观众,获取他们的支持与认可	展位价格会较高,视质量为参与竞争和发展的生命线,有利于展览会的长远发展
生存为先原则	在激烈的市场竞争中先争取生存的空间,再创造发展的空间	展位价格较低,但展览会的质量一般不会很高

②影响展位定价的因素。成本、需求和竞争这三个因素是影响展览会展位定价的主要因素。在展览会的营销过程中为了避免或降低来自这些因素的影响和干扰,下面我们分别对其进行简要的说明。

a.成本因素。价格由固定成本、变动成本、利润和税费等部分构成,而成本又是价格的重要组成部分,并且是会展产品定价的重要依据之一。一般来说,价格应尽量反映成本因素,成本的高低通常会在展位价格上直接反映出来。否则,企业的利润会大受影响,但在激烈的市场竞争中,在买方市场条件下,则不应使产品成本过分地影响定价。会展企业之间的运行方式和管理模式各不相同,导致企业运营成本的高低也不一样。由于各种原因造成会展产品成本较高,就将会展产品的价格定位在较高价格上,这样做往往会适得其反,导致大量客户流失和利润缩水。道理很简单,价格定高了,销售量会减少。所以,降低成本永远是企业管理者必须重视的问题。只有想办法将成本降下来,使会展产品的成本更趋合理,才能获得令人满意的利润。

b.需求因素。在市场经济条件下,任何一种经济活动都必须以市场需求为导向,你提供的产品或服务都必须与消费者的需求相吻合。否则,你提供的产品或服务就没有市场,也得不到消费者的承认和认可。所以,会展企业给自己的会展产品制订一个合适的价格,其目的是能够适应市场需求,扩大销售,增加利润,为企业获得最佳经济效益。除了运用科学的定价方法外,还要根据市场行情的变化、自己的会展产品特点及消费者心理等因素,灵活地运用价格策略。实际上,展览会组织者就是要根据顾客需求的不同心理,针对不同消费群体采取不同的定价策略。

c.竞争因素。在市场经济中,竞争是任何行业和企业都不可避免的,会展企业也是如此。价格机制是市场机制的核心和主要表现形式,企业的一切生产经营活动,都会直接或间接地受到价格的影响。一般来说,会展产品的销售价格直接影响其销售量、单位销售成本和销售利润。因此,会展企业必须为自己的展览会制订合理的价格,以保证自己长远利益和最佳经济效益的实现。一般来说,竞争因素是展览会组织机构在制订价格时不得不考虑的重要因素之一。这是因为,如果自己的价格高于竞争者的价格,销售量就会下降,将会失去市场竞争力,也很难提高市场占有率;如果你的价格低于其他竞争对手,虽然销售量有所增加,市场占有率也会有所提高,但利润却没有达到自己所期望的目标。所以需要办展机构以竞争者的价格为基础,根据竞争各方的办展能力等因素,实施适合自己展览会发展需要的价格竞争策略。

③主要定价的方法。展览会展位定价的方法就是展览会组织机构为实现其价值目标而采取的方法。在展览会的实际营销过程中,会展企业必须把自己企业的内部因素与外部因素结合起来进行综合考虑,这样制订出来的价格才能被社会各方所接受,才具有市场竞争力。通常会展企业制订展位价格的方法有以下三种。

a.成本导向定价法。举办展览会的成本有固定成本和变动成本。固定成本就是不论展览会展出规模的大小,成本是固定不变的;变动成本则是随着展出规模的扩大而增加或展出规模的缩小而降低。成本导向定价法就是以办展成本为基础,通过展览会项目财务预测的展位销售数量来计算单位展位的成本,再加一定数额利润的一种计算方法。这种定价方法比较简单,其计算方式为:

展位价格=固定成本+变动成本+利润

b.竞争导向定价法。竞争导向定价法是根据市场竞争的需要,办展机构参照其他竞争对手相同题材或类似题材展览会展位价格而给自己展览会展位确定价格的方法。在服务手段与水平差距不是很大的情况下,高价格无疑会导致客户流失,直接影响到展览会的展出规模。因此,许多展览会组织机构均把低价格策略作为参与市场竞争和提高展览会竞争力的一个重要手段,但是他们却忽视了自己展览会项目的开发成本、企业自身的经营成本以及展览会定位等诸多因素。这种定价方式比较适合那些具有一定经济实力的大型会展企业,而不太适合中小型会展企业。

c.需求导向定价法。需求导向定价法是指展览会组织机构站在参展商的立场,充分考虑参展企业对展览会的期望价格和可以接受的能力来确定展位价格的方法。采用这种方法进行定价时,展览会组织机构除了考虑参展企业的期望价格和接受能力之外,还应该考虑到产业的利润空间,企业的心理需求、价值需求和欲望需求等。其实,这种定价的方法就是以参展企业的需求为基础,按照他们的需求及变化来确定价格,通过参加展出或参与展览会的其他配套活动,使他们感受到是一种满足和享受。所以,按需求定价更符合以顾客为导向的服务营销管理理念。

(2)展览会主要收入与支出

确定了会展产品的价格以后,根据预定的展览会展出规模,就可以对举办展览会的收入和成本进行较为详细的预测,并可以对展览会项目的投资回收期和投资利润率进行分析和预测。其实,分析一个展览会的收入和成本也是展览会组织机构预测展览会可行性的一个重要依据。展览会的主要收入、支出费用与利润详见表3.8。

表 3.8　展览会收入支出费用预算表

项目	科　目	金额/元	总金额/元	百分比/%
收入	展位租金收入			
	门票销售收入			
	广告收入			
	企业赞助收入			
	其他收入			
支出	展出场馆租金			
	广告宣传费			
	布展加班费			
	展出期间空调费			
	展出现场整体布置费			
	资料设计与印刷费			
	资料邮寄与通信费			
	招展费用			
	专业观众组织费			
	开幕式及配套活动费			
	开幕式酒会及宴请费			
	办公费用及人工费			
	税收			
	不可预见费			
利润金额				

2）展览会盈亏平衡分析

展览会盈亏平衡分析又称量本利分析，它是根据会展产品的销售量、成本、利润之间的相互制约关系进行的综合分析，是用来预测利润，控制成本，判断展览会举办机构对市场需求变化适应能力和经营状况的一种数学分析方法。该分析法的核心是盈亏平衡点的计算分析，盈亏平衡点是指办展机构利润等于零，展览会销售收入刚好与总成本相等时的销售量。以盈亏平衡点为限，销售收入高于此点办展机构盈利，反之，就会出现亏损。根据成本总额对销售量的依存关系，总成本可以分成固定成本和变动成本两部分。固定成本是不受销售量影响的各项成本，变动成本是随销售量的增减而变化的各项成本。在进行展览会盈亏平衡分析时，通常以标准展位的数量或展出面积（平方米）为单位。展览会盈亏平衡计算方法有以下几种：

①标准展位盈亏平衡价格计算，其计算公式如下：

标准展位盈亏平衡价格=展览会总成本÷展览会总展位数

如果展览会展位的销售价格不低于求出的展位价格，并达到预期规定的展位销售目标，该展览会就不会出现亏损；假如展位销售价格高于求出的展位价格，并达到了预期规定的展位销售目标，该展览会就会盈利。

②展出面积每平方米的盈亏平衡价格计算，可按下列公式计算：

展出面积每平方米的盈亏平衡价格=展览会总成本÷展览会展出总面积

注：公式中的“展览会展出总面积”为展出毛面积。

③展览会盈亏平衡的标准展位数量计算，可按下列公式求出：

盈亏平衡的标准展位数量=展览会总成本单位÷标准展位价格

④展览会盈亏平衡展出规模计算，其计算公式如下：

盈亏平衡展出规模=展览会总成本单位÷展出面积价格

利用上述四个公式，可以从不同的角度分别计算出一个展览会项目的盈亏平衡数据。这些数据对判断一个展览会项目的利润空间如何具有重要的参考价值。

在进行展览会项目盈亏平衡分析时，为了便于表示和理解，一般用图表的形式来表示，具体的表示方式见图3.1。

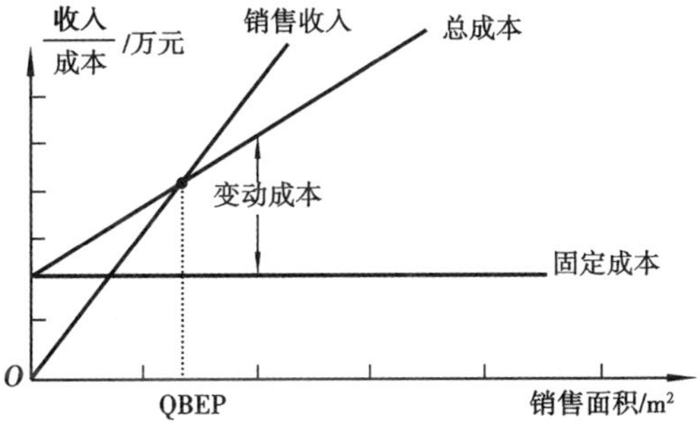

图3.1　展览会项目盈亏平衡分析图

温馨提示

会展活动的组织实施过程其实也是一种经济活动的经营过程。既然是经营，在其组织实施过程中就一定会存在着这样那样的风险。会展活动的组织者一定要提高应对各种风险的防范意识和能力，将各种防范措施落到实处，坚持以预防为主的原则，确保会展活动的顺利举行。

3.4.2　展览会风险预测

在市场经济条件下，任何一种经营活动都会遇到各种各样的风险。进行风险预测的目的就是要及时采取相应的对策，尽力减少外来不利因素的影响，尽量回避或降低在展览会举办过程中可能遇到的各种风险。由于会展业的特性所致，一些突发事件的发生会严重影响或阻碍展览会组织筹备工作的顺利进行。这就需要展览会组织机构树立高度的风险意识，善于发现各种风险的苗头，及时采取措施，对那些可能遇到的风险制订相应的应对方案，对其进行有效管理，以便使展览会能如期举办。在通常情况下，展览会的举办一般会面临着市场风险、经营风险、合作风险、财务风险和社会公共突发事件风险等。展览会经常会遇到的风险以及应采取的对策详见表 3.9。

表 3.9 展览会风险分类表

风险类别	主要内容	应采取的对策
市场风险	国家或举办地对展览会管理政策的调整、产业政策的调整、通货膨胀、市场萎缩、新竞争者的加入、其他竞争者竞争策略的改变、反倾销事件等	积极进行协调与沟通，完善办展手续；及时了解调整后的产业政策，按照新的产业政策调整展览会定位；密切关注各竞争者的竞争策略，及时改变自己的对策
经营风险	展览会定位不准确、展位营销和招商工作不理想、核心业务人员突然离职、展出现场发生火灾、展品被盗等	及时修正展览会定位；对展位营销和招商工作制订详细的量化进度计划，加强监督、检查与管理；建立展出现场突发事件预警机制，预防此类事件的发生
合作风险	办展机构之间出现矛盾、办展机构与展馆之间发生问题、服务商服务不到位或出现问题、展位营销和招商代理工作不理想等	本着“平等合作、互利共赢”的原则，及时解决和协调办展机构之间的矛盾与问题；对服务商出现的问题，要具体问题具体分析，分别提出告诫或更换服务商；要加强对代理商的管理，对信誉不好和能力不强的代理商要及时作出调整
财务风险	经营成本过高、资金投入不足或过多、展览会项目回报率不理想等	建立项目预算、内部审计与严格审批的财务管理体系；适度投放资金，避免投放过多，造成浪费或投放不足，影响正常工作的开展；严格控制成本，拓展收入渠道，提高展览会项目的回报率
社会公共突发事件风险	战争、恐怖袭击如 9 · 11；自然灾害如海啸、水灾、台风；瘟疫如 SARS 疫情等	此类事件大多属于人类不可抗拒事件，不可预知性大，万一遇到，组织机构要积极采取弥补措施，尽力挽回或降低给展览会带来的损失

任务五 展览会项目可行性分析报告

展览会项目可行性分析报告就是在对展览会项目进行可行性分析的基础上完成的书面研究报告。展览会项目可行性分析是展览会项目立项策划的延续，是展览会组织机构最后确定是否举办该展览会的重要决策依据，因此展览会项目可行性分析报告中的数据资料来源必须可靠，材料必须真实、充分，分析要客观、科学，判断要准确、有理有据。总之，可行性分析报告一定要对办展机构自身的优劣势和举办展览会所必需的产业、社会及市场等各方面的条件进行全面而缜密的分析，其结构与主要内容见表 3.10。

表 3.10 展览会项目可行性分析报告主要内容一览表

结 构	分 类	主要内容	简要说明
封面		项目名称、公司名称、报告完成日期	
提要		主要内容简要介绍	
目录			
正文	市场环境分析	宏观市场环境	人口、经济、技术、政治、法律和社会文化等环境
		微观市场环境	办展机构内部环境、目标客户、竞争者、营销网络、服务商与社会公众等
		市场环境评价	用 SWOT 分析法分析内部优势、内部劣势、外部机会、外部威胁
	展览会项目生命力分析	项目发展空间	产业空间、市场空间、地域空间、政策空间等
		项目竞争力	展览会定位号召力、办展机构品牌影响力、参展商和观众构成、价格定位及服务等
		办展机构优劣势分析	通过分析，制订出竞争策略
	展览会执行方案分析	展览会基本要素分析	展览会名称、展出范围等
		招展招商和宣传推广计划	招商、招展与宣传推广计划评估
	展览会项目财务分析	价格定位、成本预测与利润分析	展览会项目盈亏平衡分析
	风险预测	市场、经营、财务与合作风险	经过分析与预测，达到降低或规避风险的目的
	存在的问题	影响展览会的各种因素	
	采取的对策	解决问题的办法	针对存在的问题，应采取的相应策略
附录		数据、资料	资料的来源及数据统计的方法

【项目小结】

本项目主要是对要举办的展览会项目的市场环境、发展空间、竞争力、经济效益、风险等条件与因素进行了分析和预测。所涉及的内容是成功举办一个展览会的基础，也是保证展览会项目能长期发展所必需的。通过对本项目的学习，大家能掌握展览会项目可行性分析的主要内容、范围及分析与预测的方法等，并初步具备撰写展览会项目可行性分析报告的能力。

【复习思考题】

1.宏观办展市场环境包括哪些内容？如何对其进行分析？

2.微观办展市场环境涉及哪些内容？

3.什么是SWOT分析法？如何利用SWOT分析法对办展环境进行分析与预测？

4.如何判断展览会项目的发展空间？

5.怎样对展览会项目进行经济效益预测？

6.展览会项目主要存在哪些风险？如何进行防范？

【实训题】

实训项目一

一、实训组织

结合当地的产业集群分布情况，教师确定一个专业会展活动的主题，让学生结合本项目所学的内容，列出与此相关联的细分行业及有代表性的企业，并进行会展项目举办环境分析。

二、实训要求

1.学生要独立完成。

2.所列的细分行业必须与会展主题有一定的关联性。

3.列出的细分行业要全面并具有代表性。

4.环境分析的方法得当，分析细致、准确。

5.教师要具备一定的产业分类和市场分析知识。

三、实训目的

1.掌握会展市场分析的方法。

2.提高学生对会展市场分析重要性的认识。

3.提高学生会展市场分析的能力。

实训项目二

一、实训组织

教师规定一个会展活动，并给出一定的条件，让学生结合本项目所学的专业知识，进行会展活动经济效益分析与预测。

二、实训要求

1.给出的数据要准确、全面。

2.采用的方法要恰当。

3.得出的结果要准确。

三、实训目的

1.掌握会展活动经济效益预测方法。

2.使学生熟悉会展活动的主要收入来源和费用支出。

3.培养学生成本控制的意识与能力。

【案例回放】

美国拉斯维加斯消费电子展览会

美国拉斯维加斯消费电子展览会(CES)由美国消费技术协会主办,创始于1967年,迄今已有50多年历史,每年1月在拉斯维加斯举办,是世界上最大、影响最为广泛的消费类电子技术展览会,也是全球最大的消费技术产业盛会,已成为观察国际消费电子业态最新趋势的风向标。该展览会专业性强,贸易效果好,在世界上享有相当高的知名度。历年的CES展览会云集了当前优秀的传统消费类电子厂商和IT核心厂商,他们带去了先进的技术理念和产品,吸引了众多的高新技术设备爱好者、使用者及业界观众。

美国消费技术协会公布的数据显示,2023年美国拉斯维加斯消费电子展览会共有5187家企业参展,同比增加12%。展出面积超过26万平方米,创历史新高。入场观众达130000人次,吸引全球150多个国家和地区的3600家企业及品牌参展。本届展览会的参展商既有亚马逊、高通、AMD、联想、TCL、海信、三星、LG、微软、松下等大品牌,也有很多科技初创企业。其中,约42%的参展者是首次到CES,323家参展商来自世界500强公司。参展商涉及元宇宙、数字健康、食品科技、5G、人工智能和沉浸式娱乐等诸多技术领域,向观众展示了他们的创新成果和发展趋势。

展品聚焦11大主题:5G、物联网、自动驾驶、区块链、健康与保健、智能家居、沉浸式娱乐(VR、AR)、机器人和机器智能、数码娱乐、产品设计与制造、创业企业等,几乎涵盖整个消费技术生态系统。6000家媒体报道此次盛会,共举办41场主旨演讲,200场学术研讨会,同期颁发了年度创新产品奖。

美国消费技术协会统计,2023年CES展览会有1100多家中国公司参展,其中,深圳企业多达380家。腾讯在本届CES展会上发布TAI3.0生态车联网,海信发布了全球首台卷曲屏幕激光电视,一加发布了旗下首款概念机OnePlus Concept One,联想发布了全球首款5G PC-Yoga 5G。创维、康佳、TCL、大疆、柔宇科技、拜腾电动、小牛电动等企业都在这次展会向全世界展示"中国智造"。CES展览会正在成为彰显中国企业实力的国际舞台。

在本届展会上,TCL以"敢为不凡"为品牌口号,展示技术领先的全品类智慧生活产品和"智能物联生态"。众多参观者云集TCL展区,亲身体验具有前瞻性的智能科技生活美学。海信的ULED X参考级影像新品110 UX,凭借先进的光学系统和图像处理及显示技术,获颁2023年CES创新奖。

美国拉斯维加斯消费电子展览会被看作国际消费电子领域的"风向标",各种新科技、新应用为电子消费市场发展指明方向。此次展会上,汽车科技、数字医疗、人工智能、清洁能源等领域创新技术和产品成为关注热点。美国拉斯维加斯消费电子展览会已成为全球消费电子领域名副其实的盛会。

案例分析

1.此展览会的成功举办给我们带来哪些启示?

2.你如何看待和评价该展览会?

项目四

前期筹备工作的组织与实施

【知识目标】

- 了解合作办展机构的邀请工作。
- 熟悉展览会邀请函的策划与制作。
- 学会设计展览会标志。
- 了解落实展出场馆的相关工作。
- 掌握展区划分的技巧。
- 学会制订展览会的宣传推广计划。
- 熟悉展览会配套活动策划。

【技能目标】

- 能够独立撰写展览会邀请函。
- 初步具备对展出现场进行展区划分的能力。
- 具备制订会展项目宣传推广计划的能力。
- 能够独立策划展览会配套活动。
- 具备从事展览会前期筹备工作的素质和能力。

【学习重点】

- 展览会邀请函的策划与制订。
- 展览会宣传推广计划的制订。
- 展览会配套活动策划。

【学习难点】

- 展览会标志设计。
- 展区划分。

【案例导入】

中国国际供应链促进博览会

由中国国际贸易促进委员会主办，中国国际贸易促进委员会所属的中国国际展览中心集团有限公司承办的首届中国国际供应链促进博览会（简称“链博会”）于2023年11月28日至2023年12月2日在北京中国国际展览中心顺义馆举行。本届博览会的主题是：链接世界，共创未来。

本届链博会展览总面积10万平方米，设置智能汽车链、绿色农业链、清洁能源链、数字科技链、健康生活链等5大链条和供应链服务展区。共有515家中外企业和机构参展，来自国外的参展商占比达到26%。世界500强和全球供应链体系的龙头企业齐聚亮相参展，覆盖55个国家和地区，其中来自美国、欧洲的企业最为抢眼，占外方参展商总数的36%。南非、加拿大、日本、越南、非盟国家、葡语国家、拉美和加勒比国家等也以国别和地区展位形式参展。其中，美国参展商占境外参展商总数的20%。众多美国企业把链博会这个平台当作产品首发阵地、创新阵地、合作阵地，展示一系列新产品、新技术、新服务。比如，GE医疗首次以生产链、供应链和海外营销链为主线，展现其安全、稳定、可视、可触摸的国际供应链，分享其与全球供应商的共同成长。

由于首届链博会面向全球品牌形象好、国际社会影响力大的企业和机构发出诚挚邀请，获得各方热烈响应和踊跃参与，体现了全球工商界维护产业链供应链稳定畅通的共同期盼和主动担当。本届链博会纵向展示各链条各环节先进技术产品和未来发展趋势，横向展示金融、物流和平台企业等服务，助力上中下游产业合作、共同发展。

本届链博会是中国贸促会为全球产业链供应链稳定畅通搭建的一个交流合作公共平台，邀请全球相关产业链供应链各环节最具代表性、最有特色的企业集中展示其最新技术、产品和服务。展会期间举办了开幕式暨全球供应链创新发展峰会，围绕5大链条举办5场主题分论坛，以及供需对接会、行业交流研讨会、新品发布会等一系列专业配套活动。在有关各方的共同努力下，博览会期间共举办360多场配套对接、交流活动，15000多人参与，发布研究报告、宣言、标准等23项成果；据不完全统计，共签署合作协议、意向协议200多项，涉及金额1500多亿元人民币。链博会期间共首发首展首秀62项新产品、新技术、新服务，观展人数达到15万人次。

另外，在本届链博会上，与会工商界代表围绕“链接世界 共创未来”主题，进行广泛深入交流，达成一系列共识，形成《全球产业链供应链互联互通北京倡议》。根据倡议，工商界坚定维护全球产业链供应链稳定畅通，坚持市场原则，推动贸易和投资自由化便利化，促进资源要素有序流动，加强全球分工合作，共同维护全球产业链供应链稳定畅通。

我们相信通过各方共同努力，将链博会办出特色、办出水平，办成国际一流的经贸盛会。

案例分析

1.国内外相关组织和企业为什么重视链博会？其社会背景是什么？

2.链博会的成功举办对我国相关产业的发展有什么影响和作用？

任务一　确定合作办展机构与邀请函制作

从目前国内外会展业的发展状况来看，如果想把一个展览会做成一个具有影响力的名牌展览会，仅仅依靠一个单位的力量是远远不够的，必须依靠几个或者多个部门的大力支持与合作。其实，邀请和确定展览会举办机构的过程也是一个整合资源的过程。各合作机构的通力合作与配合，使要举办的展览会的各项筹备工作能够顺利进行，并能够达到预期的展出效果。

4.1.1　合作办展机构的确定原则

展览会的举办机构有主办单位、承办单位、协办单位和支持单位之分，这些办展机构的多少要以该展览会项目发起单位的社会资源而定，协办和支持单位可以缺少，但不能没有主办单位和承办单位。从单位性质来分，办展合作机构可以是政府机构、行业协会、新闻媒体、大型有影响力的企业集团等。总之，不论合作办展机构的性质如何，一般来说，一个展览会合作机构的确定应遵循以下几项原则。

1）坚持提高展览会影响力的原则

目前，在国内举办一个展览会，在条件允许的情况下，通常会邀请国家或举办地政府主管部门来作为展览会的主办单位或支持单位。这主要是利用政府主管部门的管理职能来提高展览会的影响力，增强企业参展的信心和积极性。做到这一点，主要以该展览会的定位和发起单位所占有的社会资源而定。

2）坚持增强展览会权威性原则

一个高水平的专业展览会往往代表着一个国家或地区展览会相关产业的发展状况和趋势。所以，在确定展览会的举办机构时必须要充分认识到这一点，就要想办法邀请该展览会所涉及产业的行业协会作为展览会的合作机构。在市场经济条件下，行业协会在该产业内的作用和地位是很多其他部门不能相比的。邀请行业协会来共同举办该展览会不仅可以提高该展览会的行业号召力和影响力，还有利于组织企业参展和组织专业人员入场参观洽谈，进一步提高展览会的展出水平与效果。

3）坚持方便展览会宣传推广的原则

在现代社会的各个领域，人们都能感受到传媒的力量以及它们对行业的各种影响，无论是广告的传播作用，还是新闻报道的舆论导向作用，都在或多或少地影响着人们的生活，甚至影响着一些商业决策的进行。目前对于展览会而言，拥有传播话语权以及丰富广告资源的传媒是一个不可或缺的合作伙伴，不论是媒体的广告支持还是新闻报道，都对展览会的成功与否有着决定性作用。

随着科学技术的发展，许多行业的融合性也在不断增加。现代展览会与媒体之间早已有着千丝万缕的联系，媒体在展览会的招商、招展过程中起着不可替代的宣传推广作用，对促进展览会项目的运作以及品牌展览会的建立有着巨大的影响力。与此同时，现代媒体也开始越来越看重展览会这个现场交流平台以及通过展览会所集聚起的优质客户群体。所以，在选择媒体作为展览会合作办展机构时，在可能的情况下，最好是专业媒体与大众媒体相结合、国家级媒体与地方媒体相结合、现代媒体与传统媒体相结合。这样，可以加快展览会信息的有效传递，扩大展览会的影响力，能有效地形成展览会项目的品牌效应，最终实现可持续发展战略。

4）坚持有利于展览会招商招展的原则

招商招展是关系到一个展览会成败的关键性工作，也是展览会能成功举办的基础。众所周知，如果招展工作做得不好，这个展览会不仅得不到理想的经济效益，而且很可能会负债，其社会效益也不会好，甚至可能会影响到办展机构的声誉。如果招商工作没有做好，只有参展企业展出而没有观众参观洽谈的展览会也不能称之为完整的展览会。所以，不论是办展合作单位和展出城市，还是制订展览会的各种计划方案都必须要充分考虑到各个办展合作机构对展览会招商招展工作的作用与影响力。必须要善于利用资源、优势互补，加快资源整合，最大限度地挖掘新客户，不断扩大参展企业的数量，最大限度地降低招展成本，这样才能取得社会效益与经济效益的双丰收。

5）坚持点面结合的原则

点面结合就是在社会资源允许的情况下，展览会的主办机构要做到国家政府部门与地方政府部门相结合；如果是国际性展览会，最好是国外机构与国内机构相结合；选择媒体时，要坚持国家级媒体与地方性媒体相结合，专业媒体与大众媒体相结合，现代媒体与传统媒体相结合。这样才能有利于展览会品牌的传播，增强展览会的影响力和竞争力，提高展览会的档次、规格和权威性，促进展览会项目的快速发展。

温馨提示

一个会展活动的成功举办需要多部门的密切合作与配合，需要社会多种要素的有力支撑，缺一不可，可以说需要天时地利人和。我们在策划一个会展活动时要综合各种要素，充分调动一切可以利用的优势资源，立足当前，着眼未来，周密策划，确保会展活动的成功举办。

4.1.2　邀请函的制作

展览会邀请函通常又称招展函，它是办展机构向目标参展企业传递展览会信息的第一份主要核心资料。邀请函的主要作用是向目标参展商说明展览会的有关情况，并引起他们对展览会的关注和参展的兴趣。邀请函也是进行展览会产品营销的重要资料，并且是目标参展商最初了解展览会情况的主要信息来源。可见，展览会邀请函的策划和编印工作在展览会各种文案策划和展位营销工作中占有何等重要的地位。为了能使目标参展商对展览会有足够的了解，并对展览会作出基本的判断，展览会邀请函的内容必须简单、明了、准确、全面。

1）邀请函的编制原则

展览会邀请函的内容较多，也较繁杂，在编制邀请函时一定要对其内容、图片和版面作合理的规划和安排，使邀请函在展览会营销过程中发挥其应有的作用。一般来说，在编制邀请函时要遵循以下原则。

（1）内容要全面准确

邀请函很多时候是参展商了解展览会的第一手资料，也是他们最后作出是否参展决策的重要参考资料，在展览会工作人员与其目标参展商进行沟通和联系时起着重要的作用。因此，招展函所包括的内容一定要全面准确，不能有所遗漏，更不能出现差错。如果邀请函的介绍和承诺与展览会的实际状况不一致，就会有欺骗之嫌，会给展览会的整个组织实施工作带来很大的麻烦，甚至会影响到展览会组织机构的声誉。

（2）内容要简单实用

展览会邀请函要以最简练的语言表达要说明的问题与信息，且不可拖泥带水，与展览会无关的内容不要写入展览会邀请函内。

（3）排版格式要美观大方

邀请函文字和图片的比例要适中，版面布局要美观大方，让人赏心悦目。邀请函的色调要符合展览会的主题，目前国外许多展览会都会根据展览会的主题确定一种颜色作为本届展览会的主色调，主色调一旦确定，从展览会各种资料的印刷到展出现场公共部分布置均采用一种颜色或与主色调近似颜色的材料，显示出展览会的整体性。另外，邀请函文字的字体要易于辨认，并适合人们的阅读习惯，不要单纯为了追求美观而采用那些不容易辩认的字体。

(4)规格要便于邮寄和携带

由于邀请函一般要通过邮寄或者招展工作人员的携带而传递到目标参展商手中，因此，邀请函制作的样式要便于邮寄和携带，否则，它不但会给招展工作带来不便，还会增加展览会的办展成本。

2)展览会邀请函的内容结构

通常情况下，展览会邀请函主要包括以下几个方面的内容。

(1)展览会的基本内容

①展览会的名称。展览会的名称一般被放在邀请函封面最醒目的位置，展览会的名称一般用较大的字体。如果展览会是国际性的，展览会的名称还应包括其英文名称。另外，还常常包括展览会英文名称的缩写。

②展览会的举办时间和地点。展出时间和地点一般被放在展览会邀请函的封面。封面上的举办时间通常是展览会的正式展出时间，而内页的时间安排往往还包括展览会的布展、撤展、正式展出期间开馆与闭馆时间和对专业及普通观众的开放时间等。

③办展机构。展览会举办机构一般包括主办单位、承办单位、协办单位和支持单位等，有时候还包括展览会的批准机构。它们一般被放在展览会招展函的封面，有些展览会在内页还列有展览会的组委会成员名单。

④办展起因和办展目标。简要说明为什么要举办该展览会以及计划将其办成什么样的展览会，如展览会的预计展出规模、预计有多少观众等。如果是已经连续举办多届的展览会，那么，对往届展览会的回顾也是一项必不可少的内容。

⑤展览会的特色。常常是用非常简洁的语言来高度概括展览会的特色，如展览会的宣传口号、主题等，要易记、易懂、易于传播。

⑥展出范围。详细地列明展览会的展出范围。展出范围就是要告诉目标参展商哪些产品允许参加展出，哪些产品不允许参加展出，展出范围的大小直接关系到展览会的展出规模。所以，我们在策划展览会邀请函时要根据展览会主题，把展览会所关联的产品尽可能地都包含进去，以便扩大展览会的展出规模。

⑦收费标准。展览会各种收费项目、服务内容、规格与价格都应列清楚。这些项目通常包括：标准展位价格、净场地价格、室外场地价格、会刊广告价格、现场广告位价格、门票与证件广告的价格等。一般还要对各项目的要求、规格和基本配置作出详细说明。

(2)市场状况介绍

①产业状况。结合展览会的定位，对展览会所涉及产业的状况进行简要介绍，如产业分布、企业生产、产品销售、进出口状况以及发展趋势等。

②地区的市场状况。地区的市场状况主要是指展览会举办城市或地区的市场状况，如果是国际性展览会，那么介绍的“地区”范围就不仅限于展览会举办城市和省份，还要包括整个国家及其周边地区，如在欧洲许多国家举办的展览会介绍市场状况时，常常包括整个欧洲大陆。这里所说的“地区”的范围主要由展览会的定位和市场辐射范围的大小而定。

(3)展览会招商和宣传推广计划

①招商计划。主要介绍展览会计划邀请专业观众的办法、范围和渠道。如果展览会已经连续举办了多届,那么还要对上一届或前几届展览会到会的观众数量、增长比例和专业观众的来源区域分布进行说明。

②宣传推广计划。主要介绍展览会宣传推广的手段、办法、范围和渠道以及采取哪些措施来扩大展览会的影响等。展览会的宣传推广计划是参展商比较关注的项目,需要详细说明。另外,展览会的宣传推广在展览会组织实施的不同阶段,宣传的内容、重点和选择的媒体也不一样,要有更强的目的性和针对性。

③配套活动。目前,许多展览会在展出期间都会举办一些如论坛、技术交流会等辅助活动以丰富展览会的活动内容。配套活动介绍主要说明展览会期间将要举办哪些相关活动,各种活动的主要内容、主讲人、举办时间和地点以及参加这些活动的联系办法等。这些活动不仅对展览会起到宣传和推广的作用,参展人员通过参加这些活动还会得到许多产业和市场信息,许多参展人员参加这些活动的积极性也比较高,这也是吸引企业参展和专业人士届时到会参观的主要措施之一。

④服务项目。从行业性质来看,会展业归属于服务行业。参展企业是参展费用的支付者,他们当然希望能够从展览会举办机构那里得到更多的服务,只有这样才能取得参展商的满意和信任。从目前会展业的市场发展来看,增加展览会的服务项目和提高服务质量是增强展览会竞争力和吸引力的重要手段之一。邀请函要告诉目标参展商,如果他们参展,他们将从展览会上获得怎样的服务,这些服务包括展览会为他们提供的各种有偿服务和免费服务。

(4)参展办法

参展办法就是告诉要参展的企业如何办理参展手续,需要提供哪些证件、材料以及展位的分配办法等。

(5)付款方式

这一项主要列出展览会的开户银行、收款单位名称和账号、参展企业参展的付款方式、应付定金的数量和付款时间期限等。

(6)联系办法

列明办展机构的联系地址、电话、网址、微信号或二维码和电子邮箱等,方便目标参展商和观众与展览会组织机构联系,进行业务咨询。

(7)展位平面图

展位平面图是企业参展时选择展位的重要依据。在平面图上还要对所有的展位进行统一编号和划分展区,划分展区的表示方法常采用不同颜色标出。另外,场馆的公共设施也要标注清楚,如展览会现场的咨询台、出入口、通道、休息区、管理与服务机构办公区、卫生间等,供参展企业作参展决策时参考。

(8)参展申请表

参展申请表也称参展回执表。其内容主要包括参展企业的中文和英文名称、通信地址、邮政编码、联系人、电话、传真、电子信箱、经营范围、申请参展的展位数量或场地面积、参展企业法人签字盖章等。企业决定参展并填写此表时一定要认真填写,保证要填写的内容准确无误,因为此表是展览会组织机构制作楣板和会刊的重要原始依据。一旦出现错误，就会给后面的工作造成麻烦和损失。企业填好此表并用传真将此表传回办展机构进行申请和预订展位。现在也可通过网络下载此表或通过网络进行展位申请和预订。

(9)各种图案

邀请函除以上文字内容外，一般还会有一些图片和其他图案，如展馆图、展馆周边地区交通图、前几届展览会展出现场的图片等。采用图片的多少和规格的大小要根据版面的整体设计要求而定。采用图片的目的是既要起到烘托展览会主题和美化招展函的作用，又要让企业通过图片进一步了解到展览会更多的信息，增强企业参展的信心。

温馨提示

展览会的招展函是办展机构正式向目标参展商发出的第一份资料。招展函的内容是否真实代表着办展机构的信誉程度；语言表达是否准确、专业说明办展机构的文字撰写能力；所采用的色彩和图片是否合适表示办展机构的审美水平。从某种程度上说，招展函是办展机构的门面。因此，办展机构要重视招展函的撰写与制作，给目标参展商留下美好的印象，为招展工作奠定基础。

任务二　展览会标志设计

4.2.1　展览会标志的定义

展览会标志是代表展览会主题等信息的象征和符号，由特定的图形、文字、色彩设计编排而成。

展览会标志在展览活动中的特殊性质和作用，决定了它的形式法则和特殊要求。在整个展览活动中，展览会标志是使用最为广泛、出现频率最高、印象最深刻的视觉要素，集中体现所有视觉设计要素的核心。这就要求展览会的标志设计必须高度概括、简练、鲜明、生动，并具有独特的风格和时代感，不允许出现相互之间的雷同，以达到醒目、突出、易识别的效果，使人印象强烈，记忆深刻。

4.2.2　展览会标志设计的原则

展览会标志设计属于图形艺术设计范畴。它与其他图形艺术表现手段既有相同之处，又有自己的艺术规律。在进行展览会标志设计时，应遵循以下几个原则。

1)表达展览会主题

展览会标志是展览活动信息的主要载体，它反映了整个展览活动的主题、性质、特征、时间、地点等内容。因此，展览会标志的形象设计必须与其内在的含义有紧密的联系。比喻要确切，变形、联想、象征都要合理，并且易懂，便于识别。

2)力求创意独特

展览会标志设计的创意是指根据展览会的主题和理念，依据美学法则进行独特的构思和创作，通过巧妙的构思和设计，将展览会标志的寓意与优美的表现有机地结合起来，使之成为令人赏心悦目、印象深刻的信息载体。只有富于创造性、具备自身特色的标志，才有生命力。展览会标志的个性特色越鲜明，视觉表现的感染力就越强。

3）富有时代气息

随着科学技术的发展和经济的繁荣，人类社会生活方式和节奏改变，反映在设计上，就是由具象到抽象，由复杂到简洁。标志的设计要体现时代气息，符合流行时尚的趋势。许多著名展览会的标志反映了不同历史时期的时代气息。现代科学技术的发展已经改变了传统的信息传递方式，标志的设计应充分利用各种高科技创作方法，以达到富有现代气息的视觉效果。

4）展现民族特色

文化性是会标设计本身的固有属性，富有民族特色的设计才能真正体现会标设计的文化性。通过展览会的标志设计，充分展现本民族的传统、特色、文化和精神。标志设计的民族性越强，越是国际性艺术设计的标志。标志设计要符合使用对象的直观接受能力、审美意识、社会心理，还要避免出现人们禁忌的图案和文字。

5）遵循艺术规律

遵循标志艺术创作规律，创造性地探求艺术表现形式和手法，使设计具有高度整体美感，获得最佳视觉效果，是标志设计艺术追求的准则。构图既要简练、概括，又要讲究艺术性；色彩要单纯、强烈、醒目。

6）遵循科学规范

展览会标志设计要充分考虑各种不同场合、不同时间、不同范围的使用要求，还要考虑各种材料制作工艺和批量印刷成本等因素。因此，在设计会标时，必须严格遵循科学规范和制作严谨的原则，必须符合线条清晰、图形明确、比例适当、布局合理、色彩准确、文字规范等要求。

展览会标志设计还应充分考虑到其实现的可行性，针对其应用形式、材料和制作条件采取相应的设计手段。与此同时，还要顾及应用于其他视觉传播方式，如印刷、广告、多媒体等，以及放大或缩小时的视觉效果。

4.2.3　展览会标志设计的表现方法

1）具象表现法

采用与展览会主题直接关联且具典型特征的形象，直述展览会的主题、内容或举办地。这种手法直接、明确、一目了然，易于迅速理解和记忆。自然界中的万物本身就具有美的特质，我们将自然形态中的动物、植物、自然环境甚至人物的造型，通过夸张、变形、简化等手法，获得具有艺术美的形象。在这个提炼过程中，夸张美的部分，省略不美的部分，既不能丢弃自然形态的“形”，更不能丢弃自然形态的“神”。从某种意义上讲，具象的展览会标志比较容易激起广泛的美感。例如，1975 年日本冲绳世界博览会会标采用具象表现法，蓝色调表现了蓝天大海；简练的白色线条描绘了 3 朵浪花，突出了海洋的形象，直接、明确地表达了本届世博会的主题“海洋——充满希望的未来”。（图 4.1）

图 4.1　1975 年日本冲绳世界博览会会标

2)抽象表现法

抽象表现法是对具体形象的高度概括与升华,抽象的形象更集中,且富有启发性。点、线、面是抽象形象的基本要素。在会标设计中,要运用点、线、面的抽象几何图形,含蓄而理性地表达设计概念。不同的点、线、面可以形成各种不同的性格特征。如直线和曲线是线条对立的两大系列,直线具有朴实、明确、理性等感觉;而曲线却具有柔和、活泼、感性等感觉。抽象的展览会标志往往个性更强,能达到过目不忘的效果。

例如,奥运会五环会标就是由纯粹的几何图形圆形组成的,表达了五大洲的团结和全世界的运动员在奥林匹克运动会上相聚一堂的主题。它以完全抽象的几何图形、文字或符号来表现的形式,这种图形往往具有深邃的抽象含义和神秘感。这种形式往往具有更强烈的现代感和符号感,易于记忆。(图 4.2)

图 4.2　奥林匹克运动会会标

3)象征表现法

象征表现法就是将某种事物图形、文字、符号、色彩等与展览会主题有机地结合起来,以比喻和形容等方式来表达会标设计的内涵。这种表现方式所采用的物象往往是以被社会认同的关联物象作为有效代表物,如鸽子、橄榄枝象征着和平;雄狮、雄鹰象征着英勇;日、月象征着永恒等。某种动物或花卉也经常用来象征一个国家或民族。例如,联合国会徽是一幅从北极看去的世界地图,图上标有陆地和海域,象征联合国是一个世界性的国际组织;周围环绕着橄榄枝环,象征和平的橄榄枝捧着我们的世界。(图 4.3)这种手段蕴涵深邃,适应社会心理,是各种类型会徽、会标设计经常使用的创作方法。

图 4.3　联合国会徽

4)寓意表现法

采用与展览会主题含义相近似或具有寓意性的形象,将文字或图形含义转化为具体或抽象的图标,以影射、暗示、示意的方式表达展览会的主题、内容、举办地和举办时间。以 2010 年上海世界博览会会标为例,绿色调寓意生命活力,具有向上、升腾、明快的动感形象,表达了开放、创新、激情、融洽的意蕴;会标中的 3 人合臂相拥的图形,寓意"你、我、他"的全人类;图形中的 3 个人又构成汉字"世",也蕴涵着中华民族崇尚和谐的传统文化精髓。(图 4.4)

图 4.4　2010 年上海世界博览会会标

5)视感表现法

采用并无特殊含义的简洁而形态独特的抽象图形、文字或符号,给人一种强烈的时代感、视觉感和舒适感,引起人们注意并让人们难以忘怀。这种手法不靠图形含义而主要靠图形、文字或符号的"视感"力量来表现标志的寓意。为使人辨明所标志的事物,这种标志往往配有少量的文字,一旦人们认同这个标志,去掉文字也能辨别它。例如,1993 年韩国大田世界博览会会标采用红、蓝、白三色，热情而具有神秘的吸引力，图形是无具体含义的变形几何图案，具有强烈的视觉冲击效果，令人感到新奇和印象深刻。(图 4.5)

图 4.5　1993 年韩国大田世界博览会会标

4.2.4　展览会标志设计的表现形式

1) 中文字体构成的标志

现在的汉字是由上古时期的象形文字发展演变而来的，早期的文字就是以图造字。汉字本身的构造就符合图案的造型法则，具有一定的图案性。所以，汉字经过艺术设计，能成为装饰性很强的图标。

除了运用现代美术字和一些图案化的变体字外，中国书法上的行、草、隶、篆、楷也被广泛运用。2008 年北京奥运会会标，主体部分成功地使用了篆刻“京”字，经过艺术手法夸张变形，巧妙地幻化成一个向前奔跑、舞动着迎接胜利的运动人形。人的造型同时形似现代“京”字的神韵，蕴含浓重的中国韵味。(图 4.6)

图 4.6　2008 年北京奥运会会标

2) 拉丁字母构成的展览会标志

许多著名的展览会标志是由拉丁字母构成的。一些非拉丁语系国家的展览会标志也普遍用拉丁字母。由字母组成的会标在构思、造型、艺术表达方式上是多种多样的。拉丁字母标志设计的构成方式，通常是用有关名称的第一个字母或第一个音节、缩写字母或全称等，通过对字母的艺术处理，构成既简明突出，又独树一帜的展览会标志。例如，1998年葡萄牙里斯本世界博览会会标，把世界博览会缩写EXPO的首位字母E加以变形，设计成飘动的旗帜，又有水波荡漾的韵律，表达了“拥抱海洋”的设计理念。（图4.7）

图4.7 1998年葡萄牙里斯本世界博览会会标

3）阿拉伯数字构成的展览会标志

阿拉伯数字有其独特的形态，简单、易懂、易记，在展览会标志设计中被广泛使用。这类形式通常用于以展览会活动时间为题材，通过阿拉伯数字本身的形式美和变化组成的图形来比喻、象征展览会主题和表达展览会信息。1986年温哥华世界博览会会标，使用博览会开幕时间1986年的“8”“6”两个阿拉伯数字，组成三个圆环与一条对角线。三个圆环象征土地、空气与水。一条对角线代表人类为实现社会进步而作出的坚韧努力。（图4.8）

图4.8 1986年温哥华世界博览会会标

4）自然图形构成的展览会标志

自然形象常被用于会标设计，如动物、花卉、山水，甚至是人物形象。但这些自然形象一般要经过图案化设计，经过取舍提炼和艺术变形，设计出最简练、最明确、最生动、最能代表该物体形态的图形。自然图形会标的特点是比较直观，艺术性强，并富有感染力。还有一大特点，就是不受语言的限制。1970年，日本大阪世界博览会会标采用自然图形构成的会标。一朵粉红色的樱花图案，明确表达了该届世博会是在樱花烂漫的日本举办。与其他承载鲜明主题意义的世界博览会会标相比，这个造型也许更注重标志本身的美感与它的符号作用。（图4.9）

图 4.9　1970 年日本大阪世界博览会会标

5)几何图形构成的展览会标志

几何图形是人为创造的抽象图形,不同于自然图形,但作为另一种格调的图案形式,同样在会标设计中大量运用。几何图案是用点、线、面等抽象的几何图形构成的图案纹样。图案中的几何形象和自然形象一样,都是客观事物在人们头脑中反映的产物,是以现实自然界存在万事万物为素材,经过整理,运用一定的艺术手法,巧妙加工而成的。几何图案来源于自然形象,但绝非简单模仿,而是对客观事物运动变化的高度概括,既有条理、秩序的组织结构,又有规律和节奏的运动变化,并要求创造出一种新意境。1985 年,日本筑波世界博览会会标是几何图案在会标中使用的成功典范。会标由三角形、两个平行套连的椭圆和圆点组成。点、线、面等抽象的集合构成的图案简单、生动、明了地表现了“人类、居住、环境”的博览会主题。(图 4.10)

图 4.10　1985 年日本筑波世界博览会会标

6)文字和图形结合构成的展览会标志

除了字体构成和图形构成这 2 类会标外,还有大量的展览会标志是由字体和图案相结合构成的。这类形式的设计,字体与图案共存,相辅相成,拥有更多的表现手法和更丰富的艺术语言。在世界各国展览会标志设计中,这种形式比较常见,但在其具体的方式、方法和效果上则是千差万别、丰富多彩的。例如,1984 年美国新奥尔良世界博览会会标,整幅画面将 1984 年这个值得纪念的日子与“河流的世界——水,生命之源”的主题巧妙地联系起来,简洁灵活中充溢着丰富的内容,透出设计者的精巧构思。(图 4.11)

图 4.11　1984 年美国新奥尔良世界博览会会标

温馨提示

在现代展览活动中，展览会标志是使用最为广泛、出现频率最高、印象最深刻的视觉要素，集中体现所有视觉设计要素的核心。展览会标志设计要紧密围绕着展览会的主题来进行，必须高度概括、简练、鲜明、生动，具有独特的风格和时代感，不允许出现相互之间的雷同，以达到醒目、突出、易识别的效果，并便于传播，使人印象强烈、记忆深刻。

任务三　展出场馆的落实与展区划分

4.3.1　展出场馆的落实

展览会展出场馆是展览会构成的四大要素之一。其实，展览会场馆规模的大小和软硬件条件的好坏也是一个城市或地区会展业发展必不可少的一个重要因素。具体到某一个展览会的筹备和组织实施工作而言，办展机构必须在展览会的策划初期就要考虑展览会的展出地点，展览会各种资料印刷之前必须和场馆经营部门正式签订场地租赁合同。否则，展览会的展出场地就很难得到保证。

1）确定展出场馆所需考虑的因素

为了保证展览会的正常展出，提高展览会的展出效果，办展机构在确定展览会展出场馆时应考虑如下因素。

（1）展馆形象

近几年，我国各大中城市都相继建成了新的会展中心。这为办展机构举办各种类型的展览会提供了必要条件，也大大改善了展览会的展出环境，为那些大型展览会或具有发展潜力的展览会创造了更大的发展空间，从而也增强了参展企业参加展览会的信心。如果一个大型的名牌展览会在一个陈旧的展馆内展出，由于其内部结构不合理和设备陈旧等，展览会的展出规模不仅要受到限制，展览会的整体展出效果也会大打折扣。

(2)展馆的性质是否合适

展览会举办机构在选择场馆时要根据展览会的题材来决定展出场馆。不同题材的展览会对展出场馆的要求也不相同。如举办机械设备题材的展览会,对场馆地面承重、展厅的高度、入口和门的宽度及高度都有一定的要求;还有一些题材的展览会需要展出场馆提供工业用电、水、气、光纤设备等。即使同一个会展中心,不同展厅的地面承重能力也不尽相同,所以在举办展览会时不仅要选择展出场馆,还要选择合适的展厅。

(3)展馆的规模是否合适

展览会举办机构选择展出场馆要结合自己展览会的规模和定位来选择适合自己展览会的场馆,切不可一味地追求豪华和形象,一定要考虑到场馆的适宜性。比如一些消费性质的展览会就应该选择在规模较小的展馆内举办。其主要原因是消费性展览会的参展企业一般对展出场馆的要求不是很高,入场观众的来源也不尽相同,所以,选择场馆时一定要考虑场馆的适宜性。

(4)展馆服务是否到位

会展业是一个服务性很强的行业。办展机构要想提高展览会的整体服务水平,仅靠办展机构是远远不够的,还需要展览会各服务机构的相互支持与配合,场馆经营机构就是不可缺少的一部分。场馆方面如果在展出期间服务不周到、不热情或者不配合办展机构的工作,就会给办展机构的工作带来不便或麻烦,会导致参展企业的抱怨,甚至会挫伤参展企业对下届展览会参展的积极性,也会给展览会的服务质量造成不良影响,因此,场馆经营机构服务质量的高低也是办展机构决定展出场馆时不得不考虑的一个重要因素。

(5)展馆收费是否合理

一般来说,新建成的展馆租金会高一些,而那些相对陈旧的展馆租金会低一些,这只是相对而言,并不是绝对的。但作为展览会组织者,尤其是那些完全市场化运作的展览会办展机构而言,展出场馆的收费标准也是需要考虑的一个因素。这里需要提醒的是,办展机构在衡量场馆之间的收费标准时,仅仅比较标准展位的价格是远远不够的,应该将各种收费项目综合考虑,最后获得一个合理的价格。除了展位租金外,有些展馆还会收取电费、空调费、超时加班费,对国内和国外参展商实行不同的收费标准等;企业参展进行展位装修、特装展位搭建或展品搬运时,有些展馆规定参展企业必须聘用展馆指定的搭建商或运输公司,否则就不给予配合或制造麻烦;更有甚者,有些展馆禁止参展人员携带任何食物及饮品进馆,必须付高价在馆内购买。在展览会期间进行设备租赁本来是为参展企业服务的一项内容,合理收取费用也是可以理解的,可是在有些展馆这些服务变味了。如果收费过高,会直接影响到展览会的整体服务质量。

(6)展馆的交通是否便利

展出场馆周边交通的便捷性也是办展机构要考虑的一个因素,这要根据展览会的性质而定。如果是贸易性的专业展览会,主要考虑车辆出入是否方便,停车是否便捷;如果是消费性展览会,除了要考虑车辆出入和停车是否方便外,还要考虑普通市民的可达性。这主要包括公交车线路的数量、车站离展馆的距离、地铁是否可以直接到达等。

2)场馆租赁合同的主要内容

场馆租赁合同是展览会举办机构与展馆经营单位之间就展出场地短期租用的临时约

定。目前我国还没有全国性的统一租赁合同文本,其格式和形式也不尽相同。《上海市展览场地租赁合同示范文本》的颁布实施,说明我国展览场地租赁合同的统一性和规范性已被业界所关注。不论租赁合同的形式如何,其主要内容包括:展览会名称、展出内容、租用面积或展厅数量、租用起止时间、租金标准和付款方式、布展与撤展规定、双方所承担的责任与义务、双方法人签字盖章等。

温馨提示

在为自己的会展活动选择场馆时,要根据会展活动的主题与规模、场馆的性质、场馆的规模、交通条件及收费标准等因素来综合考虑,选择适合的场馆。切不可一味地追求场馆的规模大、建筑宏伟气派,切记选择适合自己会展活动的场馆才是唯一正确的选择。

4.3.2 展区的划分

划分展区是展览会组织实施过程中不可缺少的一项工作,其主要目的是充分体现展览会的专业性,提高展出效果,方便专业观众发现自己的目标客户和商品。展出场地和展览会规模的不同,划分展区的方式也不同,如有的场馆会有许多个展厅或展馆,展览会举办机构会以展馆或展厅来对参展企业按照展品的类别进行归类;而那些规模不是很大,在一个或几个相连的展厅内展出的展览会,则往往采取同类展品相对集中的方式进行划分展区,一般采用的方法是在展位设置平面图上用不同的颜色来表示,并进一步说明每种颜色所代表的展区,便于企业参展时选择展位。不论采取哪种方式划分展区,办展机构掌握市场动态、相关产业发展趋势以及企业参展积极性的准确度对划分展区十分重要,这是划分展区的主要基础和依据。这一点对新举办的展览会项目来说尤为重要。否则,划分的展区就存在着很大的盲目性。划分展区应遵循以下 3 个原则。

1)强势产业优先的原则

每一个专业性展览会都会有一个或几个相关联的强势产业作支撑,这个产业还必须具有较好的发展前景,否则,这个展览会就很难继续办下去。一般来说,强势产业的产业规模大,企业数量多,企业经济效益好,他们的参展意识强。他们一旦决定参展,租用展位的数量也会比较多,并且一般都是特装展位。这些企业的参展对提高展览会的整体展出效果和增强展览会的影响力都大有好处。所以,在划分展区时一定要把强势产业的企业放在最显著的区域,并留出足够的空间来安排这些企业。

2)产品性质与展馆特点相结合的原则

产品性质与展馆特点相结合就是在划分展区前一定要对展出场馆的特点了解清楚,根据展览会展品的特性来划分展馆或展区。如果是机械设备方面的展览会,大型的机械设备就要安排在专门供机械设备展出的展厅或展馆;如果展览会在展出相关产品的同时,还要展出相关的机械设备,这些机械设备的企业也要安排在机械设备专用展厅或展馆。因为这些展馆或展厅是专为展出机械设备而设计的,一般来说,这些展馆的地面承重能力强、出入口的宽度和高度都会大得多,这样便于大型设备的搬运。另外,这类展厅的其他配套设施也比较齐全,如水、电、气等,方便参展企业现场操作和演示。

3）坚持可调整性原则

组织过展览会的人都知道，不管展区划分得多么合理，在展览会布展期间多多少少都会有些调整。怎样做到尽可能地少调整或不调整，即使调整又怎样让被调整的企业没有怨言呢？这其实涉及展位营销策略和展位安排的技巧问题。主入口处和主通道两边的展位一般来说都比较好卖，许多业务人员为了提高自己的业绩开始就销售这些好卖的展位。这就为布展时调整展位增加了难度，具体地说，在主通道两边的企业谁也不会到背对主通道展位上去的。他不去，有他不去的充分理由，并且他的理由也是合理的，但由于种种原因，不调整又不行，这时的工作相当难做。如果反过来，展位营销开始的时候，就先销售那些位置相对较差的展位或者对上面所说的那些较好的展位设定一个“门槛”，规定达到什么样的条件才可申请这些展位。这样，布展期间如果前面还有个别空展位需要调整时，把后面的企业调到前面来，被调整的企业就不会有什么怨言了。

任务四　宣传推广计划

展览会举办机构应根据展览会的定位、题材以及办展机构的经济实力来制订展览会的宣传推广计划，而且在组织实施的不同阶段应该选择相应的媒体来突出不同的重点与主题。不管你的展览会主题有多么好，你的组织水平有多么高，作为展览会的组织者必须采取相应的媒体和形式把你的展览会推广出去，让大家知道和了解，甚至熟知。否则，展览会就不会成功。

4.4.1　展览会宣传推广的阶段划分

其实，展览会的宣传推广工作贯穿在展览会组织实施的整个过程之中，根据不同的宣传推广重点，大致可以划分为以下几个阶段。

1）展览会初始阶段

这一阶段主要是指展览会项目通过可行性研究，办展机构决定举办此展览会到启动招展计划这一段时间。这一阶段通过媒体或其他各种方式开始展览会的宣传推广工作，如办展机构就展览会项目向相关企业进行市场调查或与有关行业管理部门的联系中都会有或多或少的宣传推广的作用。尤其是招展计划开始之前，许多办展机构会采取相应的方式通过媒体把展览会的主题、举办展览会的目的、有关活动等内容发布出去，引起相关机构、企业和人员的注意。采取的方式通常有召开新闻发布会、新闻报道、人物专访、答记者问等。这也预示着展览会的宣传推广工作正式启动。

2）展览会招展阶段

这一阶段的宣传推广工作是上一阶段的延续，上一阶段的宣传也是为展览会全面开展招展工作和招展宣传推广作准备。这一阶段的宣传推广活动是围绕着展览会的招展基本策略和目标而制订的，有很强的协调配合性。在宣传推广中要突出展览会的主题、亮点、特点、个性化特色以及龙头企业参加展览会的消息等，宣传推广活动要以参展企业为出发点，处处体现参展企业的利益，以自己的特点和个性化服务增强企业参与的积极性，吸引更多的企业参展。根据展览会的定位和招展实际工作的需要，选择召开新闻发布会、在专业和大众媒体以及网络上发布消息或刊登广告、向有关企业直接邮寄展览会资料、利用外国驻华机构和我国驻外机构、有关协会和商会以及国内外同类展览会等多种渠道进行宣传推广。

3）展览会招商阶段

随着招展工作的进行，宣传推广工作的重点就要有针对性地向招商方面转移。其实，在实际工作中这两个阶段很难截然分开，很多时候这两项工作会叠加在一起同时进行。在招展阶段的宣传推广也起到了一定招商的作用，如参展和未参展的同类企业内具有一定数量的专业观众，通过招展时的宣传推广，他们一定会去展览会展出现场参观洽谈。还有一部分是我们不容忽视的，如有些企业虽然他们生产的产品不在展览会的展出范围之内，但他们是展览会展出范围内相关产品的终端用户，这一部分才是真正的买家，需要展览会组织机构去认真地组织和挖掘。这一阶段的宣传推广工作，在选择媒体时要考虑媒体的目标受众人群是否和展览会要邀请的专业观众相一致，其覆盖面是否够宽等因素。在宣传内容上也不尽相同，除了宣传展览会的整体进展情况，还应该重点介绍展品和展览会配套活动的详细情况，最大限度地引起专业观众和买家的兴趣，增强他们参与的积极性；邮寄的资料也不一样，招展时主要向企业和有关人员邮寄招展函，而招商阶段主要向目标观众邮寄参观邀请函和入场券等。

4）展览会展出阶段

展出期间的宣传推广工作主要围绕着提高展览会的整体形象和影响力来进行。宣传的内容主要包括展出规模、参展企业的数量与来源分布、开幕式盛况、入场观众人数与来源分布、每天洽谈成交的统计数字、配套活动的进展情况以及每天展出期间发生的新闻与花絮等。总之，通过展出期间的整体宣传让社会各界对展览会有更多的了解和认知，增强人们对展览会的记忆，促进展览会品牌的传播。

5）展览会结束阶段

展览会结束阶段的宣传推广工作主要是在全面总结和回顾本届展览会状况、作用和成果的同时，推出下一届展览会的举办时间和主要构思。从某种意义上说，这一阶段既是结束，又是开始，起到一个承上启下的作用。另外，如果以适当的形式将上述内容及时通报给参展企业和主要买家，再加以感谢的内容，一定会增进办展机构与客户之间的情感交流，更有利于下届展览会的招商、招展工作。

温馨提示

会展活动的宣传推广计划既是一个独立的计划，又属于会展活动组织实施计划的一个组成部分，也可以说它是整体计划的一个子计划。在制订宣传推广计划时，要紧紧围绕着展览会组织实施工作不同阶段的重点工作来确定宣传推广的内容和形式，合理选择媒体。也就是说，宣传推广计划是为展览会组织实施工作服务的，在不同的阶段，要突出宣传的重点，选择适合的媒体，才能达到预期的效果。

4.4.2 展览会宣传推广的方式

不论展览会的定位如何,也不管办展机构采取什么样的宣传推广策略,展览会的宣传推广在通常情况下一般采取以下几种方式:

①网络;②电视、广播;③报纸、杂志;④户外路牌广告;⑤电子邮件;⑥手机信息;⑦自媒体;⑧直接邮寄资料;⑨利用同类展览会宣传推广等。

4.4.3 媒体的选择

展览会的宣传推广是为了促进展览会更好地招商招展和展览会品牌的传播,增强展览会品牌在人们心目中的认知度而有目的、有针对性地举行的一些宣传推广活动。这些宣传推广活动要紧紧围绕展览会的定位、办展策略和目标而进行,要具有很强的协调性与配合性。对展览会进行宣传推广时,应该先对相关媒体进行基本的分析以后再来进行媒体选择,这样才能取得预期的宣传效果。

1)对媒体的基本分析

展览会的宣传推广无论是新闻报道还是广告宣传,对于媒体的选择和组合使用都是十分重要的。正确的媒体选择来源于对相关媒体深入的分析研究。不仅要深入了解媒体的权威性、影响力、报道特色、近期宣传重点、人们对媒体的评价等信息,还要对如何选择媒体,如何划分重点和次重点媒体,如何使媒体能够分层次、有重点地对展览会进行宣传等方面进行研究。这些都是有效进行媒体传播活动的基础和保证。我们通常要对媒体进行以下几个方面的具体分析。

(1)媒体的发行量、覆盖范围与刊发时间

从发行量的大小就基本上可以判断该媒体的影响力,因此,不仅要了解该媒体现在的发行量,还要了解前几年的发行数量,并进行对比,从中可以看出该媒体在人们心目中的影响力是在增加还是萎缩;覆盖范围主要是看媒体是否与展览会的定位相吻合,如果举办的是全国性展览会,就应该选择全国性的媒体进行宣传;刊发时间主要是看媒体的出版时间是否符合展览会的宣传推广计划。

(2)媒体或主要媒体版面的覆盖目标受众人群

分析媒体的覆盖目标受众人群的主要目的是看媒体覆盖目标受众人群是不是展览会要邀请的目标人群或者说所占的比例是多少。媒体覆盖目标人群中展览会邀请的目标人群数量越大,通过该媒体进行宣传推广的效果就会越好。

(3)媒体相关版面的具体定位

目前大部分报刊都会分综合新闻报道、财经专刊、技术文章、产品信息、人物报道等。从中选择最适合宣传推广的版面和形式。

2)展览会的宣传推广策略

对媒体进行分析调研的目的是了解相关媒体和版面的特点与要求,最终选择出适合展览会宣传推广的媒体、版面和宣传形式。在确定媒体后,展览会宣传推广投放媒体宣传工作开始启动时,一般采用以下三种方法。

（1）准确选择与确定几种媒体

展览会组织实施工作的不同阶段，宣传的重点也不相同。这就需要我们根据展览会组织实施工作的整体进程，有目的、有重点地选择媒体。如在展览会的初期筹备阶段，往往会以新闻报道的形式将展览会的信息发布出去。这时，就要看所选择的媒体能否最佳地反映出新闻的内容，是否具有权威性和影响力。另外，还要从新闻的目标人群出发，看展览会信息受众目标人群和媒体的读者群是否吻合。

（2）确定媒体使用的重点

展览会的宣传推广与产品的宣传推广有着很大不同。一种产品的消费人群在开发设计阶段就已经设定，而展览会则不同，其宣传的重点要根据展览会的性质来确定重点媒体。如果举办的是专业性展览会，在面向政府部门和企业用户传播信息时，应当以行业媒体和专业媒体为主；而面向一般消费者传播展览会新闻时，则应当以大众传播媒体为主。

（3）科学合理地进行媒体组合

媒体传播成功的关键是根据媒体的特点和重点，确定投放时间和投放内容，这一点对展览会的宣传推广工作来说尤为重要，这也是展览会的特性所决定的。就一个专业性展览会而言，其宣传的重点要根据组织实施工作的不断推进而转移，为了扩大展览会的宣传面，有些时候还会需要几种不同媒体进行重叠式宣传。所以重点媒体的选择、投放的时间、内容与形式必须要准确。譬如说在招展阶段，必须选择与展览会所涉及的产业有密切关联的专业媒体作为重点投放媒体，这样才能取得应有的宣传效果。

（4）选择媒体要尊重展览会举办地的风土人情和生活习惯

由于各个地区的不同，风土人情不同，生活习惯也不同。因此，在展览会宣传推广进行新闻媒体组合时，也一定要从展览会举办地的实际出发来选择媒体。否则，就会出现资源浪费，达不到预期的传播效果。

总之，展览会的宣传推广工作没有一个固定的模式，各个展览会的宣传推广也各不相同，但任何性质的展览会或者任何阶段的媒体选择都要明确具体的传播目标，一定要紧紧围绕传播目标来选择媒体。这是选择媒体的先决条件和基础。离开这一基础，即使你选择的媒体权威性再高，影响力再大，最后也不会达到你所期望的宣传效果。

任务五　展览会配套活动策划

近年来，越来越多的展览会举办机构在扩大展览会展出规模，提高展览会服务质量的同时，在展览会展出期间组织一些与展览会相关的配套活动，以此来丰富展览会的活动内容，提高展览会的影响力。因此，出现了目前这种展览会与各种活动相融合的趋势。就目前会展业的发展状况来看，展览会期间组织得比较多的有论坛、产品发布会或推介会、比赛、表演、娱乐等活动。

4.5.1　论坛

近年来，许多展览会都在展出期间举办展览会涉及产业的论坛或者行业峰会，取代了以前的行业会议或技术交流会。

1）主题的确定

在展览会期间举办论坛，论坛的主题一定要与展览会的主题紧密相连。如果论坛组织得好，论坛可以进一步浓缩和提升展览会的主题，增强展览会的功能，有助于提高展览会的层次和水平，也有利于扩大展览会的影响力。另外，论坛的作用还要通过对相关产业的发展趋势、热点、难点以及人们关心的问题进行探讨，帮助业内企业作出准确的决策，并且能引导相关产业的发展。立题准确的论坛与展览会是相互补充、相互促进和相互提高的，两者融为不可分割的一个整体，缺一不可。那么，在展览会期间如何准确把握论坛的主题呢？论坛的组织者必须对相关产业的现状有详细的了解，并对相关产业的未来发展能作出准确的预测。要做到这一点，需要虚心征求行业管理部门、业内专家与学者的意见和建议，认真听取业内企业所关心的问题和企业在发展中遇到的难题。从相关产业的现在和未来出发，总结和提炼出论坛的主题，提炼出的论坛主题既要有现实性、实用性和针对性，还要有超前性。

2）论坛的组织框架与嘉宾的邀请

（1）论坛的组织框架

一些高级别论坛的组织框架通常由指导委员会、组织委员会和顾问委员会三部分构成。从论坛的组织框架就可以看出论坛级别的高低，是否具有行业的权威性。大家都知道，中国会展经济国际合作论坛是我国会展业到目前为止最高级别的论坛，其组织架构可以说包括了国内外会展业的权威机构。

（2）论坛嘉宾的邀请

邀请合适嘉宾出席论坛（或在论坛上演讲）和论坛的组织架构一样对论坛的成功举办至关重要。这从某种程度上决定着论坛的层次和水平，也可以判断该论坛的权威性和影响力，对邀请演讲嘉宾更是如此。通常情况下，对国外的演讲嘉宾至少要提前6个月发出邀请，对国内的演讲嘉宾至少要提前2~3个月发出邀请，并协助做好相应的准备工作。对于重要的演讲嘉宾，还应做专门的接待计划，如签证、预订机票、安排演讲人及其随从人员的住宿、餐饮、交通等接待工作。

3）论坛的日程安排

总体来看，论坛的时间不宜安排过长，一般以1~2天为宜，具体的时间要以论坛内容的多少而定。论坛的日程安排主要包括时间、地点、主题或议题、主讲人姓名、职务及演讲的题目等。在时间安排上，除了日期之外，还要具体到几点几分。这样便于与会人员详细地了解会议的内容，一目了然。

4）论坛的宣传推广与赞助

（1）论坛的宣传推广

论坛的宣传推广是论坛组织工作必不可少的一部分，其主要目的是招揽听众，让更多的人参与其中，增加论坛和展览会的影响力。目前，论坛宣传的主要方式是在报刊上刊发消息或广告、电话或传真推广、直接邮寄资料和网络及自媒体推广等。不论采取哪种方式推广，宣传的内容大致相同，其宣传资料的内容主要包括：论坛的时间、地点、主题、演讲嘉宾的基本情况、参会人员需要交纳的费用与办理的手续以及举办机构的联络办法等。展览会期间论坛的宣传推广计划也是展览会整体宣传推广计划的一部分，往往和展览会招商招展融合在一起进行宣传。

(2)论坛的赞助

高水平的论坛不仅会给展览会增加新亮点，增强展览会的影响力和权威性，还会给组织机构创造可观的经济收入。论坛的经济收入来源主要有两个方面，一个是门票收入；另一个是冠名权赞助。冠名权赞助又分独家冠名权赞助和多家冠名权赞助。独家冠名权赞助具有排他性，就是不允许有第二家赞助单位出现，而多家冠名权赞助则没有排他性，可以有多家单位赞助，但会有先后顺序排列问题，一般按双方达成协议日期的先后来排序。赞助的方式也不尽相同，有的提供资金，有的提供会议场地与设备，也有的提供与会人员的礼品、午餐或晚宴等。具体的赞助方式和赞助数量主要以组织机构与赞助商相互协商而定。

5)论坛的现场管理与会后工作

论坛现场的管理工作主要包括：会场布置；设备安装、调试；现场注册；现场协调与服务等。参与现场管理的工作人员要有强烈的责任心和时间观念，并且要有较强的组织与协调能力，对自己的工作要认真负责，耐心倾听与会人员提出的意见和建议，及时帮助与会人员解决他们遇到的困难和问题，这样才能保证论坛的顺利进行。

论坛结束后，工作人员首先要及时进行现场和会后跟踪调查，尽可能多地收集与会人员对论坛的各种意见与建议，为把下一届论坛办得更好和提高服务质量提供依据。另外，论坛结束后要及时以适当的形式感谢演讲嘉宾和与会人员，以加深论坛组织者与演讲嘉宾和与会人员之间的情感联络，为下届论坛的组织工作打下良好的基础。最后，论坛组织机构内部也要认真全面地进行总结，总结出做得好的方面的同时，总结出不足之处，以便把下届论坛做得更好，更具影响力。

温馨提示

会议和展览会相互融合是现代会展业的发展趋势。它起到相互补充，活跃现场气氛和进一步丰富会展活动主题内涵的作用。我们在策划会展项目的辅助活动时，要以会展项目主题为基点，重点考虑辅助活动的内容及形式是否符合会展项目主题的要求，切不可单纯为了热闹而搞活动。否则，就会画蛇添足，起不到应有的效果。

4.5.2　产品发布会

产品发布会有些时候也被称为产品推介会，这是参展企业将自己的产品投放市场经常采用的一种产品推广活动。由于展览会的特殊作用，许多参展企业都会在展览会展出现场组织这一活动，以提高自己产品的知名度。其实，在展览会期间举办的绝大部分产品发布会都是由展览会组织者和产品发布者共同完成的，并且产品发布者承担着主要工作，展览会组织机构根据其要求完成各项工作，处在配合与协助的地位。在通常情况下，办展机构主要负责发布会场地的租赁与布置；设备的租赁和调试；现场的管理、服务与协调等。

至于发布会的内容和形式则由产品发布单位负责，关于发布会听众的组织常常由双方共同来邀请。

4.5.3 其他配套活动

目前，在展览会展出期间策划一些其他的配套活动已经成为会展业的发展趋势。举办这些活动的主要目的是活跃展览会的气氛，丰富展览会的展出内容，增强展览会的影响力，但我们在策划这些活动时一定要紧紧围绕着展览会的主题，采取与展览会题材相适应的组织形式。这样才能达到预期的效果。

1）竞赛

竞赛是展览会期间经常举办的一项活动。展览会题材不同，策划竞赛的内容和方式也不一样。例如，服装服饰题材的展览会，通常策划时装模特大赛、未来流行趋势和流行色发布会、设计师作品发布会等；美食或食品题材的展览会，时常会策划厨艺大赛；在一些文化题材的展览会上，常常会策划一些少儿绘画大赛或摄影大赛等。在策划这些活动时，既要考虑到它的权威性和代表性，也要考虑到公众的可参与性。

2）表演

在展览会展出期间，策划相应的表演活动主要是活跃展览会现场的气氛。例如，服装服饰类的展览会往往会策划时装表演；在展览会的开幕式现场会策划钢琴或小提琴等乐器表演以及一些具有地方特色的大众性表演活动。在机械设备题材的展览会上参展企业通常会开动自己的设备进行现场演示或者在服装和首饰题材的展览会上参展企业会聘请一定数量的模特穿着参展企业的服装或戴着参展企业的首饰在自己的展位上进行表演。这些表演活动主要是参展企业为了活跃自己展位的气氛，吸引更多的观众而组织的，对展览会组织者而言，只是负责管理与协调有关事宜，为其提供相应的服务，不参与这类活动的策划、组织与实施，这也不是我们要讲述的重点。

3）文艺晚会

从目前的情况来看，一些大型的展览会，尤其是政府主导型的展览会往往会在展览会期间举办文艺晚会，而那些市场化运作的展览会举办文艺晚会的则比较少。主要原因是举办一台文艺晚会涉及许多部门，需要投入一定的财力，并且具有一定的风险。当然，如果文艺晚会组织得好，其影响力可能会大于展览会本身。如大连服装节在初始几届每年都举办开幕式文艺晚会，它不仅加快了大连服装节品牌的形成与传播，还进一步促进了国内外对大连的认识和了解，进一步促进了大连与海内外的合作与交流。其实，大连市政府已把服装节和文艺晚会纳入城市整体经营的一个不可缺少的组成部分。所以，一个展览会举办机构单独组织一台文艺晚会具有一定的难度，也很少有会展企业去冒这个风险。

【项目小结】

一个展览会从开始策划到展出结束，可以说是一个系统工程，每一个环节和阶段的工作都是不可缺少的。本项目主要讲述了展览会前期筹备工作的组织与实施阶段的主要内容，如合作办展机构的邀请、邀请函的制作、展览会标志设计、展出场馆的落实与展区划分、宣传推广计划与展览会配套活动策划等。通过对本项目的学习，大家进一步对展览会前期筹备期间的相关工作有一个较为详细的认识和了解，并掌握从事相关工作的基本技能与技巧。

【复习思考题】

1.邀请合作办展机构应遵循的原则是什么？
2.展览会标志有哪几个设计原则和表现手法？
3.在确定展出场馆时应考虑哪几个方面的问题？
4.如何进行展区划分？
5.展览会宣传推广有哪几个阶段？如何进行媒体选择？
6.在展览会展出期间经常会组织哪些配套活动？它们对展览会能起到什么作用？

【实训题】

实训项目一

一、实训组织

结合当地的产业结构，选择一个展览会主题，让学生自己动手策划一份展览会参展商邀请函。

二、实训要求

1.展览会的题材与其内容相统一。
2.展览会招展函的要素要全。
3.语言要通顺，并符合专业要求。
4.页面设计要合理，并与展览会主题相统一。

三、实训目的

1.提高学生对策划招展函重要性的认识。
2.掌握构成展览会招展函的主要要素。
3.提高学生的会展文案策划能力。

实训项目二

一、实训组织

教师确定一个专业性展览会，结合项目所学的知识，让学生独立策划一份展览会宣传推广计划。

二、实训要求

1.学生要独立完成。
2.策划的宣传推广计划要素要全。
3.阶段划分要准确，媒体选择要恰当。
4.策划的方案要具有可执行性。

三、实训目的

1.使学生掌握展览会宣传推广计划的主要内容。
2.掌握媒体选择的主要方法。
3.掌握制订宣传推广计划的技巧。

4.提高学生对宣传推广计划的执行力。

实训项目三

一、实训组织

将学生3~5人分为一组，一组扮演展出场馆工作人员，一组扮演办展机构人员，让他们就租用展出场馆进行模拟谈判。

二、实训要求

1.教师要提出要求，并及时对每组进行讲评。

2.学生态度要认真。

3.对谈判的场景要进行适当的布置。

三、实训目的

1.掌握办展机构租赁场馆的主要内容。

2.提高学生商务谈判的技巧。

3.提高学生的实际从业能力。

【案例回放】

第6届中国-阿拉伯国家博览会

中国-阿拉伯国家博览会（简称“中阿博览会”）是经国务院批准，商务部、国际贸易促进委员会和宁夏回族自治区人民政府共同主办的国家级、国际性经贸会展活动，其前身是中国（宁夏）国际投资贸易洽谈会暨中国·阿拉伯国家经贸论坛（简称“宁洽会暨中阿经贸论坛”）。自2010年起已成功举办三届的宁洽会暨中阿经贸论坛于2013年升格为中国-阿拉伯国家博览会。

此前，从宁洽会暨中阿经贸论坛到首届中阿博览会，都是每年举办一届，根据中央外事工作领导小组办公室《关于举办中国-阿拉伯国家博览会有关事项的通知》精神，从2013年开始，中阿博览会由每年一届改为两年一届。

第6届中国-阿拉伯国家博览会于2023年9月21日至24日在宁夏银川举办，本届博览会的主题是“携手新时代 抢抓新机遇 共享新未来”。本届博览会的展览面积达4万平方米，来自33个国家和全国29个省区市的近千家企业带着1.2万多种产品参展，参展产品涵盖科技、生态、文旅等众多领域，参展的境外企业有近200家，从国外进关的产品达300多种。本届博览会的展览首次向全社会免费开放，累计到场观众突破20万人次。

据统计，国内外78位院士专家、30多家商协会、1495家企业参加了本届中阿博览会，其中工商界和企业、商协会参会人数占82%。本届博览会内容涉及领域广，涵盖商贸、能源、农业等传统领域，以及数字经济、医疗健康、智慧气象等合作新领域。

在经贸务实合作方面，本届博览会共形成合作成果403个，计划投资和贸易总额达1709.7亿元。中阿博览会期间发布了《中阿经贸关系发展进程2022年度报告》等2个报告和面向阿拉伯国家提供300项先进适用技术合辑等2项成果，签订了吉赞产业集聚区战略合作协议等合作协议36份。沙特阿拉伯王国作为本届博览会主宾国，派出150多人的经贸代表团参会参展，达成合作项目15个，金额达124亿元。本届博览会主题省广东省与沙特阿拉伯王国、陕西省等有关方面达成合作项目37个，金额达100.4亿元。

从2013年首届开始，中阿博览会每两年举办一届，共有112个国家和地区、6000多家中外企业、超过 40 万名客商参加，累计签订各类合作项目 1200 多个，涉及现代农业、高新技术、能源化工、生物医药等多个领域，已经成为中阿双方深化务实合作、推动共建“一带一路”高质量发展的重要平台。

案例分析

1.中阿博览会的主要特点是什么？

2.谈谈你对中阿博览会的看法。

项目五

后期筹备工作的组织与实施

【知识目标】

●掌握参展商服务手册的内容与设计原则。
●熟知会刊的内容与设计原则。
●掌握邀请观众的方法与渠道。
●熟悉制作证件的相关要求。
●掌握催缴相关费用的技巧。
●学会对展出现场的整体设计与布置。

【技能目标】

●能够独立起草参展商服务手册。
●具备策划展览会相关证件的能力。
●具有展览会证件的策划能力。
●掌握邀请观众的技巧,能够从事此项工作。
●初步具备展出现场整体设计与布置的策划能力。

【学习重点】

●参展商服务手册的设计与制作。
●观众的邀请。
●证件的制作与管理。

【学习难点】

●展出现场的整体设计与布置。

【案例导入】

第20届中国-东盟博览会

第20届中国-东盟博览会(简称“东博会”)于2023年9月16日至19日在广西南宁举办。2002年11月,在柬埔寨金边召开的第六次中国-东盟“10+1”领导人会议上,中国与东盟领导人签署了《中国-东盟全面经济合作框架协议》,共同启动了中国-东盟自由贸易区的建设进程。

2003年10月8日,中国国务院总理温家宝在第七次中国与东盟(10+1)领导人会议上倡议,从2004年起每年在中国南宁举办中国-东盟博览会,同期举办中国-东盟商务与投资峰会。这一倡议得到了东盟10国领导人的普遍欢迎。

中国-东盟博览会是由中国和东盟10国经贸主管部门及东盟秘书处共同主办,广西壮族自治区人民政府承办的国家级、国际性经贸交流盛会,每年在广西壮族自治区南宁举办。该博览会是中国境内由多国政府共办且长期在一地举办的展会之一。以展览为中心,同时开展多领域多层次的交流活动,搭建了中国与东盟交流合作的平台。

第20届中国-东盟博览会共设商品贸易专题、投资合作专题、先进技术专题、服务贸易专题、“魅力之城”专题等5大展区，展出面积10.2万平方米，共46个国家1953家企业参展，比上届增长18.2%，其中外国参展企业738家，东盟644家。共有104个采购团组参会，其中国际团组55个。“云上东博会”为东盟国家建设云上国别馆，线上参展企业超2000家，举办线上活动47场。本届东盟博览会的主题是“和合共生建家园，命运与共向未来——推动‘一带一路’高质量发展和打造经济增长中心”。

据中国-东盟博览会秘书处提供的数据显示，本届东博会举办了70多场经贸促进活动，呈现大订单多、绿色低碳商品成交多的特点。签约的订单中，50亿元以上项目17个，比上届增长54.5%。文莱签约超20亿美元、30架中国大飞机的采购订单，是东博会史上最大贸易订单。国际经贸和中国企业“走出去”项目20多个，创近10年新高。本届东博会签订投资合作项目470个，总投资额4873亿元，较上届增长18%。

据统计，东博会和峰会举办20年来，共有196位中外领导人、4100多位部长级贵宾和国际组织负责人出席，举办了超300场部长级高层会议论坛，建立了40多个领域“10+1”合作机制。

案例分析

1.中国-东盟博览会对我国加强国际经济贸易合作具有哪些作用？

2.第20届中国-东盟博览会的成功举办给我们带来哪些启示？

任务一　参展商服务手册的设计与制作

5.1.1　什么是参展商服务手册

有的展览会称参展商服务手册为参展指南，主要是办展机构将展览会筹备、布展、展出、撤展的有关要求和规定以及在参加展览会期间住宿、娱乐、旅游等方面的信息与参展商参加展览会时要注意的相关问题汇编成册，以方便参展商进行参展准备的一本小册子。编制参展商服务手册是展览会筹备过程中的一项基础性工作，对参展企业按照展览会举办机构的要求进行筹备和参展具有一定的指导意义和参考价值。

5.1.2　参展商服务手册的主要内容

展览会举办机构编写参展商服务手册的目的主要是让参展人员及时了解展览会的有关活动安排、有关要求与规定以及展览会举办城市的有关信息等，以便参展企业按照展览会组织机构的统一要求作好参展准备，参展人员从参展商服务手册中不仅能找到与展览会相关的各种信息，还能发现其他各种有用的相关信息。一般来说，参展商服务手册主要包括以下几方面的内容。

1）前言

前言主要是简要介绍展览会举办城市的自然状况，如人口数量、天气状况等；上届展览会的基本概况；编制本手册的原则和目的；提醒参展企业在筹展、布展、展出和撤展等环节要自觉遵守本手册的相关规定以及对参展企业参加此展览会表示欢迎等。前言使用的语言要简练、亲切,篇幅不宜过长。

2)展出场馆的基本信息

展出场馆的基本信息主要包括:展馆的具体地理位置,主要是指展出展馆在展览会举办城市的具体位置、到展馆可以乘坐的主要交通工具和交通路线、各指定接待酒店在该城市的具体位置以及从各接待酒店到展馆的主要交通工具与线路等;展馆的基本信息,主要是标明展馆各种服务设施所在的位置、展览场地基本情况介绍等;展出现场平面图,主要说明展区和展位划分的详细情况、展馆内部通道和出入口、展览场地的基本技术数据,如地面承重、馆内通风条件、货运电梯容积容量、展馆室内空间高度、展馆入口高度和宽度、展馆的水电供应状况等。上述信息要尽可能地详细、准确,这些信息对参展人员准确地找到展馆和自己的展位,进行展位搭建和布展起着很大的帮助。

3)展览会基本信息

展览会基本信息包括展览会名称、举办地点、展出时间、办展机构、指定搭建商、指定运输代理、指定旅游代理、指定接待酒店等。对于办展时间,要具体列明布展时间、开幕时间、专业观众和普通观众开放时间、撤展时间、布展与撤展加班时间等,对以上时间尽量精确到小时或分钟;对于办展机构,要具体列明主办单位、承办单位、支持单位和协办单位等;另外,还要具体列明各办展机构、搭建商、运输代理、旅游代理、接待酒店等的详细联系地址、电话、传真和联系人、网址和电子邮箱等,以便参展商在需要的时候方便与各相关单位联系。

4)展览会规则

展览会规则主要是展览会组织机构要求参展商和观众参加展览会时所必须遵守的一些规章制度,如展品进馆与撤馆的规定;车辆出入规定;各种证件申办程序和使用规定;展品销售规定;展出现场保安和保险规定;展位清洁与物品储藏规定;水、电、气现场使用注意事项;消防规定;知识产权保护规定;展品现场演示注意事项等。上述规定所有与会人员必须遵守,对现场管理和现场秩序的维护起着十分重要的作用。

5)布展与撤展规定

布展与撤展规定主要是对参展企业在布展期间展位搭建和布置以及在撤展期间展位拆除和展品撤离展馆的有关要求。在布展规定中,对标准展位的要求相对简单,只是要求参展企业不要损坏展览设施,展品不得摆放在自己展位以外的位置以及用水、用电的规定等,而特装展位,对其使用材料、搭建的牢固性、动火作业、电线和水管的铺设以及消防安全等都要作出详细的规定。撤展规定对标准展位的企业主要是要求他们按规定的时间撤展、清除自己展位内的废弃物、及时归还临时租赁的设备,而对特装展位除了遵守标准展位的相关规定外,还要对其展位高度和撤除时间作出明确规定。另外,在布展与撤展规定中,不论是标准展位还是特装展位,对损坏展览设施都要作出明确的处罚规定。布展与撤展规定要详细、明确,这对参展企业安全搭设展位、顺利布展和撤展都有很大的帮助。

6)展品运输信息

展品运输信息主要是向参展商介绍将展品、展具等物品运抵展出现场的相关信息与要求，主要包括海外运输、国内运输、运输方式和线路、货物交运和文件提交期限、收费标准、包装、海关报关、货物回运等。对每一个环节都要作出具体说明，供参展企业选择。

7）旅游信息

旅游信息主要是办展机构从参展人员和观众的角度出发，向他们介绍展览会举办城市及周边地区交通、住宿、餐饮、娱乐、购物和旅游等方面的信息。这些信息主要包括：接待酒店的星级、价格、地址、联系电话、传真、联系人以及与展馆的距离等；主要购物场所和具有地方特色餐饮场所的具体地址与联系方式等；旅游景点情况、具体位置以及主要娱乐场所的地理位置、联络方式等。这些信息主要是满足参展人员和观众在展览会举办城市逗留期间进行商务考察、观光休闲旅游和日常生活的需要。

8）入境签证信息

入境签证信息主要是对海外参展人员和观众而言的。如果举办的是国际性的展览会，这项内容必不可少。这要说明入境签证所需要提交的材料和时间以及展览会举办机构能够提供哪些帮助等，如有可能，可列出我国驻相关国家大使馆或领事馆的地址和电话等信息，以便他们就近签证。另外，如果展览会举办城市有外国的大使馆、领事馆以及贸易促进机构的办事处，也应将这类信息逐一列出，以便海外参展人员和观众在展览会举办地逗留期间遇到困难时寻求帮助。

9）相关表格

各种表格是参展企业和观众向办展机构反馈信息的主要形式。参展商服务手册的表格主要有特装展位搭建申请表、贵宾买家服务表、相关证件和邀请卡申请表、研讨会和技术交流会申请表、刊登会刊广告申请表以及聘请临时服务人员申请表等。各种表格可以与参展商服务手册的其他内容一并印刷成册，在展览会开幕前适当的时间寄给参展商和观众，也可以将其内容发布在展览会的门户网站上供相关人员浏览和下载，相关人员填完表格后还可通过网络将其发给展览会举办机构。

5.1.3　参展商服务手册的编制原则

从上面参展商服务手册的主要内容可以看出参展服务手册的内容涉及很多方面，信息量较大，也很具体，就好像是参展商和观众参加该展览会的一本必备工具书。参展商服务手册编制的水平从某种程度上可以看出展览会组织机构的办展能力和服务水平。要想让参展商服务手册真正起到应有的作用，办展机构在编写参展商服务手册时，应遵循以下几项原则。

1）实用原则

参展商服务手册所包含的内容不仅涉及展览会本身和展出现场的各个环节，还涉及展览会以外的许多领域。服务手册的内容对参展企业进行筹展、布展、展出、撤展和观众参观展览会以及参展人员与观众在展出现场之外进行各种社会活动都有较大的帮助，对参展人员和观众来说，这些信息都是必不可少的，这样的内容才能纳入参展商服务手册。

2)简明扼要原则

参展商服务手册的各项内容要简明扼要,文字不要太多,篇幅不宜太长,能说明问题即可。另外,各项内容的说明和叙述必须准确、具体,不得使用模棱两可的语言,让人看不懂,更不能让人产生误解。否则,就会在许多管理和服务工作中产生争议与矛盾,这样可能会影响到企业的正常展出,也不利于办展机构对展出现场进行管理,甚至可能会降低企业继续参展的积极性。

3)详细全面原则

对于参展商服务手册中的各项内容要尽量详细全面,尤其是那些有关时间的限定、各种信息反馈的最后期限以及展出现场的各种技术数据和要求等。如果展出场地的地面承重能力没有说明或者说明得不够准确,在布展时很可能会出现麻烦;如果对展馆入口的高度和宽度没有标注或标注得不对,一些体积较大的展品就有可能进不了展馆。由此可以看出,参展商服务手册中的各项内容要详细全面和各种数据要准确是编制参展商服务手册的基本要求。

4)美观与便携性相结合的原则

参展商服务手册的整体设计要与展览会主题相吻合。展览会主题不同,参展商服务手册的设计风格也应该不同,这样参展商服务手册才能起到更好的宣传效果。另外,参展商服务手册的排版、印刷和制作要美观大方,注意印刷质量,不要出现错别字和其他印刷错误,高质量和美观大方的参展商服务手册才会让人产生好的印象,甚至会有人去收藏它。参展商服务手册在很多时候是供使用者随身携带、查阅的,而目前,我们许多参展商服务手册都是采用大开本制作,携带起来很不方便,如果是小开本的参展商服务手册,便于携带和查阅,使用起来一定会更便捷、更方便、更具人性化。

5)专业化与通用化相结合的原则

专业化就是参展商服务手册要使用行业内所熟悉的语言和术语,并要符合行业习惯和规范,避免使用一些不规范和陌生的词汇。内容的编排顺序要合理,便于使用者查找和了解有关的内容。如果展览会的定位是国际性展览会,参展商服务手册就要符合海外参展人员和观众的需要,除了要有中文文本外,还要有英文文本。英文版参展商服务手册的翻译一定要准确,如果翻译不够准确或者有误,将会给海外参展人员和观众带来极大的不便,也会降低他们对展览会的信任度。

任务二　会刊的编制与设计

5.2.1　会刊的编制原则

1)设计风格要与展览会主题统一

在进行展览会会刊设计时,设计人员要紧紧围绕着展览会的主题展开设计工作。不同主题的展览会,其会刊的设计风格也不尽相同,所采用的字体、排版格式、色彩及图案都要与展览会主题一致。离开展览会的主题,去审视一个会刊的设计风格将无从谈起,时装类展览会会刊的设计风格可以时尚、张扬些,而投资贸易类展览会的会刊设计风格则要庄重、大方些。否则,将会影响会刊的设计效果。

2)内容要与展览会主题关联

会刊的规格和页数的多少要以参展企业的数量和企业刊登广告的数量而定。一般来说,展出规模大、影响力强的展览会,企业在会刊上刊登广告的积极性更高,其会刊的页数就会多些,办展机构的收益也就越多,但办展机构切不可为了追求经济效益,让那些与展览会主题无关的企业在会刊上刊登广告。否则,将会影响整个展览会的专业性。

3)印制要精美

一个展览会的会刊是办展机构为宣传参展企业而编制的小册子,是办展机构的门面,会刊和参展商服务手册一样,其设计水平的高低和印刷质量的好坏一定程度上代表着办展机构的组织能力与服务水平。所以,办展机构在印制会刊时要选择印刷质量好和信誉度高的企业合作,以保证会刊的印刷质量。

5.2.2　会刊的主要内容

1)封面

展览会会刊的封面一般包括以下内容:

①展览会的中英文名称;

②展览会的会标;

③举办时间与地点;

④主办单位;

⑤承办单位;

⑥协办单位;

⑦支持单位等。

2)内页

①会刊目录;

②展览会的组织机构名单;

③展览会简要介绍:主要介绍展览会举办地的自然情况、此展览会的举办历史、展出规模、主要特点、配套活动等;

④参展企业名录:主要包括参展企业名称、地址、邮编、联系人、电话、传真、展位编号、网址、邮箱及经营范围等,由于展览会会刊内的企业名录是办展机构免费刊登的,一般只刊登文字,不刊登图片,篇幅不宜太大,字数也会有一定的限制;

⑤企业广告:企业在会刊内刊登广告,一般来说,广告的设计与审定均由广告刊登企业负责,办展机构只负责安排版面和印刷,并根据所占版面另外收取费用;

⑥展出现场的整体布局图:主要包括展区划分、展位布局、主要通道及出入口、展品运输通道、主要配套服务区及停车场等。

3)封底

①企业广告;

②承办单位名称、地址、邮编、联系电话、传真、网址和邮箱等。

5.2.3 会刊的作用

1)宣传推广的作用

办展机构编辑出版会刊的目的之一就是将参展企业编辑成册,便于统一对外进行宣传推广。通过向参展企业赠送,参展人员可以利用空闲时间了解其他参展企业的信息,如果他们之间有相互感兴趣的项目或产品,可以在展出现场进行洽谈与交流;与会的领导和嘉宾通过会刊可以进一步地了解展览会的整体状况和参展企业的相关信息。以前收集参展企业的信息主要是在展出现场到每个展位收集企业的宣传资料,这样既费时又费工,还不便于存放与整理;另外,专业观众入场参观的目的主要是寻找自己感兴趣的项目与信息,他们通过会刊既可以找到自己想要的信息与项目,又可以了解到展览会的整体情况。通过上述几种方式,会刊对展览会和参展企业的宣传推广作用是其他宣传形式不能替代的。

2)便于信息收集与收藏

在印制时间上,展览会的会刊与参展商服务手册相比,会刊的印制时间可以晚一些,在展览会布展前运至展出现场即可。会刊印制好以后,办展机构一般向每个展位赠送一本,送给与会的领导和嘉宾,其余部分放在大会咨询处向入场观众销售或凭名片免费领取。有人还专门收藏会刊,从不同时期出版的会刊,可以看出我国会展业的发展历程,也满足了会刊收藏人员的收藏欲望。

3)增加经济效益

办展机构利用会刊对参展企业进行宣传推广的同时,还有一个重要的目的就是可以让企业刊登广告,获取更多的经济效益。整版广告的价格在4000~8000元,黑白稿和彩色稿在价格上也有区别,封二、封三、封四和内页的价格也不尽相同。对于那些规模大,在行业内影响力高的知名品牌展览会来说,其会刊的广告价格也会高,刊登广告的企业也会多。而对于中小展览会的举办机构来说,应该制订有力的营销措施,争取更多的企业刊登广告,这样既可以获得更多的经济效益,又可以扩大展览会的社会影响力。

任务三 观众的邀请

5.3.1 观众邀请渠道

企业参加展览会的主要目的是寻找合作伙伴、获得订单、扩大市场占有份额;进行产品展示、树立品牌、提高企业的知名度;了解行业动态、进行技术交流等。因此,展览会能吸引到多少专业观众前来参观、采购是决定企业是否参展的主要因素,也直接影响到展览会的展出规模和经济效益。通常情况下，展览会举办机构通过以下几个渠道进行观众的邀请与组织。

1）行业协会

随着市场经济的发展，行业协会在本行业的权威性和影响力已经日益凸显出来。目前，许多展览会举办机构也充分认识到这一点，在举办专业性展览会时均邀请其作为主办、承办或者支持单位。在展览会实际筹备组织过程中，办展机构往往注重发挥行业协会的招展作用，而忽略了其专业观众的组织功能。其实，行业协会可以专门召开会议、发文或在内部刊物上刊发消息等方式组织专业观众，它们组织观众的手段直接，针对性强，影响力大，并且观众质量高。值得注意的是，目前在同一个行业可能会有几个行业协会，以汽车行业为例，可能会有汽车制造商协会、汽车经销商协会、汽车零配件制造商协会等。所以，在邀请专业观众时既要全面，又要突出重点，这样邀请的观众才会有多样性，让各种类型的参展企业受益。

2）专业观众数据库

专业观众数据库和目标参展商数据库是成功举办一个展览会必不可少的，具有同等重要的作用。在展览会开幕前一定时间内，展览会组织机构要安排一定的人员向目标观众邮寄展览会邀请函、入场券等宣传资料，邀请他们届时到展览会现场参观、洽谈和采购，并像招展那样安排专人分区域与主要观众进行联络，做好专业观众的组织工作。建立观众数据库是一项长期的工作，要想获得第一手独家专业观众数据资料，最常用的办法是在展览会现场设立观众登记处，使用信息表或收集名片采集观众信息。按照观众所属的行业、地区、产品兴趣、公司规模等，分类整理后及时存入数据库。其实，目标观众数据库是观众组织的基础，也是展览组织者最宝贵的资产，建立专业观众数据库不是目的，它除了方便组织观众外，还能使展览会组织者进一步了解与分析相关市场的构成、需求及变化趋势等。

3）广告宣传

展览会的宣传推广要始终贯穿于展览会的整个组织实施过程之中，展览会组织实施的不同，广告宣传应该选择不同媒体、不同的信息发布形式，并且要突出重点。展览会组织机构首先要根据展览会的主题和定位确定展览会相关产业的主要目标市场，展览会潜在目标观众的所在区域以及他们获取信息的主要渠道。这样，专业观众的邀请才能做到有的放矢，保证入场参观、洽谈的观众质量。

4）同类展览会

目前，在不同的地区会有相同主题或类似主题的展览会在举行，许多展览会组织机构已经开始参加其他同主题展览会，利用其他展览会来宣传、招展以及邀请观众等。当然要吸引更多观众，尤其是资深的专业观众，其首要任务在于提高展览会质量，形成专业展览会自己的品牌效应，发展成为像香港珠宝展览会和玩具展览会那样的品牌展览会，依靠展览会自身的强大市场吸引力来提高展览会的质量，才能吸引更多的专业观众，其他措施和手段都是暂时、辅助的。

5）其他活动

目前，许多展览会组织机构会在展览会展出期间组织一些相应的配套活动来吸引更多的专业观众,丰富观众参与活动的内容,提高他们的参与度。现在展览会期间组织的活动主要有高峰论坛、行业年会、技术交流会、新产品发布会、特邀买家日等。例如,中国国际纺织面料及辅料博览会将展览会开幕的当天设定为"特邀买家日"。这不仅增强了现场的贸易氛围,更有效缓解了由于现场客户众多导致企业疏于接待的矛盾。此外,由于"特邀买家日"到场的特邀买家一部分是组织机构通过层层筛选出的有效贸易观众,而另外一部分则是参展企业自身选择的已经有多年合作基础的或有潜在基础成为合作伙伴的商家,从而大大提高了展览会的贸易功能。

6)国外相关组织

如果是国际性展览会或者展览会的定位是国际性的,展览会举办机构就要与国外相关组织、协会和俱乐部等有关机构建立良好的合作关系,不仅委托其代理招展,还要委托在其所在国家或地区代理邀请专业观众,逐步增加国外观众的比例。除此之外,还要在国际性的主要专业媒体及门户网站上发布展览会消息及广告,并重点推荐,增强展览会的国际影响力,吸引专业人士。

5.3.2 观众邀请的方式

1)媒体宣传邀请

不论是名牌展览会,还是一般普通展览会,不管是国际性展览会,还是区域性展览会,甚至也不论它的规模大小,通过媒体宣传邀请观众几乎是每个展览会都必须采取的一种主要方式。发布信息所采用的媒体主要包括电视、广播、报纸、专业杂志、网络等,发布信息的形式主要有新闻报道、访谈、广告及软性广告等。观众不会仅仅因为收到邀请而来参观你的展览会,只有他们在认为可能有实际收获的情况下才前来参观。因此,宣传内容一定要紧紧围绕着观众感兴趣的话题和利益,并且要有针对性和吸引力。

2)直接发函

建立目标观众数据库是一个展览会能顺利发展的重要条件。直接发函就是根据数据库的客户资料直接向他们邮寄展览会的各种资料,向观众邮寄的资料主要有邀请函、请柬、入场券、展览会快讯等。通过邮寄相关资料让观众了解更多的展览会信息,增强他们参观洽谈的信心。展览会组织机构除了安排一定人员做这项工作外,还可委托专门的发函公司来给予协助。

3)内部通告

展览会组织实施的过程其实是办展机构对各种资源充分挖掘、利用以及资源重组的过程。很多行业协会都有自己的内部刊物,其发行的对象主要是自己的会员企业,在这些内部刊物上刊发消息具有更强的目的性和针对性。许多办展机构往往重视这些刊物的招展作用,而忽略了它们的专业观众邀请作用。在招商阶段,应该充分利用这些刊物,合理安排时间,突出重点,分层次多次刊载相关信息,使更多的专业人员进一步了解展览会的活动内容与信息,增强他们参与有关活动的积极性。

4)电话与传真

以电话方式邀请观众主要是将展览会的相关资料邮寄给目标观众一段时间后,针对一些重点观众进行追踪邀请。在联络过程中，他们可能会提出一些需要举办机构给予协助或解决的相关的问题或事宜，如果有重点观众进行咨询或者提出需要协助时，工作人员的态度一定要和蔼，对他们提出的问题也要认真给予解决，并及时将结果通报给对方。以传真方式邀请观众只是对资料邮寄方式的一种补充，因为邀请观众的数量比较多，传真邀请观众的成本会比较高，不宜作为邀请观众的主要手段。目前，还有许多展览会以电子邮件、微信和手机短信等方式邀请观众，这是近几年数字通信和网络的不断普及而出现的一种新型的展览会宣传方式，它具有方便、快捷和成本低廉等特点，但其目的性与针对性不强，只能作为邀请观众的一种辅助手段。

5）派送邀请函、请柬与入场券

派发邀请函、请柬与入场券等资料是许多展览会邀请观众常用的一种方法。除了有目的地向相关观众邮寄上述资料外，还常常会在同题材展览会展出现场或人群集聚地区派专门人员派发。这种形式虽然目的性和针对性不是太强，但对展览会仍有一定的宣传作用，其成本也比较低，所以一些中小型展览会经常会采取这种形式。

6）路牌广告与张贴画

展览会采用路牌广告这种形式进行宣传推广不仅仅在招商阶段，而是贯穿于展览会组织实施的整个过程。一般来说，路牌的租用需要一定期限，只在招商阶段租用路牌进行广告宣传不太可能，其成本也比较高。相比较而言，展览会用路牌广告进行宣传推广，我国南方地区要比北方地区多，这可能与人们获取信息的习惯或观念有关。另外，许多展览会也会印制一定数量的张贴画张贴在人群集聚场所比较引人注目的地方，以达到宣传的效果。

7）新型媒体

中国互联网络信息中心（CNNIC）发布的第50次《中国互联网络发展状况统计报告》显示，2022年6月，我国网民规模为10.51亿人，互联网普及率达74.4%。随着我国互联网的快速发展和相关新技术、新机制、新模式的不断涌现与应用，其功能也在逐步提高和完善。由于新媒体传播具备速度较快、覆盖面广、影响深远和成本低等特点，新媒体传播手段已经越来越被会展活动的组织者接受和依赖，利用新型媒体对会展活动进行宣传推广已经成为会展项目宣传推广计划的一个重要组成部分。新型媒体作为信息的重要载体，已被广泛应用在会展活动的组织实施各个环节。在展览会品牌传播、影响力扩散、招商招展、赞助合作等方面发挥着重要作用。

5.3.3　观众邀请函

观众邀请函是展览会举办机构根据展览会的实际情况针对目标观众专门印制的一种宣传资料。邀请函一般是采用直接邮递的方式发送到目标观众手中，其主要作用是邀请观众届时到会参观洽谈，尤其是对那些专业观众。邀请函的邮寄时间不宜过早，也不能太晚，太早他们容易忘记，而太晚又来不及准备，影响他们的行程。一般来说，对于国内观众在展览会开幕前的45天左右开始邮寄比较合适，而对于国外观众，一般要提前3~6个月进行邮寄，这样便于国外观众制订旅行计划和办理签证。观众邀请函的内容主要包括：展览会的基本内容、主要参展企业简要情况、主要展品介绍、展出期间配套活动介绍以及观众参观回执表等。观众邀请函的内容要简洁、集中,重点介绍展览会的特点、优势、参展企业和展品以及对上一届或上几届展览会的简要总结与回顾。

温馨提示

做好专业观众的邀请工作是一个展览会成功举办的基础,也是展览会健康成长和长远发展的重要支撑要素。对于展览会组织者来说,专业观众的邀请工作不像招展工作那样能够产生直接的经济效益,并且要耗费一定的人力和财力。要想提高展览会的影响力和竞争力,这项工作必须得到重视。从目前我国会展业的发展状况来看,一些大型的会展活动越来越重视这项工作,并产生了非常好的效果。但这项工作还没有引起一些中小展览会组织者的足够重视。

5.3.4 观众邀请宣传推广

招商期间的宣传推广是展览会整个宣传推广计划的一个组成部分。就展览会的整个宣传推广计划而言,展览会组织实施阶段的不同,宣传推广的重点应不同,选择的媒体也要各有侧重。招商期间宣传推广主要是向目标观众介绍展览会的基本情况、展出规模、展品与参展企业的情况以及展览会的配套活动等信息。展览会的组织机构要站在观众的角度,多了解一些观众的心理,要尽可能地多发布一些观众关心和需要的信息,这样才能提高展览会的吸引力。在这一阶段选择媒体的时候,要考虑到专业观众的区域分布与获取信息的主要渠道及习惯,如部分年轻观众可能主要通过网络来获取信息,而那些年龄比较大的观众获取信息则可能依靠平面媒体,这就需要办展机构选择媒体要多样化,且不可靠单一媒体宣传。另外,如果是国际性展览会,仅选择全国性或区域性的媒体也是不够的,一定还要适当选择国际性媒体,只有这样才能邀请到海外的观众。这些邀请观众信息的发布形式主要有新闻发布会、推广说明会、报纸杂志报道或刊登广告、网络宣传及新媒体推广、多轮邮寄宣传品、传真和电话宣传,以及鼓励参展企业自行邀请等。

5.3.5 邀请观众注意事项

邀请观众虽然是展览会组织工作的一项重要工作,但它不像招展工作那样能给展览会组织者直接创造经济效益。所以,有部分展览会组织机构对招商工作就没有像招展工作那样重视。就招商工作而言,展览会举办机构应注意以下 4 点。

1) 树立真正为观众服务的意识

归根到底,会展业也是一个服务性行业。当前,在提到会展服务的时候,办展机构首先想到的多是如何为参展企业服务,为观众服务想的却较少,尤其是为专业观众或大的买家提供个性化服务则更少。随着会展市场竞争的不断加剧,展览会组织机构的服务意识开始增强,通过提高服务质量来留住客户,扩大展览会的影响力和生命力。其实,观众和参展企业是相互影响和相互促进的,参展企业在选择观众的同时,观众也在选择参展企业,这种选择是双向互动的。高质量专业观众会增强展览会的影响力,也会留住和吸引更多参展企业;高质量参展企业和展品同样会吸引更多的专业观众,参展企业和观众是保证展览会质量至关重要的因素。所以，为观众服务也是为参展企业服务，办展机构邀请的专业观众多，质量高，参展企业在展出期间就有生意可做，参展企业对展览会就会产生信任感和依赖感，而专业观众通过展览会了解到了相关行业的发展信息和选到了自己需要的产品，也会对展览会产生信任感和依赖感。其实，作为展览会组织者为参展企业和观众服务同样重要，二者缺一不可。总之，展览会组织者要真正树立为观众服务的意识，为观众提供人性化服务才能把自己的展览会办得更好。

2）将为观众服务落到实处

展览会之所以举办是因为参展商和观众双方对展览活动有着各自不同的需求，通过展览会满足二者的需求，展览会组织者起到的仅是桥梁和中介的作用。一个成功的展览会应该最大限度地满足参展商和观众的需求，并在参展商和观众之间架起沟通和展示的桥梁。由此可见，观众的质量是专业展览会成功的重要因素，如何组织有质量的专业观众，需要从了解观众的需求为出发点，展览会组织者首先要清楚参展商想见到什么样的观众，同时观众希望看到何种参展商和展品，这是做好邀请观众的基础。另外，为观众服务要注意细节，将服务的各个细节落到实处，让观众真正感受到你服务的便捷性与人性化。如许多展览会在相关网站上开辟了观众预登记服务。观众可以通过网络方便、快捷地填写预约登记信息表，并向展览会组织机构在线提交，待审查通过后，办展机构就会直接寄送胸卡，大大节约了观众现场登记的排队等候时间。观众通过在线预约登记方式获得参观胸卡，既有效改善了展览会入场秩序，也提高了观众的入场参观效率。

3）注意专业观众信息的收集与整理

上面已经讲述了邀请专业观众对成功举办展览会的重要性。作为展览会的组织机构一定要注意对专业观众信息的收集、分类与整理工作。目前，很多展览会组织机构都有自己的专业观众数据库，不论是参展商数据库还是专业观众数据库，数据库的建设都需要一个过程和时间，并需要办展机构投入一定人力和物力对其进行维护和更新。大家都知道，观众具有一定的流动性，由于人员职位的转换与流动，今天不是专业观众的，明天可能会成为专业观众，而今天的专业观众，明天可能就不是我们邀请的对象。所以，办展机构的数据库一定要利用各种机会收集专业观众的信息，并及时进行分类、整理和更新，以保证数据库内信息的准确性和时效性。

4）增加活动内容，提高观众的可参与性

目前在会展业中，许多展览会组织机构已经开始注意在展出期间组织一些相关的活动，以提高展览会的影响力。从当前举办的展览会情况来看，具有观众参与性强的活动还不是很多，内容也不够丰富。值得高兴的是，有的展览会组织机构已经注意到了这一点，开始在展出期间设定“专业观众日”或 VIP 观众服务等内容。办展机构应该真正从专业观众的角度出发，切实为观众组织一些相关活动，为他们提供一个交流信息、方便洽谈、促进相互了解和增进友谊的平台，以增强展览会的吸引力和感染力。

任务四　证件制作与管理

5.4.1　展览会证件种类

展览会的证件是辨别展览会人员工作类型的主要标识，也是进入展览会展出场所唯一的有效凭证。展览会性质和定位的不同，展览会证件的类别也不尽相同，通常展览会证件的类别见表5.1。

表5.1　展览会证件分类

证件名称	使用范围	有效期限
工作证	展览会工作人员	布展、展出、撤展期间
布展证	参展单位布展人员	布展期间
施工证	展位搭建施工人员	布展与撤展期间
参展证	参展单位工作人员	展出期间
专业观众证	专业人士	展出期间
记者证	新闻媒体记者出入	布展、展出、撤展期间
开幕式请柬	参加开幕式的嘉宾	开幕当日
贵宾证	办展机构邀请的贵宾	布展、展出、撤展期间
嘉宾证	办展机构邀请的嘉宾	布展、展出、撤展期间
安全保卫证	展览会安全保卫人员	布展、展出、撤展期间
海外观众证	海外观众	展出期间
通用入场券	专业观众、普通观众	展出期间
当日入场券	专业观众、普通观众	入场券票面标注日期内
撤展证	参展单位撤展人员	撤展期间
通用车辆通行证	一般为小型车辆	布展、展出、撤展期间
布展车辆通行证	一般为大型车辆	布展期间
撤展车辆通行证	一般为大型车辆	撤展期间

5.4.2　展览会证件的内容

一般情况下，展览会证件包括以下内容：展览会名称、展览会标识、展出时间、证件名称、持证人姓名及照片、证件编号或条形码及持证须知或注意事项等。值得注意的是，展览会名称必须要用全称，如第 7 届中国厦门国际石材展览会；各种证件所使用的字体要结合展览会的题材选用合适的字体，通常使用比较严谨或正式的字体，如黑体字、宋体字等，这样方便识别；在持证人照片上要盖有展览会组织机构的公章，以表示其严肃性与正规性；持证须知或注意事项一般会印在证件背面；在一些大型展览会中，有些证件还会分通行级别，现在通常以不同颜色来区别，如佩戴红色工作证就不受时间和地点的限制，随时可以进出场馆，而黄色工作证进出场馆就要受到一定限制；另外，如果你的展览会是国际性的展览会，各种证件的内容还要采用中英文两种文字。相关内容见图 5.1—图 5.6，持证须知或注意事项见图 5.7。

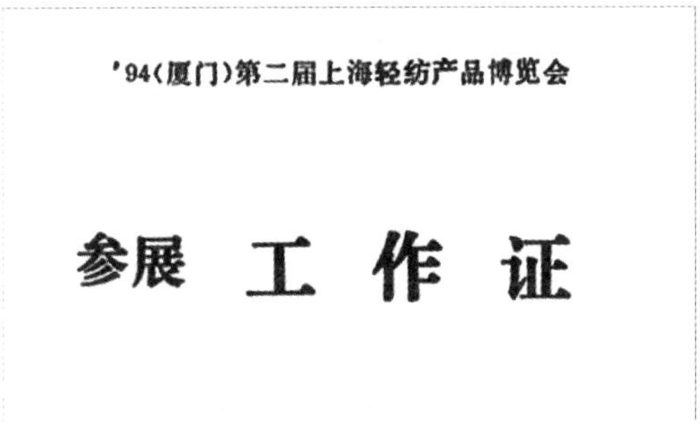

图 5.1　展览会证件

图 5.2　展览会参展证

图 5.3　展览会参展证

图 5.4　展览会专业观众入场证

图 5.5　展览会贵宾证

图 5.6　展览会工作证

工作证使用说明

一、此证为组委会领导、办公室、会务部、投资贸易部、联络部、保障部、新闻中心领导使用。从B、C、D厅西门进馆，南、北侧门离馆。有效期为9月8日—9月12日。每日进馆时间8:30—17:00

二、此证加贴持证者近照，并加盖中国投资贸易洽谈会组委会会务部印章方可生效。

三、此证仅限本人使用，转让无效。

四、请持证者自觉接受门口机阅码和安全检查

会务部

图 5.7　持证注意事项

5.4.3　展览会证件的演变与制作

1)展览会证件的演变

我国会展业是伴随着我国的改革开放政策而不断发展起来的。不同发展阶段的各展览会证件，其印刷质量和技术含量也不一样，从某种程度上来说，展览会证件也具有时代特征。20 世纪 80 年代末至 90 年代初期间的展览会证件一般采取纸质、单色、卡片式证件，见图 5.1 和图 5.2；之后，许多展览会逐步采用彩色印刷或相纸、塑封、悬挂式证件，见

图 5.3 和图 5.4；再后来，在相关证件上添加了条形码，通过信息采集系统给展出现场管理和人数统计提供了方便，其准确性也大大提高，见图 5.5；现在，许多大型高规格的展览会采用带 IC 芯片的证件，见图 5.6。这种证件制作完毕后，持证人的基本资料已存入芯片内，并同时将相关资料传送到数据库和展出现场的识别系统。只要持证人把胸卡放在识别机前面，识别系统显示屏就能立即显示持证人的图像和资料，以便安全人员识别放行。与此同时，还可以将持证人进出各个场馆的情况记录下来传送到数据库，随时统计出各个场馆的人员进出情况。如果证件丢失，还可以挂失。

2）展览会证件制作

展览会证件的制作水平从一定程度上也能反映出一个展览会的规格和档次，同时也能体现出展览会组织机构的策划能力与审美观。目前，从展览会证件材质上看，可分为：纸、相纸、PVC、IC 芯片、人脸识别等，其规格一般从 8.5 cm×11.5 cm 到 10.5 cm×15 cm 不等。在设计和制作展览会证件时应注意以下几点。

（1）与展览会的主色调一致

现在，许多展览会组织机构为了提高整体办展水平，往往一届展览会设定一个主色调。所以，各种证件的颜色要与展览会主色调相吻合，这样更能体现展览会色彩的整体协调性与一致性，以体现展览会的整体效果。

（2）与展览会主题适应

展览会主题或题材的不同，在策划其相关标识或资料时，所采用的手法、表现形式和风格也不尽相同。展览会各种证件的策划也是如此，如艺术类展览会的证件，可采用艺术性较强的字体，排版格式也可更灵活一些，以体现展览会主题的特点；对那些服装类或消费类展览会，其证件的设计要注意使用字体的灵活性和色彩的多样性，以表示生活的丰富多彩；而投资贸易类或机械设备类展览会的各种证件，所使用的色彩就不可追求多样性，而要使用比较正式的字体，以显示出该展览会的权威性、严肃性和唯一性。

（3）要便于辨认

不论哪一类题材展览会的证件，最基本的功能就是表明持证人的身份与地位。为此，在进行证件设计时，应该把便于识别放在首位。不同类型和不同级别的证件也应用不同的颜色将其区分开来，只要看到证件的颜色就知道持证人是哪一类人员。可以想象，如果一个大型展览会的所有证件都印制成一个颜色，不管采用什么芯片或什么新技术，肯定会给与会人员带来诸多不便，也会给现场管理带来一定的困难。

（4）要便于佩戴

目前，我国所有的展览会几乎都采用悬挂式证件，那种用别针别在衣服上的卡式证件基本被淘汰。悬挂式证件由证件和吊带（或吊绳）两部分组成，证件的吊带不宜过长，也不宜太短。吊带过长，会给佩戴者造成不便；吊带过短，佩戴者又不方便佩戴。所以，从持证人方便佩戴的角度考虑，吊带的长度适中即可。

（5）要美观大方

证件是一个展览会整体策划不容忽视的一部分，也可以说是一个展览会的门面。展览会各种证件印制质量的好坏也体现出一个展览会的层次和组织水平。因此，制作各种证件时，在保证各种证件的基本功能不受影响的前提下，其设计要美观、大方；印制要精致;大小要适中。

5.4.4 展览会证件的作用

展览会各种证件是供展览会有关人员在展览会不同阶段佩戴、出示和使用的书面凭证,其作用主要有以下几个方面。

1)便于安全管理

展览会在布展、展出和撤展期间往往人流量较大,参展单位多,施工、运输、观众等各种人员混杂在一起,给展览会现场管理带来不小的压力。佩戴证件,凭证入场,限制入场人数,这对加强现场安全管理,维护现场秩序,保证展览会期间的人身与财产安全是极为重要的。

2)便于做好接待

展览会各种证件会以不同颜色以示区别,并且证件表明了持证人的姓名、身份、国别、单位等信息,不仅便于加强现场人员管理,也便于工作人员有针对性地及时做好接待,万一出现意外情况,还可以及时同有关方面联系。

3)便于信息交流

证件上都标有参观者和参展工作人员的单位与姓名,这就有助于参观者和参展人员之间的相互辨认与交流,甚至参展人员通过参观者佩戴证件的颜色就能辨别出参观者是来自国内,还是来自国外,也能辨别出持证人是贵宾、嘉宾,还是观众。

4)便于加强监督

工作人员在展览会期间一般都佩戴工作证,一方面,参展人员或观众遇到什么问题和困难时能及时向有关工作人员进行咨询或寻求帮助;另一方面,也能强化规范服务,并且能让观众和参展人员对工作人员的工作情况和服务态度进行有效的监督,通过服务对象的有效监督切实提高服务质量。

5)便于人数统计与信息收集

随着电子信息技术的不断发展,目前许多大型展览会的证件普遍采用了条形码或IC芯片技术。这些新技术的应用,通过入场观众的信息采集系统就可将入场的人数准确无误地统计出来,并能将入场人员的基本信息记录下来。这些信息的采集对展览会举办机构及时更新数据库是不可多得的第一手信息,还可用于统计参观展览会和参加各种配套活动的各类人员数量、分布状况,并为办展机构分析流量变化的原因,改进服务措施,提高服务质量和对其进行总结、评估提供依据。

6)便于广告开发

作为一种广告开发资源,展览会证件也是一种会展广告不容忽视的载体。通常可以刊载广告的有参展证和入场券等各种证件背面以及证件吊带等。证件广告的开发,可为展览会举办机构创造一定的经济效益。

7)便于留作纪念与收藏

能够参加一次高规格的会展活动,对个人来说也是一种荣誉。展览会的各种证件能将这份荣誉保存为一种永久性的记忆，起到留作纪念的作用。另外，展览会的各种证件也可以满足部分人的收藏爱好，从展览会的各种证件也可以看出会展业的演变过程。

任务五　相关费用催缴

5.5.1　相关费用类别

1）展位租金

展位租金在展览会的各项收入中占展览会整个收入的绝大部分。对于那些大型或知名品牌展览会来说，他们对各种款项的回收不存在任何问题，因为他们是不收展位订金的，如果想参展，必须在规定的时间内一次性付清全款。对那些超过时间期限未付款的参展企业，可以将其展位收回，另作处理。例如，德国汉诺威春季消费品博览会，如果参展企业违反了他们展出现场的管理规定，将被列入黑名单，拒绝该企业以后继续参展。

在这里，我们所讲的相关费用催缴主要是对那些中小型展览会而言的。大部分中小型展览会都处在成长期，办展机构为了扩大展出规模往往会先向参展企业收取一定数额的订金，一般收取展位费的20%～30%作为订金，其余款项在规定的期限内一次性付清。从理论上来看，双方的责任与义务是合理的，也是明确的，可在实际工作中，也会出现问题，给及时回收剩余款项带来一定的不便与困难，这就不得不引起办展机构的重视。

2）广告费

展览会期间可以刊发广告的主要包括展出现场内外广告牌、展出现场宣传物、会刊、证件、入场券等。不论哪种广告形式，展览会组织机构与广告刊发单位都要经过谈判，达成书面合约，并约定广告的发布形式、规格、数量或发布次数、价格及付款日期等。

3）赞助费

展览会赞助一般可分为独家赞助和多家赞助，独家赞助具有排他性，而多家赞助则不允许有排他性；从赞助的目的来分，可分为公益性赞助和商业性赞助，公益性赞助的目的比较单纯，可能完全是为了支持或促进该展览会的发展，这样的赞助是不求回报的；而商业性赞助的目的很明确，达到或超过他的要求，他才肯向展览会提供赞助。从赞助的形式来分又可分为资金赞助和实物赞助，资金赞助就是向展览会组织机构提供一定数额的资金，实物赞助则是根据办展机构的需要提供一定数量的物品，如办公设备、饮用水、志愿者服装等，也有的就展览会中举办的某一项活动进行各种形式的赞助。不管哪种形式的赞助，办展机构与赞助者之间都要签订书面的赞助协议，就赞助的形式、数量、赞助条件与要求以及提供赞助的时间等事宜进行详细的约定。

4）其他相关费用

以上3项费用是展览会的主要收入来源。除此以外，还有门票收入、会刊销售收入以及其他有偿服务项目收入等。不管这些项目的收入数额大小，展览会组织机构都要派财务人员及时收缴，确保各项收入及时如数进账。

5.5.2 费用催缴办法

在展览会的实际操作中,通常会采取以下几种方法催缴各种剩余款项。

1)熟悉财务状况

展览会开幕前的2~3个月是展览会工作人员最忙的一段时间,各项工作交织在一起,也是催缴剩余款项的最佳时机。展览会组织者一定要全盘掌握展览会的整体财务情况,如果展览会的规模比较大,一定要安排相应的专门财务人员及时核对相关账目,并将展览会资金进账情况向主管领导通报。而主要领导则需要对这一阶段所有筹备工作统筹规划,及时安排业务人员对自己的客户进行剩余款项的催缴工作。如果错过这段时间,可能就会遭受一定的经济损失,也会给以后的工作带来诸多困难或不便。

2)电话催缴

电话催缴剩余款项是此项工作的第一步,也可以说是此项工作的开始,主要是安排业务人员在自己负责的范围内与那些过期或即将过期还没有缴纳剩余款项的客户进行电话联系。业务人员主要向对方通报展览会的筹备情况,剩余款项的缴纳时间与数额,询问对方是否有问题需要帮助解决等。许多客户未及时缴纳余款可能是经办人因工作忙或其他原因忘记了交款期限,而不是故意拖欠。所以,业务人员在联络过程中态度要诚恳,语气要和蔼,其实此次电话联系主要起到提醒的作用。

3)书面催缴

经过几次电话联系,大部分企业都会按期缴纳相关款项,但仍有个别企业无动于衷,对这样的企业就要以书面的形式催缴相关款项。这时,一般的做法是将催款通知书传真给对方后,再进行电话联络。催款通知书的内容主要包括:展览会基本信息、剩余款项数额与应交时间、最后期限以及过期不缴如何处理等事项。电话联系的目的主要是确认催款通知书对方是否收到,进一步了解对方的意见、意图和决定等。

4)妥善处理

电话和书面催缴后,也会有极少数企业仍未缴纳相关款项。对这样的企业要采取切实有效的措施,妥善处理,不要因为个别企业而影响展览会各项筹备工作的顺利进行,更不要影响展览会的整体效果。对这样的参展企业,通常采取的办法是将其展位收回,安排其他企业参展或对展位进行适当调整,其预订金不予退还,并将处理结果及时告知对方。需要指出的是,办展机构在提高服务质量和提供规范化服务的同时,也必须对展览会参与单位进行严格管理,逐步树立办展机构的信誉和威信。只有这样,展览会才能向着规范化、专业化、品牌化方向发展。

任务六 展出现场的整体布置

展览会展出现场的整体布置应该包括展区划分、展位布置、开幕式现场布置、展出现场公共区域布置、场馆主入口气氛烘托布置和咨询台布置等。由于展区划分在前面已经讲过，展位布置主要由参展企业负责，这里从办展机构的角度，主要介绍开幕式现场布置、展出现场公共区域布置、场馆主入口气氛烘托布置和咨询台布置等事宜。

5.6.1　开幕式现场布置

目前，开幕式是展览会的主要活动之一。在国内，办展机构普遍比较重视开幕式；而在国外，许多展览会的开幕式要简单得多，有的干脆没有开幕式，这可能与人们的习惯和观念有关。在策划展览会开幕式时，一般要注意以下几个要点。

1）开幕式地点

开幕式地点有室内和室外之分，在确定开幕式的举办地点时，要充分考虑展出场馆的条件、天气和参加开幕式的人数等因素。如果场馆内没有足够的空间，只好在室外，但在室外一旦遇到刮风、下雨等恶劣天气就会给参加开幕式的嘉宾和观众带来很多不便，也给开幕式的组织工作造成很大困难。所以，在条件允许的情况下，开幕式的地点最好放在室内，以避免各种不利因素影响开幕式隆重而热烈的气氛。

2）主席台

开幕式主席台规格的大小要以展览会规格、现场空间的大小、出席嘉宾的人数而定，没有统一的规格。如一些规格较高的大型展览会开幕式，邀请的嘉宾很多，仅一个主席台站不下那么多人，往往会在主席台的两边各搭设一个辅助主席台以便容纳更多的嘉宾。不论主席台的大小，也不管主席台用什么材料搭建，一般都会铺设红地毯。按照我国的风俗和习惯，铺红地毯是对嘉宾的尊重。

3）背景板

开幕式背景板的位置一般设立在主席台的后面，其尺寸的大小要以开幕式场地的空间而定。背景板的颜色要与展览会题材、主色调相吻合。背景板的内容主要包括展览会名称、展出时间、展览会标志、主办单位、承办单位、协办单位和赞助单位等。

4）相关设备

开幕式所需要的设备主要有扩音设备、剪刀、托盘、彩带等。开幕式工作人员在开幕式正式开始前一定要亲临现场对扩音设备进行调试，将扩音设备调试到最佳效果，以保证开幕式的正常进行。另外，工作人员还要根据剪彩嘉宾的人数落实剪刀、托盘和礼仪小姐的数量，以及彩带的长度，如果彩带上有花的话，花的数量也要与剪彩嘉宾的人数一致。

5）气氛的烘托

为了把开幕式组织得更加成功，展览会组织者会采取各种手段来增加开幕式现场的热烈气氛。除了搭设背景板之外，通常的做法是摆设鲜花，悬挂条幅，设立拱形门或升空气球，聘请乐队或锣鼓队，放礼炮，放鸽子，放气球或组织一些表演活动等。具体要采取哪些方式来烘托开幕式的气氛，这要以开幕式的地点和办展机构的经济能力而定。如设立拱形门或升空气球、放礼炮、放鸽子等就不适合在室内；开幕式在室外，可采取的方式就会多一些，在开幕式现场悬挂条幅、设立拱形门或升空气球等不仅会烘托开幕式的气氛，这些也可以用作广告开发的资源，给办展机构创造一定的经济效益。值得注意的是，现在我国许多城市规定室外放置条幅、拱形门和升空气球等宣传物都需要向有关部门报批，办展机构应该尊重举办地的有关规定，及时向政府部门提出申请，保证开幕式的顺利进行。

温馨提示

会展活动现场的整体策划与布置要符合活动主题和定位的要求。区域划分要合理，各种标识要明显醒目，宣传品和气氛烘托物品要精美，色彩要庄重而热烈，充分利用现代技术和材料，使活动现场充满现代气息。另外，活动现场策划与布置还要注意活动现场的安全问题，避免意外事件的发生。总之，要充分展现活动的主题和定位，方便现场服务与管理，要达到效果的完美性和实用性相统一，切不可华而不实。

5.6.2 展出现场公共区域布置

展出现场的整体规划是由展览会举办机构负责完成的，但展位的具体设计与布置则由参展企业根据自己的展品类别、参展意图和经济实力而定。由办展机构负责的主要包括：中心展台、观众参观指南、宣传物、洽谈区和休闲区以及各种标志等。

1）中心展台

目前，许多展览会都会设置中心展台，也有的展览会不设，这主要是办展机构根据展出场馆的条件、展览会规模和办展目的来决定的。由于中心展台的设计与搭建需要支付一笔不小的费用，如果展览会规模不是很大，经济效益有限，办展机构考虑到当前的经济效益很可能就不会设置；如果展出场馆的条件不允许，即使办展机构想搭设也是不可能的。中心展台一般搭设在中心展厅面对主入口处的中心位置。其规格要根据中心展厅的面积和空间高度来定，不能过大，也不能太小，与展厅的规模和高度协调为宜。就像许多城市的标志性建筑一样，中心展台在一定程度上也就是展览会的标志物。所以，中心展台的造型设计一定要符合展览会的题材与主题，要有代表性，要有寓意和联想，要简洁，便于记忆，这样才便于展览会品牌的传播。

2）观众参观指南

观众参观指南是为观众入场参观、洽谈和方便、快捷地找到他们自己感兴趣的展品和参展企业而专门设置的。一般将其设置在展出场馆较为开阔的主要入口，其尺寸要根据设置地点和内容的多少来定。观众参观指南的内容主要包括：观众须知、展出现场平面图和参展企业目录等。观众须知主要是向入场人员说明入场参观人员必须要遵守的规定和要求，如场内不得吸烟、请勿大声喧哗、不得拍照或录像等；展出现场平面图要标示清楚展区、办公区、出入口、安全通道、洽谈区、休闲区以及其他公共设施等；参展企业目录主要包括序号、参展企业名称、展位编号等。如果是国际性展览会，需要用中英文两种文字进行标注，方便海外观众入场参观洽谈。

3）宣传物

展览会展出现场室内的宣传物品主要是展览会标识、LOGO 旗、条幅、电子显示屏、图片、文字介绍等。通常的做法是将各种颜色和形状不同的标识和 LOGO 旗悬挂在展位的上方，也有的会悬挂一些宣传条幅，这些宣传物品的大小和是否悬挂，既要看展厅的空间，还要看展厅是否具备悬挂的条件，如果展厅的跨度太大，这种想法也就没有办法实现；有的展览会在展厅比较显眼的位置设立一块大型电子显示屏，不断显示展览会的相关信息；图片和文字介绍则是在展厅内开辟一个专门区域用图片和文字的形式介绍历届展览会的情况和回顾该展览会的发展历程。另外，假如展厅具备悬挂这些宣传物品的条件，悬挂一定数量的标识旗、LOGO 旗、条幅和电子显示屏等，不仅可以烘托展厅内的气氛，还可以利用标识旗和 LOGO 旗的背面、条幅和电子显示屏上做一些商业性广告，也会创造一定的经济效益。

4）洽谈区与休闲区

洽谈区与休闲区不是每个展览会必须要设立的，要根据展出现场的条件而定。在展出现场一般都比较嘈杂，参展人员与买家不方便洽谈，而洽谈区就是专门为参展企业和买家设立的。洽谈区要安静、清洁，摆放一定数量的桌子和椅子，如果条件允许，也可以摆放沙发和茶几，供参展人员和买家边洽谈边休息。还可以设立一个咖啡、饮用水、啤酒和简食的销售点，供前去洽谈人员自愿消费。

与洽谈区相比，休闲区比较简单，主要是供参观人员临时休息。休闲区只需摆放一定数量的桌子和椅子即可，与洽谈区一样，也可以设立一个咖啡、饮用水、啤酒和简食的销售点，供前去休息的人员自愿消费。目前，许多商家都愿意与办展机构合作在展出现场设立咖啡和饮用水销售点，这也是创造经济效益的一条有效途径。但办展机构一定要与当地信誉好的商家合作，保证所销售产品的质量，切不可销售伪、劣、假冒或过期商品；再就是要严格控制销售商品的价格。否则，将会影响展览会的良好形象。

5.6.3　咨询台布置

咨询台是办展机构向参展人员和观众提供服务的主要窗口，下面主要向大家讲述咨询台的位置与规格、设计风格、主要作用和对工作人员的要求等事宜。

1）咨询台的位置与规格

咨询台的位置一般会设置在展出现场主入口比较显眼处，以方便参展人员和观众进行咨询和求助。目前，咨询台的搭建大多以展览设施搭设而成，也有的像特装展位那样专门搭建的，其规格大小不等，设计人员一定要亲临现场，对搭建咨询台的地点进行实地测量，根据测量的准确数据确定其大小。

2）设计风格

咨询台的设计风格要充分体现展览会主题，色彩要与展览会主色调一致，要把咨询台与整个展出现场融为一体。如果展览会题材的艺术表现性比较强烈，其设计风格可以夸张些，也可以更灵活些；如果是投资贸易类的展览会，其设计风格就应该庄重些。总之，咨询台的设计要本着服务于表现展览会主题的原则。

3）主要作用

（1）咨询服务

咨询台是为方便参展人员和观众咨询展览会的相关事宜而专门设立的。所以，其首要的作用是咨询服务。不论是参展企业还是观众在展出现场遇到任何难以解决的问题或事宜，首先想到的就是到咨询台进行咨询或求助。

(2)宣传推广

咨询台除了向与会人员提供咨询服务外,还可以起到对展览会宣传推广的作用。因为咨询台内标明的不仅仅是咨询处几个字,更多的内容是展览会的相关信息,如本届展览会基本信息、配套活动时间安排和下届展览会的相关信息等,与会人员在咨询过程中就了解到更多更详细的展览会信息,增强了记忆。另外,在提供咨询服务的同时,还可以向他们赠送下届展览会的宣传资料,这也是宣传推广下届展览会的极好机会。

(3)信息收集

在做好上述两项工作的同时,还要注意收集与会人员的基本信息和他们对展览会的意见与建议。展览会的会刊与宣传资料大多都是在咨询台处散发或销售,对索取会刊或宣传资料的人员,要留下名片或登记。这些信息都是第一手资料,准确性强,对更新和扩充数据库都是难得的资料。另外,与会人员对展览会提出的各种意见和建议,工作人员都要及时、详细地记录并进行整理。他们的这些意见和建议对办展机构改进工作,提高服务质量都有很大的帮助。

(4)对工作人员的要求

由于咨询台的工作是直接面对与会人员,与会人员提出的问题也是各式各样,工作量很大。所以,对咨询台的工作人员要有一定要求。工作人员在解答与会人员的问题时,态度要热情、和蔼,问题的处理要及时;工作人员要熟悉相关业务的流程和知识,这是对咨询台工作人员的基本要求。办展机构有时会安排志愿者来做这项工作,需要指出的是,志愿者上岗之前一定要对其进行业务培训,在短期内掌握和了解展览会的情况。只有这样才能为与会人员提供高效和满意的服务。另外,工作人员不得在咨询台内大声喧哗、打闹或吃零食等,要始终保持良好的精神风貌和仪表仪容,以良好的形象为与会人员提供咨询服务。

5.6.4 场馆主入口气氛烘托

展览会场馆的主要入口外面一般会有一个广场。在展览会展出期间,办展机构会在广场的适当位置设置一些宣传物来烘托展览会的气氛。这些宣传物主要包括:会标板、展览会宣传牌、条幅、拱形门、升空气球、彩旗等,也有一些消费类的展览会组织一些表演或抽奖活动,以活跃展览会的气氛,吸引更多的观众入场参观。如果开幕式在广场上举行,许多宣传物就可以继续保留,否则,就需要另行布置。这些宣传物应该在布展之前设置完毕,以便参展企业在进场布展时就能感受到展览会的热烈气氛,直至撤展结束,这些宣传物方可拆除。

【项目小结】

本项目主要讲述了参展商服务手册的设计与制作、观众的邀请、证件的制作与管理、相关费用的催缴和展出现场的整体设计等内容。通过本项目的学习,大家进一步认识这一阶段工作的繁杂、紧张以及其重要性;较为详细地了解这一阶段工作各个环节的主要内容;并能掌握从事本阶段相关工作的基本技能与技巧,具备从事相关工作的能力,为今后从事展览会的组织实施工作打下坚实的理论基础。

【复习思考题】

1.参展商服务手册的主要内容、作用以及编制原则是什么？
2.观众邀请函主要包括哪些内容？如何做好观众邀请工作？
3.展览会证件有哪几种？它们在展览会期间起到什么作用？
4.如何催缴剩余应收款项？
5.展览会展出现场哪些区域属于公共区域？

【实训题】

实训项目一

一、实训组织

组织学生参观在当地举办的展览会，结合当地会展场馆的条件，向学生介绍展览会开幕式现场的策划与布置等相关工作，并布置学生自己动手策划一份开幕式现场布置方案。

二、实训要求

1.学生要单独完成。
2.教师要确定开幕式的地点。
3.策划方案要适合已定地点的要求。
4.开幕式布置所采用的材料要符合环保要求。

三、实训目的

1.掌握开幕式现场策划工作的相关内容。
2.提高学生对环保工作重要性的认识。
3.培养学生活动策划的能力。
4.提高学生的策划方案现场执行力。

实训项目二

一、实训组织

利用本项目所学知识，组织学生制作一份展览会的参展证或入场券。

二、实训要求

1.学生要独立完成。
2.证件规格、采用的色彩及字体要符合展览会主题。
3.展览会证件的要素要全。
4.教师要及时给予讲评。

三、实训目的

1.掌握制作展览会证件应注意的事项。
2.熟知展览会证件的主要内容。
3.掌握展览会证件的类型及其作用。
4.培养学生策划展览会相关证件的能力。

实训项目三

一、实训组织

结合本项目所学的内容，编写一份参展商服务手册。

二、实训要求

1.策划的参展商服务手册要素要全。

2.制作的参展商服务手册内容要符合展览会主题。

3.语言顺畅、排版合理。

4.教师要及时讲评。

三、实训目的

1.掌握参展商服务手册的主要内容。

2.熟悉参展商服务手册的作用。

3.提高学生对会展文案的策划能力与技巧。

【案例回放】

第40届中国·哈尔滨冰雪节

由黑龙江省人民政府主办的第40届中国·哈尔滨国际冰雪节于2024年1月5日在哈尔滨市拉开了帷幕。本届冰雪节以“约会哈尔滨·冰雪暖世界”为主题，以“龙年游冰城·一起迎亚冬”为主线，组织冰雪节庆活动、冰雪文化活动、冰雪艺术活动、冰雪体育活动、冰雪经贸活动、冰雪时尚创意活动、群众性冰雪活动等系列活动。

哈尔滨冰雪大世界一直是哈尔滨冰雪节的主要组成部分，2024年的冰雪大世界以“冰雪之都，创意无限”为主题，在81万平方米的园区里，用15万立方米的冰和雪，建成上百个冰雪景观，运用冰雪语言展示哈尔滨的城市特质、资源优势、历史底蕴与激情活力，并成功挑战吉尼斯纪录，获得“世界最大的冰雪主题乐园”称号。12月18日，运营首日的冰雪大世界开园不到3小时，预约游玩人数已经达到4万人，甚至在元旦第二日由于入园人数太多，冰雪大世界不得不宣布暂停售票，劝导游客尽可能地错峰入园。

本届冰雪节在备受国内外游客关注的同时，也为哈尔滨带来了可观的社会效益和经济效益。据哈尔滨市文旅局提供的大数据测算，截至元旦假日第3天，哈尔滨市累计接待游客304.79万人次，实现旅游总收入59.14亿元。2024年春节期间(2月10日至17日)，哈尔滨市累计接待游客1009.3万人次，日均同比增长81.7%；实现旅游总收入164.2亿元，按可比口径同比增长235.4%。游客接待量与旅游总收入均达到历史峰值。春节假期哈尔滨太平国际机场共保障航班起降4107架次，运送旅客67.6万人次，同比分别增长21%、31.5%，均创历史新高，吞吐量位居东北四大机场之首。

从携程报告来看，元旦期间哈尔滨的异地客群占比75%，3天假期旅游订单量同比大涨158%。同程旅行数据显示，2024年元旦假期，哈尔滨旅游热度环比上涨240%。民宿平台途家提供的数据显示，2024年元旦热门城市民宿预订量同比2023年同期增长超5倍，哈尔滨首次登顶最受欢迎民宿目的地，哈尔滨2024年元旦民宿预订量比2023年同期增长了27倍。

2024年1月底、2月初春运期间，广州飞往哈尔滨的航班经济舱机票价格普遍超2000元，最高已经冲上4000元，上海飞往哈尔滨的航班经济舱最高票价也超3000元。

游客的增加带动了各行业的收入增长。哈尔滨市商务局对农贸批发市场、商场、超市、汽车、家电、餐饮、住宿、电商等重点企业监测数据显示，激增的游客量，带动住宿、餐饮量上涨，住宿、餐饮企业同比增长129.4%。

铁锅炖、杀猪菜、俄餐、马迭尔冰棍等特色美食是游客的首选，本地知名餐饮品牌均出现排队等位现象，马迭尔冰棍元旦3天销售量达10万支。

在景区之外，游客也热衷于探索宝藏城市的新鲜玩法——“衣彬之家”服饰城抢购“战服战靴”，“道里菜市场”探索地道美食。美团、大众点评数据显示，元旦期间，大众点评“衣彬之家”搜索量暴增6倍；“道里菜市场”搜索量暴增8倍，评价数增幅超9倍，笔记攻略数增幅超10倍。

根据黑龙江省文旅厅发布的统计数据，黑龙江2023年接待国内外游客21879.4万人次，同比增长85.1%，实现旅游收入2215.3亿元，同比增长213.8%，特别是2023年冰雪季以来，全省游客数量和旅游收入分别增长332.5%、898.3%，成为全国最热门的冰雪旅游目的地。

哈尔滨也在进一步优化服务、强化管理，积极回应市场变化和游客需求，千方百计地扩大冰雪旅游优质产品供给，尽力提升游客满意度和体验感，带动全市冰雪经济整体提质增效，把哈尔滨冰雪旅游这块金字招牌擦得更亮，全力打造“冰雪文化之都·双亚冬举办城”的国际化一流冰雪旅游目的地。

案例分析

1.本届哈尔滨冰雪节为什么如此火爆？

2.本届冰雪节期间，发生了哪些有趣的故事？

项目六
招展策划与展位营销

【知识目标】

- 熟悉招展策划的基本概念和工作步骤。
- 掌握展位营销的策略与方法。
- 熟悉招展方案的基本内容。
- 掌握制定展位价格的办法。
- 熟悉会展城市经营的方法与内容。
- 了解展览会品牌化要素与发展战略。

【技能目标】

- 初步具备测算展位价格的能力。
- 具有从事会展城市整体营销相关工作的能力。
- 具备展区和展位划分的基本技能。
- 掌握展位营销的基本技能与技巧。
- 能够完成招展方案和宣传推广方案的策划工作。
- 掌握从事相关工作的基本技能与技巧。

【学习重点】

- 展区和展位划分。
- 展位营销的策略。

【学习难点】

- 展区和展位划分。
- 会展城市整体营销。

【案例导入】

第9届中国国际服务贸易交易会

中国国际服务贸易交易会是由中国商务部和北京市人民政府主办的全球首个、目前规模最大的服务贸易领域综合型展会。到目前为止,已成功举办九届,并发展成为中国对外开放的重要展会平台,全球新技术新成果的重要展示平台,各国企业、机构洽商交易的重要合作平台以及全球服务贸易热点问题及公共治理的重要交流平台。

第9届中国国际服务贸易交易会于2023年9月2日至9月6日在国家会议中心、国家体育馆和首钢园区隆重举行。本届交易会的主题为“开放引领发展,合作共赢未来”。

2023年9月2日上午,国家主席习近平在北京向2023年中国国际服务贸易交易会全球服务贸易峰会发表视频致辞。

本届交易会展出面积达15.5万平方米,线下参展企业2400余家,线上参展企业6700余家,累计入场近28万人。展出期间,举办了10场高峰论坛、102场专题论坛、18场边会和72场推介洽谈,共达成超过1100项成果。

本届交易会所取得的成果主要有以下几点：

1.全球服务贸易峰会反响热烈。全球服务贸易峰会上，来自42个国家和地区的部长级嘉宾和代表、有关国家驻华使节、国际组织代表线下出席，近800人现场参会，300人线上参会。境内外媒体高度关注。

2.国际参与度进一步提升。有83个国家和国际组织以政府或总部名义参展，比上届增加12个，其中8个国家和国际组织首次参展。主宾国英国组建了参展以来最大规模展团，集中展示了创意、教育、科技等领域的英国品牌。线下参展企业国际化率超过20%，包括500余家世界500强企业、行业龙头企业，覆盖28个服务贸易前30强国家和地区。

3.展示内容突出创新。本届交易会重点展示了全球首个氢能源燃料电池冷热电三联供示范项目、我国首个在欧美获批上市的自主研发抗癌新药等人工智能、芯片技术、清洁能源等服务领域的新技术、新应用。AI大模型、量子测控、卫星遥感等专精特新成果竞相亮相。

4.论坛活动权威性强。展出期间，有66场由国际组织、驻华使馆、境外机构及国家相关部委举办，19位国际组织负责人、83位境内外部长级及以上嘉宾、57位中外院士及诺奖获得者、125位世界500强及跨国公司高管等340余位境内外嘉宾参会。

5.发布新成果、新技术多。百余场论坛会议活动，发布了中国服务贸易发展报告、数字贸易发展与合作报告、世界旅游城市发展报告、中国医药企业研发指数白皮书等百余项权威信息。75家知名企业和机构发布成果139项，其中66家首发125项人工智能、金融科技、医疗健康、文化创意等领域的新产品、新技术。

6.亮点活动影响大。联合国举办了《北京船舶司法出售公约》签约仪式，瑞士、新加坡、沙特阿拉伯等15个国家首批签约，30多个国家代表现场出席，见证签署海商领域首个以中国城市命名、2012年以来第二个以北京命名的国际公约，填补了船舶司法出售国际效力方面的国际规则空白，解决了船舶司法出售跨境承认问题。11个试点示范省市与国内外投资商开展了35个项目的洽谈，向全球释放服务业扩大开放的强烈信号。

7.展会绩效成果显著。本届服贸会洽谈氛围活跃。72场推介洽谈中，各行业举办了30场，英国、德国、世界知识产权组织等举办29场，香港特别行政区和台湾地区举办5场，山东等8个省区市举办8场。另外，贵州举办了“2023服贸会多彩之夜”边会活动。展出期间，近8万名专业观众应邀到会洽商，在成交项目、投资、战略协议、权威发布、首发创新和联盟平台等7方面共达成成果超1100项。

（根据2023年9月6日北京BTV新闻官方账号《达成成果超1100项！2023年中国国际服务贸易交易会圆满落下帷幕》整理）

案例分析

1.你是如何理解会展活动的带动效应的？

2.你对服务贸易产业了解多少？请谈谈你对服务贸易产业的认识。

任务一　招展策划

6.1.1　什么是招展策划

招展策划即是对招展活动方案进行策划，使随后的招展工作有序、有效地展开。成功的招展策划工作是展览会成功举办的重要保证。

6.1.2　招展策划的步骤

1）收集目标参展商的信息

展览会目标参展商是与展览会题材相关的，可能对展览会感兴趣并参与其中的企事业单位、团体以及个体。为了针对性地展开展览会宣传推广与营销工作，必须首先准确确定目标参展商范围。因此招展策划的第一步就是对目标参展商进行识别，并广泛收集目标参展商的信息，建立目标参展商档案或数据库，为展览会招展做好基础性的准备工作。

（1）界定参展者的基本条件，识别目标参展商

展览的主办者应根据展览会题材相关范围，明确地界定参展者的基本条件，这些条件主要包括：根据展览会目标、任务和性质，限制参展者的专业或行业属性，特别是对一些行业性展览会，如电子展览会就应该将参展者限制在电子或相关联行业中；参展组织的地区属性，如一些地区性的展览会；参展企业的法定性，即是否经过合法登记批准。

（2）收集和分析目标参展商信息

①对潜在目标参展商进行总体描述。了解潜在客户的总体数量、地理分布、发展阶段、盈利状况等，可根据过去的参观分析表具体分析参加者的年龄、地区、产品兴趣、购置计划、参加次数、是否参加其他展览会等，从中寻找是否有相关服务与商品展览的会员及相关厂商，整理预期参展厂商名单，同时留意那些常在媒体中登广告的厂商。另外，有些专门从事行销研究的公司往往收集了多种行业的参展厂商名单，这些潜在的目标客户都有可能是展览会的总体潜在目标参展商。

②详细的信息收集。进一步对潜在目标参展商进行更加详细的信息收集。主要包括目标参展商的基本信息与详细信息。前者包括厂商的名称、地址、联系电话、传真、E-mail、网址和联系人等，后者主要包括商家的经营范围、企业规模、市场占有率、基本盈利情况等详细信息。

（3）确定目标参展商和重点参展商

①根据需要按分类标准将收集来的目标参展商的信息进行比较分析，确定目标参展商和重点参展商。可以根据地区、规模、经营范围或厂商的市场地位定位等分类标准，将目标参展商的信息分类归总。

②重点关注牵头和连续参展商。牵头参展商是指在行业中具有领头羊作用的骨干企业或机构，对其他企业和机构的影响力较大，他们的参展行为可以带动一大片；稳定的连续参展的参展商、主动参加的参展商应该确定为重点客户。

③逐步提高参展商的层次，注重参展者的声誉。参展者的声誉关系到展览会的知名度和美誉度，注意优先吸收和招揽在国内和国际上知名度高、信誉好的企业或机构参展；对假冒伪劣商品、信誉不佳、不遵守展览会规则的企业或机构要严加把关；避免选择参展商产品种类与展览内容不符者，并非真心参展只想借机公费活动者以及不合作者。

(4)收集目标参展商信息的渠道

目标参展商信息的来源渠道非常广泛，通常有以下渠道：行业企业名录、商会和行业协会、政府主管部门、相关专业报纸杂志、同类展览会、专业网站、电话黄页等，如果是国际性展览会，可通过驻华机构收集和推荐。

(5)建立目标参展商数据库

根据收集到的目标参展商的信息，借助飞速发展的数字技术和网络技术，可建立完善、详细，并根据需要不断更新的目标参展商数据库。目标参展商数据库是宣传联络的基本工具，可使招展宣传更具针对性和成效性。良好的目标参展商数据库为以后的招展工作打下很好的基础。

2)展区和展位划分

展区和展位划分是展览会策划与营销的另一项重要的基础性准备工作。合理地划分展区和展位，对于展览会招展和更好地吸引目标观众到会参观、提高参展商的展出效果、进行展览会现场服务与管理等各方面都起着十分重要的作用。

(1)展区和展位的分类及编号

展览会一般根据展馆场地的基础条件，按照展品类别将同类展品安排在同一个展区。展位则是参展企业展示产品或服务的地域空间范围，是展览活动的基本空间单位，不同的展览会的展位规格、样式、基本配置各有不同，一般分为标准展位和非标准展位两种配置。

①标准展位。标准展位的面积一般为9平方米，规格为3米×3米，三面展板的高度为2.5米，每块展板的宽度为1米，展板的颜色为白色。通常标准展位配置主要包含3面展墙、1块楣板、1张洽谈桌、2把椅子、2盏射灯、1个220伏特/5安保险插座。其他展具或设施，参展企业可根据自己的需要另行租赁。

②非标准展位。非标准展位分特装展位和净地展位。特装展位就是参展企业向办展机构租用一定面积的场地后，根据自己的需要而专门搭建和装修的展位；净地展位就是参展企业只向办展机构租用一定面积的场地而未进行任何搭建和装修就参加展出的展位，这类展位适合展出大型机械设备和车辆等大型展品的展出。非标准展位的面积、形式以及与观众的距离，要根据展览的项目类型、展品性质和陈列方式、展览馆建筑空间的实际条件来确定。参展商一般可根据自己的需要向办展机构提出申请，办展机构通过统筹安排，对非标准展位的配置和布展要求作出明确的规定。例如，大型的机械、车辆展品，展位面积较大，同观众的距离也相对宽敞一些。

③编号和平面图。展区和展位分隔后需要按照一致的编号方法统一编号，以便管理和寻找。一般根据展馆建筑空间的实际条件，以入口处为基点，从前向后、从左到右的顺序编号。展位编号由馆号、楼层号、通道号(用英文字母)和展位序号组成。例如，3.2H18表示3号馆2楼H通道的第18号展位。

划分好展区和展位后，需要按一定的比例将展区和展位绘制成展览会展位平面图，图上标明各展区和展位的具体位置，如展馆方位、各出入口、楼梯、现场服务点等。展位平面图是展览会招展的主要资料之一，供参展商在选择展位时作出选择，在绘制时必须准确、细致，图标和线条清楚，使人一目了然，见图 6.1。

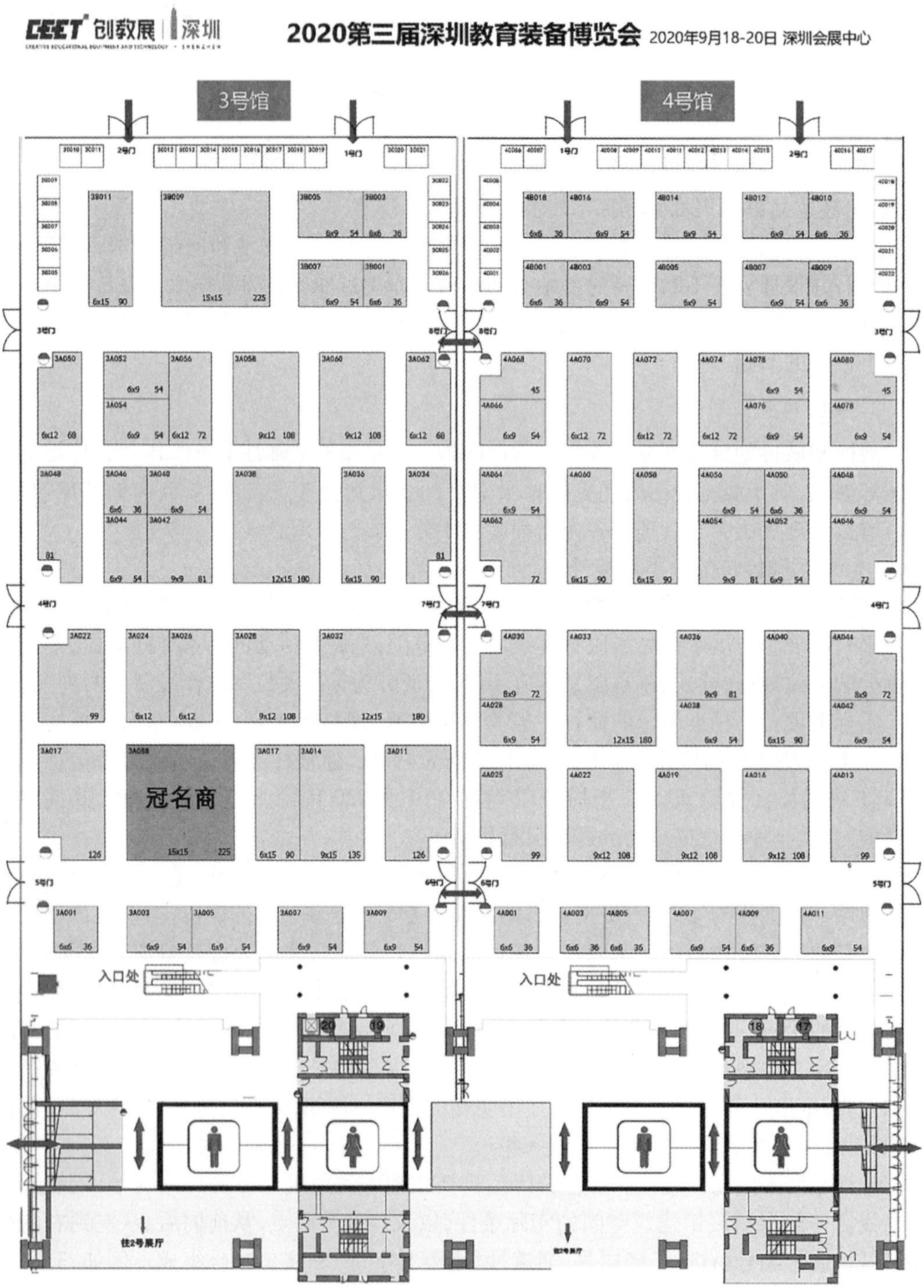

图 6.1　展览会展位平面图

(2)展区和展位划分原则

展区和展位的划分要事先认真筹备,充分考虑到各方面的需要,最大限度兼顾到办展机构、参展商、观众以及展览会服务商各方面的利益和便利性。应贯彻以下原则:

①按专业题材统筹兼顾划分展区。展览会首先应考虑本身的需要,根据展览会题材、展览会档次的需要对展区和展位统筹安排,通常根据展品类别来规划和组织展区和展位。在满足展品对场地要求的基础上,按专业题材划分展区,可以使展览会条理清楚,秩序井然。例如,2023 中国国际供应链促进博览会设置五大链条和一个展区,即智能汽车链、绿色农业链、清洁能源链、数字科技链、健康生活链和现代物流等供应链服务展区。另外,某些超高、超重的展品对场馆高度、地面承载力会有特殊的要求则须根据场地具体条件来特别划分。如果是国际性的展览会,也可以按照参展商来自的地区划分展区,不按专业题材分馆的要求而将他们单独安排在一个展区里,如分别设立国际展区和国内展区。

②提高展览会档次和展出效果原则。对参展商来说,提高展出的效果是最重要的。展区和展位的划分直接影响到参展商和观众对展览会的印象,因此,展区和展位的划分要有利于提高展览会的档次,不仅要因地制宜考虑到展览场地的充分利用、展位的搭装和拆卸、展品进馆和出馆及观众参观和集聚的方便,更要考虑到展位的搭装效果和展品展出效果。例如,标准展位和特装展位、各种展品的展位井井有条会使参展商和观众首先从外观上对展览会产生好的印象;反之,展位分布得杂乱无章,则会降低展览会的档次和效果。

③利于参观原则。展区和展位划分要利于观众寻找和参观,要使观众对某类展品感兴趣的目标观众能很方便地找到展出该类展品的所有展位,关联展品也能在相邻的展区里方便找到,注意适应参观人流流动的规律。一般来说,中国人进入展馆后习惯于直接向前走,不能直接向前时习惯于向右转;展馆的入口处、主通道、服务区和大的展位等地方通常是人群集聚之处。

④利于展览会现场管理和服务原则。展区和展位的合理划分还必须兼顾展览会现场管理和现场服务的提供,以合理安排展览会各个功能服务区域为原则。展览会现场除了主要的展示区域,还包括一些功能服务区域,如登记处、咨询处、洽谈区、休息区、新闻中心以及展馆的消防安全设施、紧急疏散安全通道等。因此,展场的各种通道要达到一定的宽度以便参观人流通过,任何展位都不能遮挡消防栓,不能堵塞消防通道和安全通道,不能遮挡电箱,在展馆的入口处要特别留出一定的区域供参观人流聚散,这样才能在保证安全的条件下,展览会服务商能便利高效地给相关客户提供服务。

3)展位价格的制定

(1)展位的价格

展位是招展推销的“产品”,展位价格对参展商的参展决策有重要影响。要制定合理和可行的展览会价格,就必须在充分考虑顾客、成本和竞争的基础上,参照办展机构的具体价格目标,采用合理的定价策略来制定。如果展位价格过高,参展商可能不堪承受而放弃参展,展览会的招展工作就会出现困难;但如果价格过低,展览会就可能出现亏损。

展位价格一般有两种:一是标准展位的价格,通常是以一个标准展位多少钱来表示;二是空地的价格,一般用每平方米多少钱来表示。室内展位价格和室外展位价格及不同档次的展位价格不同,特别展位一般需另行报价。如 2022 厦门国际照明展览会的展位价格,9 平方米标准展位,国内企业:9800 元/人民币;外资企业:2800 元/美元,含基本展具配置。室内光地/平方米,国内企业:980 元/人民币;外资企业:280 元/美元,36 平方米起租。凡特装展位和光地展位均不含任何设施,电费另计,并须缴纳一定数额的特装施工管理费或保证金。不同场馆需要缴纳的数额也不尽相同。

(2)影响展位价格制定的因素

①参展商行业的发展状况。展位价格定价时不仅要考虑到办展机构的成本与盈利目标,同时要考虑展览会题材所在行业的具体情况。可以参考举办展览会的行业平均利润率的大小,相应地确定展位的价格高低。同时,该行业的市场发展状况如果正处于买方市场状态,企业参展的积极性就较高,展位价格可以定得高一些;如果行业处于卖方市场状态,企业参展的积极性较低,展位价格就应该定得低一些。参考参展商行业的发展状况确定展位价格,要有长远的眼光,应考虑到此题材展览会今后的发展前景。

②同类展览会的竞争。制定展位价格时,可以充分参考与本展览会有竞争关系的同类其他展览会的价格状况。通过评估本展览会在市场上是处于市场领先地位还是处于跟随地位,相应地就可以制定较高或较低的价格。

③展览会的生命发展周期。每个展览会都会有一个从培育、成长、成熟到衰退的发展阶段。如果展览会还处在知名度不高的培育阶段,处于竞争劣势,企业参展不积极,这时,展览会的招展价格不宜太高。当展览会进入成长阶段,在行业内也有了一定的知名度,具备一定的竞争力,企业参展积极,展览会的招展价格可以适当提高。在展览会的成熟阶段,市场地位稳定,参展企业的数量也相对固定,这个阶段,展览会的招展价格宜基本固定。而到了展览会的衰退阶段,竞争力开始减弱,参展企业开始逐渐减少,展览会宜逐渐缩小规模退出市场。

④展位的优劣。在商业性展览活动中,展位优劣是影响展位价格的直接因素。办展机构一般根据展区和具体展位的位置之间存在的优劣差异,执行"优地优价"原则,位置较好的展位,价格比较高。展位的优劣主要与楼层的高低、与出入口的距离及其方位等因素有关。一般来说,一楼的展位比其他楼层人气充足一些;与出入口距离越近的展位,靠近洗手间、休息室和饮食区的展位,通常是观众必经之地,参观的人数较多,是比较理想的展位;在标准展位中,位于每行两端的展位由于拥有两边甚至三边面向通道,能够更多地接触到观众,常常是参展商争抢的申请对象。另外,我国目前普遍实行价格"双轨制",即对国外参展商与国内参展商制定不同的展位价格,国外参展商的展位价格一般要比国内参展商的展位价格高。当然,国外参展商的展位位置一般要优于同档次的国内参展商的展位位置。

⑤展位价格折扣。有些办展机构往往会对那些参展面积大、在行业内有较大影响力和知名度的企业给予特别价格优惠。参展面积越大,价格折扣也越大。例如,参展面积为 2 个标准展位时,没有折扣;参展面积为 3~5 个展位时,折扣 5%;参展面积为 6~8 个展位时,折扣 10%;参展面积为 9~11 个展位时,折扣 15%;参展面积达到 12 个标准展位及以上时,折扣 20%。

(3)展位价格的制定办法

通常依据办展机构的定价目标,有三种定价办法可以制定展位价格:

①成本导向定价法。成本导向定价法,即办展成本是展位定价的依据。办展成本包

括固定成本和变动成本两部分，单位展位的成本根据预测的展位销售量来推算。具体成本导向定价法有三种：

a.成本加成定价法。就是在单位展位成本的基础上附加一定的加成金额作为办展机构盈利的一种定价方法。

b.边际成本定价法。边际成本是指展览会增加一个展位时所增加的成本。边际成本定价法是在展览会增加展位所引起的追加支出成本的基础上来制定价格的。

c.目标利润率定价法。即在制定展览会价格时，使展位的售价能保证办展机构达到预期的目标利润率。目标利润率定价法与成本加成定价法都是依据成本定价但略有不同，前者着眼于举办展览会的总成本来定价，而后者着眼于单位展位的成本来定价。

现重点介绍一下成本加成定价法。成本加成定价法又有两种计算方式：

计算方式一：在成本上附加一个对成本而言的百分数作为单位展位的出售价格。

公式为：单位展位售价＝单位展位成本×（1+加成率）（公式 6.1）

例如：某展览会根据预测的展位销售量最低达 1000 个展位时，单位展位成本位为 3000 元/个/展期，加成率定为 30%，则其单位展位售价＝3000 元/个/展期×（1+30%）＝3900 元/个/展期，即该展览会在 3900 元/个/展期的价位时，只要销售出 1000 个展位，就能保证相当于成本 30%的利润。

计算方式二：在展位售价中包含一定的加成率作为办展机构的收益。

公式为：单位展位售价＝单位展位成本÷（1−加成率）（公式 6.2）

例如：某展览会根据预测的展位销售量最低达 1000 个展位时，单位展位成本位为 3000 元/个/展期，加成率定为 25%，则其单位展位售价＝3000 元/个/展期÷（1−25%）＝4000 元/个/展期，即该展览会在 4000 元/个/展期的价位时，只要销售出 1000 个展位，就有相当于单位展位售价的 25%的利润。

②需求导向定价法。从参展商的角度出发，着重考虑参展商对展览会价格的期望和接受程度，并根据参展商对展览会的反应和接受能力来制定展览会价格。需求导向定价法最为常见的有三种：

a.市场认可价值定价法。办展机构以参展商对展览会的认可程度和认可价值，通过市场调查来研究该展览会在参展商心目中所形成的价值，结合展览会的规模，来确定单位展位的价值，以此价值为基础来制定价格。

b.需求差别定价法。根据市场需求强度的不同而定出不同的价格，所定出来的价格的差别与展览会展位成本之间没有直接的关系。可以按顾客为基础的需求差别来定价，如展位价格折扣；也可以按展位优劣为基础的需求差别来定价，如优地优价；还可以按时间为基础的差别定价，如展位订得越早价格优惠越大。

c.需求心理定价法。即根据消费者的消费心理特点作为定价的基础。例如，根据消费者的“从众”心理，采取随行就市的定价方法；根据消费者的“按质论价”心理，办展机构可以根据自己的良好声誉提高展览会的价格。

③竞争导向定价法。根据竞争的需要，办展机构以参考与本展览会有竞争关系的展览会的价格作为定价基础，目的是确保自己在市场竞争中的地位。常见的竞争导向定价法有三种：

a.随行就市定价法。办展机构依照本展览会题材或者本地区展览会的一般价格水准来制定本展览会价格。随行就市定价法需要办展机构下大力气控制办展成本,以求在流行的价格水平上获取更多的利润。不过如果本展览会的质量较高,价格也可以定得比流行价格要高;反之,就可以定得稍低。

b.渗透定价法。以打进新市场或者扩大市场占有率、加强市场地位为目标的一种定价方法。其特点是在制定价格时完全根据市场竞争形势的需要,先考虑该价格是否能打进新市场或者是扩大市场占有率,暂不考虑办展的成本利润等问题。采用这种定价方法,办展成本往往需要较长的时间才能收回。

c.投标定价法。即办展机构根据竞争者可能的报价为基础,兼顾自己应有的利润所采用的一种定价办法。投标定价法在有些展览会的主办权需要通过投标的方式取得的时候被广泛使用。

4)招展方案

招展方案是对展览会招展工作的总体规划和全面部署,其内容涉及展览会招展工作的各个方面。

(1)招展对象描述

总体介绍展览会题材所在行业的产业发展状况,力求密切结合实际,根据该产业的行业特征、企业结构状况及分布情况,准确识别和确定目标参展商,以此为依据制定招展方案,并有针对性地展开招展工作。

(2)展区和展位划分

根据展览题材和展览会定位,合理划分展区和展位,准确绘制展区和展位划分平面图,详细介绍展区和展位的划分和安排情况。

(3)招展价格

列明展览会的招展价格及制定依据。招展价格是招展方案的核心内容之一,招展价格的制定要合理而有竞争力。

(4)招展函的编制与发送

介绍招展函的内容、编制办法和发送范围与方法。在做招展函的编制计划时,要考虑到招展函的印制数量、发送范围和如何发送等问题。

(5)招展分工

大型展览会往往由几个单位共同负责招展。招展分工包括招展单位分工安排、单位内招展人员及分工安排、招展地区分工安排等。招展分工把招展工作具体分配到各个合作单位及相关部门中去,明确各招展单位必须共同遵守的招展原则、各招展单位的计划招展面积、各单位负责的招展地区和重点目标参展商、展位费的收取办法、如何具体安排各参展商的具体展位等,是对招展工作任务与职责的明确,利于工作的实施与对工作完成情况的评价。

各招展单位之间的招展分工必须合理、协调和具有可操作性,并兼顾各方利益,避免出现各单位招展工作和招展地区出现交叉等混乱情况。

(6)招展代理

对展览会招展代理的选择、指定和管理等作出安排,具体规定代理佣金水平及代理招展的地区范围与权限等,招展代理实质上也是招展分工的一个方面。

(7)招展宣传推广

准确地传达展览会的构思,围绕目标参展商,规划和安排作出各种招展宣传推广活动,在目标参展商心中树立展览会良好的形象。

(8)展位营销的方法

确定适合本展览会展位营销的各种渠道、具体办法及实施措施,对招展人员的具体招展工作作出指示。

(9)招展预算

全面预算各项招展工作的费用支出,保证各项招展工作的顺利展开。招展的直接费用包括以下几个项目:宣传推广的活动经费、招展工作人员的工资、代理费用、交通及通信费用等。

(10)招展总体进度安排

对展览会的各项招展工作进度作出总体规划和安排,纠正偏差,动态控制展览会招展工作的进程,确保展览会招展成功。

5)招展进度管理

招展方案制定好之后,为保证招展工作顺利展开,要对招展进度进行控制管理。招展进度管理是招展工作的总体时间规划以及各个阶段工作要达到的目标及考核标准,是对展览会招展工作的总体控制和监督的动态管理,便于工作人员及时对照检查,发现问题,纠正偏差,确保招展工作的顺利完成,从而保证展览会成功举办。招展进度管理一般可用表格的形式来表示,展览会招展进度计划表的内容和格式见表 6.1。

表 6.1　招展进度计划表

时　间	招展措施	宣传推广支持	计划完成的招展任务	效果检查
展览会开幕前 12 个月	启动招展工作	开展广泛的宣传推广活动	使行业内企业对该展览会有一定的认知	检查、调整或启动补救方案
展览会开幕前 9 个月	大规模实施招展宣传推广活动	对招展活动进行直接支持性宣传	完成一定效果的招展工作	
展览会开幕前 6 个月	完成重点客户拜访工作	针对重点客户进行招展宣传推广活动	完成展览会 50%的招展任务	
展览会开幕前 3 个月	落实和巩固前期招展成果	实施客户跟踪服务准备展览会开幕工作	招展任务基本完成	

招展进度管理计划表必须根据实际情况合理制定,一般不宜做过多的大幅度调整,否则招展工作进度将会受到很大影响。而一旦制定,就要按该进度有条不紊地开展招展活动,努力完成每阶段的招展任务,及时检查招展效果,一旦没有达到预期的阶段性目标,则及时调整或采取补救措施,确保招展任务的顺利完成。

温馨提示

加强在会展项目组织实施过程中管理工作是保障会展活动顺利举行的重要措施和手段。对会展项目的组织实施工作进行管理要依据会展活动组织实施的内在规律和特点来制定行之有效的管理方案。会展项目管理工作要一手抓过程管理，一手抓效果管理，这样才能实现预期的目标。也就是说，过程管理和效果管理同样重要，这是会展活动组织工作的特性所决定的。如果只强调结果，而忽略了过程管理，一定会给项目的后期组织实施工作带来这样那样的问题或隐患。

6）招展宣传推广

在激烈的市场竞争中，展位能否被全部租用以及观众的多少直接影响到现代商业性展览会收益，因此，根据目标参展商档案或数据库进行针对性的招展宣传推广，是展览会营销工作的重头戏，是展出成功至关重要的因素。

（1）明确招展宣传推广的对象和内容

宣传推广工作的首要任务是确定招展宣传的对象和数量，可从参展者的类别包括经营类别、规模类别和参展者的范围考虑。根据目标对象准备有针对性的宣传内容，包括展览会资料、市场资料、组展要求和安排、协议或合同及有关集体展出的优势与利益的说明。资料的形式可以做成新闻成套资料、情况介绍成套资料等。

新闻资料主要用于宣传，要求内容精练而全面，包括展览会的基本情况，如时间、地点、内容、性质等，市场的规模、特点、潜力以及组织者联系地址、参展手续、申请截止日期和集体展出的优势等方面的情况，其目的是提供给媒体或内部刊物用于新闻报道或制作广告，使潜在参展者知道展览会项目，引起他们的兴趣。

情况介绍资料的内容要求更为详尽，供潜在参展者索取，或者由组织者主动提供给重要的潜在参展者。目的是使潜在参展者能够对展出项目、基本要求和手续有足够的了解，以求能够引起潜在参展者的注意并激发他们的参展兴趣，甚至影响其他人一起来参加。

（2）招展宣传推广的方式

展览会宣传推广的方式主要包括内部通告、新闻报道、广告、直接发函、销售促进、新媒体推广和人员促销等。要选择适合招展对象的媒体，宣传规模要视需要和财力、人力而定。宣传推广的时间要根据招展进度计划表提前安排，否则来不及招展和筹展，为加强宣传强度和效果，要分步骤、分层次开展宣传推广工作。展览会宣传推广必须进行相应的策划，有策略有步骤有选择地开展以提高工作效率。一般来说，不同的宣传方式有不同的功效，不同宣传推广方式的特点见表6.2。

表6.2　招展宣传推广方式

方　式	具体措施	特　点
内部通告	通过专业报刊、本部门或有关部门的内部刊物刊登消息，通知项目及安排	针对性强、效果好但范围较窄
新闻报道	通过地方大众媒介刊登新闻性质的消息	可信度高，效果好，成本低，可反复登载或分段连续登载，受众广泛但不具体，针对性不强

续表

方　式	具体措施	特　点
广告宣传	在有影响的专业会刊、电视、电台、报纸、杂志和互联网等传播媒体刊登广告	覆盖面广，效果好但成本较昂贵，受制于预算，须选择媒体使用
直接发函	向潜在参展商发函，寄资料、邀请函或奖券等	针对性强，成本低但是单向宣传没有反馈
销售促进	采取竞赛、抽奖、会员资格、赠送优惠券等对会展产品与服务进行尝试或促进销售的短期激励措施	能迅速刺激购买行为，有效地影响、抵御和击败竞争者，但须让利一部分给消费者
人员促销	通过推销人员或销售代表与参展商的人际接触来推动展位宣传销售	良好双向信息沟通，可提供决策依据，促销方式灵活，营销效果好但效率较低
新媒体宣传	利用微信等新型媒体向潜在的参展商传递相关信息，并进行联络沟通	双向沟通，信息传递方便快捷，不受时间和地域限制，成本低

任务二　会展城市整体营销

6.2.1　什么是城市整体营销

所谓城市整体营销，是指一个城市对所有服务于地区形象塑造的资源进行分析、规划和整合的活动，其目的在于促成作为区位供给者的城市和作为区位需求者的投资者、参观者、居民或劳动者等群体之间的交换与融合。

从会展城市的发展本身来看，会展城市的营销不可能脱离城市的整体营销。大规模、规范化、国际性的会展活动必须具备一定的经济基础、制度和政策、区位条件和社会文化等条件，因此，现代会展业高度集中在国际大都市中。世界知名的会展城市如法兰克福、科隆、杜塞尔多夫、香港、拉斯维加斯、新加坡等，都是经过了几十年甚至上百年的发展后才形成的特色鲜明、定位不同的会展城市。随着国际会展业竞争日益加剧，会展城市不可避免地被作为一个整体来建设、管理和推广，会展城市整体营销的需要更显迫切。

6.2.2　会展活动在城市经营中的作用

会展拥有城市经济发展的“晴雨表”和“经济发展的助推器”等多个美誉，大型会展活动的成功举办往往给举办城市带来大量人流、物流、技术流和信息流等经济要素，从而很好地促进城市经济的快速发展。具体来说，会展活动在城市经营中的作用主要体现在以下几个方面。

1）会展提高城市知名度

大型展览会具有集中展示交流的功能。成功举办的会展，意味着短时间内大量的人员、产品汇聚在举办城市，通过媒体对展览会的宣传推广，加上参展者的亲身感受，可以迅速塑造和宣传鲜明的城市形象，提高城市知名度。对举办城市而言，国际会议、国际博览展览活动可以为所在城市带来很好的发展机会，提高城市经济社会实力，提升城市整体经贸合作能力，对城市科教文卫的发展起到推动作用。会展产业发展离不开城市的基础建设，从而能改善城市整体形象，带动城市国际化发展，提升城市竞争力，继而影响城市的整体发展竞争水平。

2）促进城市功能定位和要素的合理流动

城市举办大规模、规范化、国际性的会展活动必须具备一定的条件，包括经济基础、制度和政策、区位条件和社会文化。反过来，会展经济的乘数效应则产生极强的城市边际递增效应和辐射作用，其自身的发展对一系列前向、后向关联产业，如广告、旅游、印刷、保险、饭店、交通、通信以及零售业等相关行业具有明显的拉动作用，必然对城市的功能和要素结构产生巨大的影响，从而促进城市各种生产力要素的合理流动，使经济资源得以优化配置。

3）促进贸易和经济技术合作

会展业的发展在促进进出口贸易和扩大经济技术合作方面也发挥着重要作用。通过会展活动这一平台，可以促进举办城市或者整个国家的进出口贸易，并吸引大量外部资金与技术进行经济技术合作，促进城市经济发展。中国-东盟博览会秘书处提供的数据显示，第 20 届东博会举办了 70 多场经贸促进活动，在签约的订单中，50 亿元以上项目 17 个，比上届增长 54.5%。文莱签约超 20 亿美元、30 架中国大飞机的采购订单，是东博会史上最大贸易订单。国际经贸和中国企业“走出去”项目 20 多个，创近 10 年新高。本届东博会签订投资合作项目 470 个，总投资额 4873 亿元，较上届增长 18%。由此可见，一个大型的会展活动在推动进出口贸易和经济技术合作方面起着非常重要的作用。

4）促进区域资源优化配置和相关产业发展

大型会展活动的举办有利于城市以区域资源配置为导向进行产业布局，促进相关区域的进一步优化配置，更加有效利用。会展产业与城市发展紧密结合，需要将会展产业发展方向与所在城市发展战略紧密相结合。城市整体发展战略，需要根据城市的地理位置、历史发展、文化经济进行设计，会展产业需要与城市发展战略紧密相结合。以 2022 年北京冬奥会为例，北京市延庆区作为北京冬奥会三个赛区之一，大力发展特色文化体育旅游产业，成功创建国家全域旅游示范区。2016—2020 年旅游收入累计达到 323 亿元，同比增长 30.3%。而张家口冰雪经济和绿色产业拉动就业、助力脱贫，12 个贫困县区、1970 个贫困村、93.9 万贫困人口全部脱贫。截至 2020 年底，张家口冰场雪场达 29 个，2020—2021 年雪季结束，累计参与冰雪运动人次突破 500 万。

5）促进城市基础设施建设

会展业的发展本身必须依托于城市良好的基础设施，需要具备先进的国际化展馆，便捷的海陆空立体交通体系，设施先进、服务优良的酒店，以及美丽的旅游景点和休闲设施。

城市政府为了发展会展经济，必定会加大基础设施投资力度，以满足世界各地参展的客人的生活、工作需求。因此，会展活动有助于推动举办城市的基础设施建设、城市规划设计和城市改造，改善城市居民的居住环境。以2022年北京冬奥会为例，其基础设施建设体现了“一会携三地”的宏观发展理念。连通冬奥会延庆赛区和张家口赛区的公路主通道——延崇高速公路，不仅是冬奥运的交通基础设施，也补上了区域性路网的短板，形成了3条高速、1条高铁、1条市郊铁路的对外交通网络。目前北京到崇礼的车程由原来的4小时大幅缩短至1小时。基础设施建设提速升级，张家口全面跨入高铁时代。

6)促进城市文明素质的提高

在举办会展的过程中，来自世界各地的宾朋光临举办城市，作为东道主的举办城市市民的人文精神必然有所提升，城市市民的文明形象和内在素质就在这种交往中得以不断提高。

6.2.3 会展城市经营的内容

1)会展城市经营的目的

在城市会展业竞争日益加剧的国际市场大环境中，为吸引更多、更大规模、更高档次的会议或展览会，会展城市需要具备强大的竞争力，这种竞争力既取决于城市的内在资源和努力水平，也取决于外在的包装和宣传。因此，会展城市必须苦心经营，将优良的办会、办展环境和各项优惠措施传达给公众，尤其是会展活动的组织者，树立良好形象。

2)会展城市经营的主体

会展城市整体经营的是一种公共产品，会展城市经营是一个系统工程，涉及社会的方方面面，是任何一家会展企业都无法愿意也没有能力独立承担完成的工作。一般来讲，每个城市应该根据自身的实际情况，选择合适的会展城市营主体，如政府部门、会展企业等。也就是说，城市会展业整体经营需要政府或行业协会来牵头。在市场经济条件下，政府的主要资源应该用于企业不宜介入的公共产品领域，但应采取市场化运作的方式，以提高营销工作的实效性。

3)会展城市经营的对象

明确会展城市经营的对象，会展城市营销才能有的放矢。会展城市经营的对象十分广泛，大到国际性会议协会或跨国会展公司，小至城市的每一个居民，应该根据营销活动的目的来确定目标受众，会展城市的经营对象、经营重点及经营目标见表6.3。

表6.3 会展城市经营对象

会展城市经营对象	经营重点	经营目标
居民	经营会展城市的基础设施、生活环境、就业保障、城市管理、文化及居民素质等	吸引未来居民尤其是高素质的人才
投资者	制订产业发展政策、优化投资环境	引进资金和先进技术

续表

会展城市经营对象	经营重点	经营目标
参观者	完善都市景观、都市文化、会展场馆、交通设施、酒店设施及旅游景点	推进都市旅游的发展
周边城市	成为经济中心,发挥辐射作用	与周边城市合作
主要竞争城市	创建竞争优势和合作前景	展开竞争与合作
上级政府	挖掘产业发展潜力、提高产业贡献率	争取上级政府的支持
国际组织、跨国会展公司	提升组织和接待国际会议和展览会的综合实力	争取举办更多的国际会议和展览会

4)会展城市经营的实质内容

从会展营销的角度来分析,面对不同的利益主体,会展城市经营应根据特定的目标和对象来确定具体内容。譬如,面向会展活动的主办者,应大力宣传良好的办会展环境和各项优惠政策;面向广大市民,应宣传和介绍会展业对城市社会经济发展的巨大促进作用,以争取市民的支持;等等。目前,中国的城市必须把城市规划与环境保护放在中心位置。没有正确的规划和良好的环境(其中包括政策环境和投资环境等),不可能有强劲发展的经济和可持续发展的城市。

5)如何经营

会展城市必须建立合理的整体经营策略和方法。可以借鉴旅游整体促销机制,采用网络促销、召开推介会、举办大型活动等的营销策略。

6.2.4 会展城市的经营方法

由于会展城市整体经营的是一种公共产品,整体营销的内容十分庞杂,所以在具体实施过程中还需要多个部门的支持。常见的经营方法可以归纳为以下三种。

1)会展城市整体促销模式

会展城市经营一般可借鉴旅游业整体促销模式的成功经验,根据自身的实际情况灵活处理,将会展整体营销的市场运作和政府主导有机结合起来,采用会展城市整体促销的模式。在组织机构上,由当地会展管理部门或行业协会牵头并具体负责和客源地会展管理部门联系,会展企业以自愿的形式参加,通过邀请会展服务商及媒体记者,合理支配促销经费,并全程规划、组织促销活动,举行以介绍城市会展业的总体情况为主题的说明会,或者策划品牌展览会的专场推介会。在经费来源上,一般由政府承担一部分费用,当地财政承担绝大部分,参加此推介会的展览会主办者或企业需要交纳适当的费用。

2)事件营销模式

事件(events)一般指有较强影响力的大型活动,其范围相当广泛,包括国际会议或展览会、重要体育赛事、旅游节庆,以及其他能产生较大轰动效应的活动。作为一种新的营销理念，事件营销(events marketing)的实质就是地区或组织通过制造有特色、有创意的事件来吸引公众的注意，并让其对自身的品牌或产品产生好感。会展城市事件营销表现在三个方面：

(1)举办大型节庆活动进行事件营销

从目前我国会展业的发展来看，会展业越来越受到各地政府的重视。在建造会展场馆的同时，也在创办和培植自己的会展活动和会展品牌。大家都认识到当地会展业的发展对其所在城市或地区的经济发展，提高知名度和竞争力都具有很强的推动作用。但需要指出的是，要结合当地的实际情况和资源，精心策划和组织具有地方特色的旅游、文化等方面的节庆活动才能起到应有的作用。如第40届中国·哈尔滨国际冰雪节就是一个很好的例子。根据黑龙江省文旅厅最新发布的统计数据，黑龙江2023年接待国内外游客21879.4万人次，同比增长85.1%，实现旅游收入2215.3亿元，同比增长213.8%，特别是2023年冰雪季以来，全省游客数量和旅游收入分别增长332.5%、898.3%，成为全国最热门的冰雪旅游目的地。

(2)利用重要事件进行事件营销

抓住每一次大型活动尤其是国际性活动的机会，促进城市基础设施建设，提高市民整体素质，塑造和宣传鲜明的城市整体形象。

(3)制造公关事件进行事件营销

为引起媒体和公众的高度关注，精心策划各类公关活动，有目的地制造正面新闻，如向贫困地区提供经济支援、承担重大科研项目等，从而不断提高本城市的知名度和美誉度。

3)建设DMS，推进网络营销模式

在当今的信息时代，各类经营活动中都须广泛地借助国际互联网来收集、处理信息和整合资源。目前，旅游目的地营销系统DMS(destination marketing system)是一种比较成功的将旅游目的地通过互联网进行营销的模式，主要以互联网为基础平台，并结合数据库、多媒体技术和网络营销技术，全面收集和规范目的地的各种旅游信息，建立通畅的旅游信息传播渠道，使公众对旅游目的地产生浓厚的兴趣，进而采取具体的旅游行动。会展活动和旅游活动具有相当相似性和相关性，同样具有较高程度的信息化要求。因此，会展城市完全可以把会展和旅游目的地营销合而为一，借助国际互联网来整合各类会展资源，特别是基础设施、专业场馆、市民素质、科技水平等，在城市会展行业主管部门、目的地会展企业(包括会议中心、展馆等)、专业展览会组织者、参展商和专业观众之间建立起一座联系、沟通和交易的桥梁，整体经营会展城市，以达到降低营销成本，成功营销会展城市的目的。

任务三 展览会品牌营销

6.3.1 展览会品牌

会展业的竞争不仅表现在城市与城市之间的竞争，更主要表现在某些具体展览会之间的竞争。品牌展览会是指具有一定规模，能代表这个行业内的发展动态，反映这个行业的发展趋势，并对该行业有指导意义并具有较强影响力的展览会。

会展业的品牌化发展包括展览公司品牌、展览会品牌和展览场馆品牌，由于会展业是一项关联性极强且极具专业性的产业，这三者紧密相连、不可分离，不管是展览公司，还是展览场馆，其存在的价值都是为了举办成功的展览会。因此，展览会是展览公司创造的以场馆为载体的最终产品，会展业的品牌化发展最终是以成功举办品牌展览会而体现的。

根据现代营销学的观点，往往名牌产品在同类产品品牌中所占的比例不足3%，但所占的市场份额、销售额却分别高达40%和50%左右。因此，展览会品牌竞争实际上是会展市场竞争的焦点。从国外会展企业的发展历程来看，成功的会展企业如德国著名的三大会展公司，其快速发展大多是采取了品牌化经营的模式。

6.3.2 展览会品牌化要素

会展企业的强势品牌意味着具有较高的知名度、美誉度、效益度和扩张度。知名度形成会展企业与产品的鲜明形象，为会展企业带来良好的市场机遇；美誉度指参展商和观众对特定会展企业或品牌的好感程度，构建会展企业与产品竞争优势；效益度以产品的市场占有率为基础，追求效益是会展企业实施强势品牌战略的最终目标；扩张度指的是企业品牌在时间、空间以及市场上能够具备的扩张程度。树立品牌展览会的基本要素见图6.2。

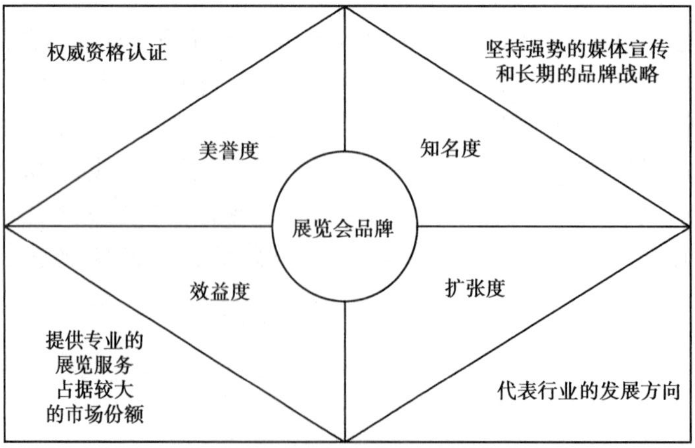

图6.2 展览会品牌化要素构成

1）权威资格认证

国际上，展览会的成功与否取决于整个行业、竞争者和参展商对它的认可程度。展览企业如果获得权威行业协会和该行业主要代表的坚定支持与合作，也就意味着展览会的声誉和可信度带来巨大的宣传效果和影响力。

目前国际博览会联盟（UFI）是国际上最为权威的会展资格认证机构，它通过一套较为成熟的资质评估制度，对申请加入其协会的展览项目和其主办单位有着严格的要求及详细的审查程序，因此，UFI 资格认可和 UFI 使用标记成为名牌展览会的重要标志。目前，全球获得 UFI 资格认可的展览会有近 600 个，而中国仅有 6 个。随着国际知名会展企业纷纷进入中国市场，中国会展企业必须制订高起点的竞争战略，实施品牌发展战略，才能不断提升自身的国际竞争力。

2）提供专业的展览服务，占据较大的市场份额

品牌展览会提供高质量、专业化的展览服务，从市场调研、主题立项到寻求合作、广告宣传、招展手段、观众组织、活动安排、现场气氛营造、展后服务，甚至包括展览企业所有对外文件及信函的格式化、标准化，品牌展览会都具备较高的专业水准，运作过程迅速高效，服务周到，因此占据较大的市场份额，能吸引参展商和观众积极参展。

3）代表行业的发展方向

品牌展览会有着明确的目标市场和目标观众，提供行业全面而专业的信息，并能几乎涵盖这个专业市场的发展方向，在时间、空间以及市场上具备扩张的能力和优势。因此，品牌展览会往往能体现品牌展览的专业性和前瞻性，代表着整个行业的发展方向。

4）强势的媒体宣传，坚持长期的品牌战略

培养一个品牌展览会并不容易，不可能通过举办一两次展览会就能达到目的，这便要求展览公司具有长远眼光，确立长远的品牌发展战略，从短期的价格竞争转向谋取附加值，提升无形资产的长期竞争。强势的新闻媒体宣传、频繁的新闻报道和适当的“炒作”，都是塑造品牌的有效途径。例如，世界上几家著名的贸易展览公司如 Miller Freeman 和 Reed 集团同时都经营着世界上著名的商业出版社，拥有数百种专业刊物和快速成长的商业网站。这些得天独厚的条件为其展览会的品牌化提供了竞争优势和条件。

6.3.3　展览会品牌化发展战略

展览会品牌化发展战略可以分为三个阶段（图 6.3）来实施，即品牌塑造阶段、品牌维护阶段和品牌扩张阶段，每个阶段的目标和工作重点都不一样。

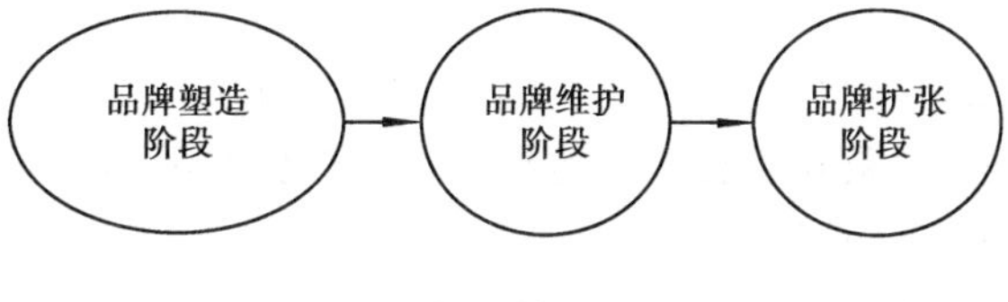

图 6.3　展览会品牌化发展战略阶段

1）品牌塑造阶段

即形成一个具有知名度和美誉度的会展企业品牌，在品牌塑造阶段经营者与管理者应树立牢固的品牌观念，实施制定品牌战略和全面推进 CIS 战略，并把质量管理作为树立独特品牌的保证，强化品牌意识，建立起具有较高知名度和美誉度的企业形象。

2）品牌维护阶段

会展企业在进行品牌维护时，首先凭借超群的质量才能使品牌形象长期立足于市场上，保证较高的市场份额；其次，开展全方位营销，坚持服务创新，不断提升品牌质量，努力拓展品牌空间。

3）品牌扩张阶段

品牌扩张的实质就是不断提升品牌的市场价值。

任务四　展位营销策略

6.4.1　展位营销的特点

展位是会展营销的核心“产品”，事实上，展位营销是一种很特殊的营销行为，具有以下特征。

1）双重性

办展机构以有形的展览会和展位为媒介，从多个方面为参展商提供会展服务。从表面上看，展位营销是在销售有形的展位，但从本质上讲，它更多的是在销售一种无形的服务，因此展位营销具有有形的产品营销和无形的服务营销的双重特征。展览会同时也是参展商本身的营销，参展商参加展览会的目的不在于租用或拥有展位本身，而是为了能更好地进行贸易成交、产品展示和发布，收集行业最新信息等活动，目的是实现商品的价值。

2）可分割性

单从主办者的角度来说，会展主办者在会展活动之前先要对参展商进行会展商品营销，以吸引参展商购买摊位，然后再对观众进行会展商品营销，以吸引观众购买门票。单从参展商的角度来说，参展商的商品是在会展活动的进行过程中对观众进行展示或是营销。这两种活动可以单独进行，具有可分割性。

3）不可分割性

会展营销同时又具有不可分割性。主办者与参展商进行的营销从实际操作来说确实可以分割开来进行，但由于展位营销具有有形的产品营销和无形的服务营销的双重特征，从本质上而言，会展营销不可分割。因为会展主办者的营销既要对参展商，又要对观众，既要为自己，又要为参展商，所以会展主办者的营销只为自己不为参展商，就会导致会展出现参展商多观众少的局面，致使会展活动不成功。总之，一方面，参展商要依托会展主办者的营销策划与广告，才能更好地实现其商品价值；另一方面，会展主办者也要依靠参展商与观众的充实，才能更好地实现会展活动的价值。因此，会展营销实质上具有不可分割性。

4）时间性

会展活动的时间局限于展览期间，时间因素十分重要，具有不可贮存性、不可逆转性，与此同时，会展是组办者、参展商与观众共同参与进行的活动，许多事情（如参展商与观众的投诉和各种需求）需要举办者当场及时回复和处理，稍微拖延会展营销的时间就已经过去。

5）分销性

会展营销的商品分销（招展）渠道与有形产品不同，有形产品一般是通过物流渠道送到消费者手中，而会展的招展是通过主办单位与承办单位、合作单位、支持单位、赞助单位共同合作，分销或包销展位。

6）综合性与专业性

从产品的属性来看，某些会展产品具有综合性，而有些会展产品具有专业性。如在专业展览会招展时，其展位只能销售给与展览会主题有关联行业的企业。否则，就会影响到展览会主题的专业性，甚至会影响到会展活动的发展。会展产品的综合性主要表现在会展活动的成功举办需要政府部门、非营利性机构、企业及有关协会的积极参与支持，根据他们的职能与优势为会展活动参与者提供产品与服务。另外，在会展活动举办期间，还需要餐饮、住宿、交通及旅游等相关行业的密切配合，才能为会展活动参与者提供优质的产品与服务，会展活动组织机构向客户提供的会展产品的质量才有保障。因此，会展活动组织机构要整合优势资源，与有关部门进行及时有效的沟通与协调，充分调动参与各方的积极性，你所提供的会展产品和服务才能让客户满意。

温馨提示

会展品牌的创建和培育是我们会展人一项长期而艰辛的任务。一个著名品牌的会展活动必须要经历创建、培育和扩张延伸几个阶段。任何一个阶段出现问题都可能导致会展品牌的衰败。所以，一个著名的会展品牌培育需要一代甚至几代人的不懈努力。在会展品牌的培育和维护阶段，我们必须根据所涉及产业的发展趋势，坚持不断创新，为会展主题注入新的内涵，会展品牌才能不断发展、壮大，立于不败之地。

6.4.2　展位营销策略

展位营销的同时具有有形产品营销和无形服务营销的双重特性，不仅要求办展机构能熟练使用产品、价格、渠道和促销等产品营销要素，还要求办展机构要考虑服务营销所特别需要注意的营销要素，如人、有形展示和过程等。从展位营销策略的角度来说，展位营销策略是产品、价格、渠道、促销、人员、有形展示和过程7个要素的科学配置和有效组合，即7Ps营销策略。

1）产品策略（Product）

展位营销中的产品有双重含义：它既指整个展览会，也指展览会中某个特定的展位本身。从展览会的角度看，其所在的行业领域、质量和档次、品牌效应、服务质量和服务项目等无不对展位营销产生影响；从特定展位的角度看，展位的位置好坏和面积的大小直接影响到展位的价格和销售。展会同时也是参展商本身的营销，因此，展览会的展位营销要结合参展商的需求，做到有的放矢，提供针对性的会展产品。

2）价格策略（Price）

展位价格是参展商识别不同展览会的一项综合指标，影响其参展决策。因此，办展机构在执行营销价格策略时，不仅要考虑展位的价格水平、折扣幅度、付款条件等有关价格的绝对数量指标，还要考虑参展商对展览会的认知价值、质量价格比、差异化系数等有关价格的相对数量指标。只有这样，展位的价格才更容易被目标参展商所接受。

3）渠道策略（Place of Distribution）

举办展览会的渠道策略通常指营销渠道的形式、覆盖的地区范围以及宣传难易程度等。那些在交通便利、信息发达、产业集中的地方举办的展览会，其吸引力往往较大。

4）促销策略（Promotion）

促销在展位营销中使用较多，是一种非常见效的展位营销方式。包括各种形式的广告和宣传、人员推销、电话推销、营业推广以及公共关系等，各种具体方式往往不是单独进行的，而是有选择地有机配合使用的，如营业推广和广告宣传相结合、人员推销和公关相结合等，组合营销往往比单一营销更有效率。

5）人员策略（Person）

展位营销中的"人"同时指办展机构的工作人员和客户两个方面。展览业是"高接触度"性质的服务业。展览会期间，员工和客户之间的接触非常频繁，展览会各种服务人员的行为，在客户眼里本身就是服务的一部分，是展位营销因素的重要组成部分。所以，办展机构要注意对其工作人员的选用、培训和激励，展览会工作人员在与客户接触时要时刻注意自己的外观、行为、态度和工作方法。同时，展览业是一个很重视口碑传播的行业，客户与客户之间的关系对展位营销而言也非常重要。往往一位客户对一个展览会质量的满意与否，会通过口碑传播，影响到与他有关的一大批其他客户。

6）有形展示策略（Presentation）

为使客户对展览会产生积极的评价，通过有形的展示将无形的会展服务表现出来，有形展示包括对展览会现场环境的布置、展览会服务设备的实物装备和一些实体性线索等。例如，及时公布展览会到会参观的观众的数量、展览会现场布置井井有条、标识清楚明白等，能有效提示客户享受到的会展服务。

7）过程策略（Procedure）

展览会运作是一个由多方面密切配合协调而成的系统过程，展览会的运作策略、运作程序、手续、服务中的器械化程度、工作人员的裁量权、顾客参与的程度、咨询与服务的流动性等，都是展位营销者需要特别关注的事情。如果上述过程运作顺畅，展位营销将会很成功，反之，某个环节稍有阻滞，展位营销将受到很大影响。

6.4.3　展位营销的方法

1）关系营销

关系营销是指办展机构与顾客以及展览会服务中间商等建立和保持密切的关系，并通过彼此交换和履行共同的承诺，使有关各方都实现各自的营销目的的各种营销行为。现代商业性展览会基本都是连续多次举办的，参展商的长期参展对展览会的稳定发展意义重大。发展办展机构通过关系营销与顾客结成长期的相互依赖的关系，不断提高顾客的品牌忠诚度，以此巩固市场，促进展位销售。在实际操作中，关系营销可以分成三个层次。

（1）财务性关系营销

财务性关系营销即以价格为手段，通过价格因素来与企业建立起某种关系，并通过这种关系刺激和鼓励企业参加展览会，如对老参展客户实行一定的价格优惠，对参展面积较大的客户给予一定的价格折扣等都属于财务性关系营销，是留住老客户的主要手段，对吸引新客户效果显著。但财务性关系营销主要依靠价格因素起作用，属于一种基本交易关系，其局限性也比较明显，容易被竞争对手所模仿。它较难形成一种长期的竞争优势。

（2）社会性关系营销

社会性关系营销是指那些以个性化的服务和在财务关系的基础上寻求与客户建立起某种社会性联系的营销策略。它更多的是强调通过个性化的服务与客户建立起社会性的联系来将潜在的客户和新客户变成关系客户，并通过这种方法将老客户留住。营销人员可以与企业建立起各种各样的社会性联系，建立一种伙伴式关系。如彼此在交往中成为好朋友，或者相互对某一项活动有浓厚的兴趣而经常共同参与并形成深厚的友谊等。一旦与客户建立起了这种社会关系，如果不出现特别重大的变故，客户与展览会的关系将变得非常牢固。为了能做到这一点，营销人员必须切实了解顾客的需求和意图，注意照顾到顾客的各种细节，做好客户数据库信息资料的存放和调用。

（3）系统性关系营销

系统性关系营销是指通过将企业参展和展览会服务设计成一个服务价值传递系统，办展机构通过这个系统而不仅仅是营销人员个人与客户建立起紧密的关系。系统性关系营销的服务价值传递系统常常是以顾客价值为基础而设计的，办展机构对客户的需要和感受采取负责的态度，它往往能给顾客带来更大的利益，创造良好的展览会环境。系统性关系营销的抗干扰能力很强，如果这种营销措施实施得好，客户转向竞争者的机会成本将很高，这使他们即使是在价格差异较大、社会性联系变得不稳固时，也不会轻易地考虑转向竞争对手。

2）合作营销

合作营销是指办展机构有选择地与一些机构和单位合作，共同对展览会展位进行营销的一种营销策略。合作营销的合作伙伴主要有以下一些机构和单位：行业协会和商会、国内著名展览主办机构、专业杂志报纸、国际组织、各种招展代理、行业知名企业、国外同类展览会、外国驻华机构、政府有关部门和网络。

3)个性化营销

主办方完全以客户为中心,围绕客户需求来组织方案,积极配合提供配对服务与支持,全面解除其后顾之忧,实现服务商与客户的长期共同发展。例如,针对参展商,主办方根据参展企业的独特情况,安排日程表,由专人联系;商贸洽谈环节,由专人根据参展企业提出的要求提供服务。针对参观商,主办方将所有前来参展的展商的品牌信息、销售额等基础信息编入数据库,发放给专业观众,帮助专业观众关注这些信息,协助其挑选合作企业。

4)直复营销

直复营销是一种互动的营销系统,即使用一种或多种广告媒体,以实现在任何地方产生可以度量的回应和达成交易的目的。办展机构与客户之间的互动,彼此之间可以通过双向交流的方式传递信息。会展企业的直复营销形式有:直接邮递、电话营销、展览会现场推广、直接拜访客户以及其他媒体营销。

5)网络营销

网络营销是以国际互联网为基础平台,并结合数据库、多媒体技术和网络营销技术,建立通畅的会展信息传播渠道,进行展位营销的一种营销方式。会展活动本身就具有较高程度的信息化,网络营销可以自己建立展览会专门网站或利用新型媒体进行直播等方式进行宣传推广,在行业专业网站上营销或者将自己网站与行业专业网站互联。网络营销不受时空限制,营销范围具有全球性,客户只要能上网就可以在任何地方随时查阅展览会的相关信息;客户可以通过网络及时地了解自己的参展信息,并可以预订展位;同时可以增强办展机构和参展企业的协作关系,办展公司可根据客户的要求作出快速反应;因此网络营销可以大幅度降低营销成本,达到成功营销会展的目的。

任务五　展览会其他产品营销

由于会展经济的发展对一系列前向、后向关联产业,如广告、旅游、印刷、保险、饭店、交通、通信以及零售业等相关行业具有明显的拉动作用,因此展览会自身的营销也意味着其他相关产业产品的营销。以下简单介绍跟展览会营销紧密相关的其他产品,如会展旅游产品、酒店业和餐饮业的产品以及会展物流活动的营销,这些产品都是由展览会延伸出来的重要“副产品”,在增加会展人数、扩大规模、影响成交量、提高会展品牌知名度等方面起着巨大作用,对会展具有重大的、积极的影响。

6.5.1　会展旅游产品的营销

1)会展旅游产品与会展

会展旅游包括会展举办期间和会展举办过后所进行的一系列的旅游活动,是会展活动延伸出来的具有积极意义的重要“副产品”,它同时实现会展与旅游的社会功能。会展旅游是专项旅游产品或活动,可为旅游者带来多种旅游动机的实现,为旅游地带来可观的经济收入。会展旅游往往比观光旅游层次更高,因为参与会展旅游的客人一般是各行各业的专门人才或主要负责人,在素养和消费上比大众观光游客高出很多,因而,会展旅游比观光旅游往往拥有更多的文化、科技、商贸含量;同时,会展旅游给举办地带来的巨大经济效益和社会效益是观光旅游所难以比拟的,所以越来越受到各地政府的重视。作为世界旅游业的一个极其重要的组成部分,会展业将是未来旅游业中最有发展前途的市场之一。

2)会展旅游产品的营销

(1)会展旅游联合促销

会展旅游者动机归为商务目的和休闲目的两大类。出于扩大会展影响的需要,会展组织者在选择会展目的地时,除了考虑会展本身的要求外,往往会主动迎合会展旅游者的要求和愿望,尽量考虑到“会展旅游者”的需要,将举办地放在具有高度旅游价值的地区,以提升会展的附加值。正因为如此,世界上许多著名的旅游城市都是世界上著名的会展组织者重要的选择目标,如瑞士的日内瓦、法国的巴黎、中国的香港等。同时会展组织者还应坚持联合促销的原则,主动邀请旅游组织者参与会展活动的组织和实施,借助各方面的力量,特别是在“食、住、行、游、购、娱”旅游六大要素的安排上,取得旅游组织者的支持和帮助,这样既减少活动安排的压力,又能使会展旅游者更满意。

具体操作上,一方面,可以联合交通业、旅游业、会展等部门共同制定具有竞争力的价格,争取更大的市场份额;另一方面,通过旅游企业与会展司联合起来进行宣传,将旅游产品的宣传工作渗透到会展的每一个阶段,充分利用各种新闻媒体和手段,以强化潜在成为会展旅游者的旅游意识,最终达到销售会展产品与旅游产品的目的,真正保证展览会的顺利进行。

(2)针对性旅游产品营销

会展旅游者具有独特的特点:如个人文化素质高;探索和创新精神、好奇心极强;独立意识强、个性化十足;时间紧促、用于旅游观赏的随机性大。因此,在会展旅游产品的设计中应着重突出以下几点:旅游产品特色鲜明,含金量高;旅游产品多样化、个性化,选择余地大;提供专业服务,在会展期间提供诸如解说、翻译、导购、购票、会议指南等十分必要的会展旅游服务。

6.5.2　酒店业和餐饮业的产品营销

1)酒店和餐饮业产品与会展

酒店业、餐饮业和会展旅游业是紧密联系在一起的。会展业的大量客源将产生一系列的食、宿、行、游、购、娱等需求,给酒店业、餐饮业带来了巨大的商机。

2)酒店和餐饮业的产品营销

(1)产品多样化营销

相对来说,会展业的客源对酒店和餐饮的服务质量要求都比较高。比如,参展商和观众对酒店服务除了基本要求之外,更看重宾馆酒店所能提供的通信、商业安全以及交通条件等;其餐饮消费也具有文化品位高以及消费档次高等特征。而且来自不同地区或国家的会展商饮食风俗千姿百态。因此,酒店和餐饮业必须提升管理水平和服务质量,走品牌经营之路,尽力满足目标顾客的个性化需求,从而带来良好的效益。

(2)多渠道营销

酒店和餐饮业必须充分利用国际和国内各种会议组织、会展公司等渠道,建立稳定的合作关系,可以通过会展协办、赞助等形式,取得酒店和餐饮供给优先权;充分利用互联网,建立宣传网页,并为潜在客户提供直接预订服务。此外,酒店还应根据自己的档次和规模等,尽早加入世界著名的酒店订房系统,如 The Leading Hotels of the World、World Hotels and Resort 等全球分销系统。

6.5.3 会展和物流业的关系

当今世界,物流业作为一个新兴的服务行业迅速发展。物流是物品从供应地向接受地的实体流动过程,根据实际需要,将运输、储存、搬运、包装、流通加工、配送、信息处理等基本功能有机结合。会展业物流对物流业的发展起着重要的推动作用。由于会展带来大量展品运输物流及其信息的处理、人员的流动等活动,由此产生会展物流。不同的展品往往有不同的运输要求,参展商需要专业化的物流企业来提供个性化的服务,在此意义上,物流在会展业中的运用,为会展的增值服务和成本控制提供了一个有效的途径。

任务六　增加会展客户满意度

6.6.1 会展客户的满意度

客户满意度(Customer Satisfaction Index,CSI)作为客户满意的量化统计指标,指客户对企业提供的产品满足其需求及期望程度的感受。会展客户满意度是会展客户参加展览会后对展览会的综合满意的程度,主要描述了会展客户对展览会的认知和感知之间的差异。直观的表示办法是:客户满意度=参加展览会的期望收益-参加展览会的实际收益,当前者小于后者,满意度就高,客户不仅会感到满意,而且还会产生意外的惊喜,就会赞誉该展览会;反之就会产生抱怨;但没有抱怨并不一定表明客户很满意。值得指出的是:会展客户不仅包括参展商和观众,也包括办展机构的内部员工。

调研结果表明:保持一个满意客户的成本仅为获得一个新客户的成本的 1/5,每 100 个满意的客户将会带来 25 个新客户,而 5%的客户满意度的提高,将带来 1 倍的利润。反过来,一个非常不满意的客户将向至少 20 个人诉说,当一个客户发现一个不良产品,生产厂家就要失掉 40 个新客户。特别需要指出的是,当客户不满意时,只有 4%的人表示出来,96%的人什么也不说,91%的客户再不会购买该种产品。

对于会展公司而言,参展商连续参展是办展机构的利益所在,会展客户满意能给会展企业带来很好的结果,可以降低招展和经营成本,增加收益,增加知名度和品牌的无形资产,给会展公司带来广阔的发展前景。会展客户不满意则给会展企业带来不良的结果,严重的将威胁到企业的生存。因此,会展企业建立和保持同客户的长期合作关系,保持现有的参展商，提高客户对品牌展览会的满意度和忠诚度是至关重要的。

6.6.2　会展客户满意度构成

会展客户满意度可以从物质、精神和社会三个层次来构成，这个层次的具体描述见图 6.4。

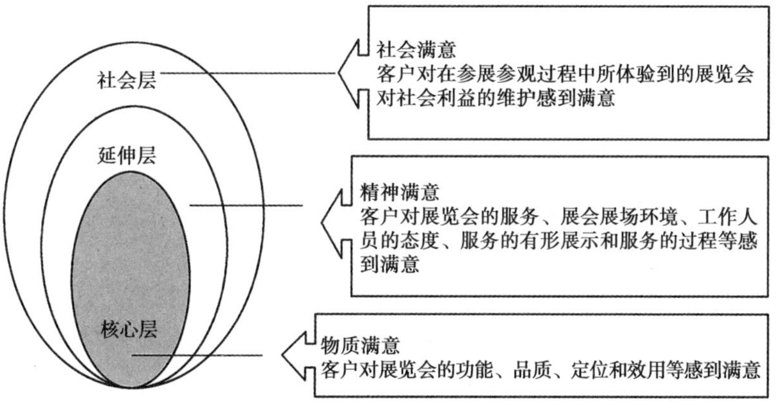
社会层
延伸层
核心层
社会满意
客户对在参展参观过程中所体验到的展览会对社会利益的维护感到满意
精神满意
客户对展览会的服务、展会展场环境、工作人员的态度、服务的有形展示和服务的过程等感到满意
物质满意
客户对展览会的功能、品质、定位和效用等感到满意

图 6.4　会展客户满意度构成

从层次上看：首先，客户对展览会满意的核心层是物质满意，即客户对展览会的功能、品质、定位和效用等感到满意。其次，客户对展览会满意的延伸层是精神满意。即客户对展览会的服务、展场环境，工作人员的态度、服务的有形展示和服务的过程等感到满意。最后，社会满意，即客户对在参展参观过程中所体验到的展览会对社会利益的维护感到满意，如展览会对知识产权的保护会赢得大多数客户的好感。总之，展览会要取得客户的满意，不仅要在丰富展览会功能上下功夫，还要在展览会服务和维护社会公共利益方面努力。

温馨提示

在会展市场竞争状况不断加剧的情况下，客户流失率居高不下一直困扰着处于发展阶段中小会展活动的组织者。会展活动的组织者，要以提高服务质量，强化会展活动主题内涵和功能为基点，积极开发新客户的同时，要采取各种措施留住老客户，不断提高客户的忠诚度。只有这样，会展项目才具有发展潜力。

6.6.3　增加会展客户满意度的基本策略

要取得客户的满意，必须深刻理解客户对展览会的期望以及客户参加展览会的不同需求。办展机构必须把满足客户的现实需求和潜在需求作为展览会发展的重要组成部分，针对客户对展览会满意的不同层次，为客户提供与众不同的个性化服务，在服务的各个环节中尽可能地满足客户的需求。只有超出客户的期望，让他们惊喜，才能在激烈的市场竞争中高人一等。同时，展览会还要及时跟踪研究客户对展览会满意度的变化，并据此改进展览会服务，研究展览会定位，调整办展业务流程，以稳定老客户，赢得新客户。

1）客户保留策略

（1）形成客户对展览会理性期望

通过加大展览会宣传力度，形成客户对展览会理性期望，建立公平、合理、互利的客户关系。参展商一般对展览会的规格、知名度、同类参展商、主办者的名誉地位、展览企业的资质等要素十分在意，因此，针对目标客户的需求，会展企业需要通过各种有效的传播手段将会展项目和相关服务迅速准确地输送给参展商及观展商，争取客户的支持与信任。办展机构应有意识地调整宣传推广策略，实事求是或有意识地留有余地地宣传自己的展览会，引导客户对展览会形成理性期望值。

（2）提高管理与服务水平，务必兑现承诺，保证展览会效果

通过宣传将客户吸引到展览会中来只是第一步，更重要的是还需要凭借实实在在的服务，真正为客户着想，提供高效、完备、快捷、优质的服务，保证展览会效果。展览会效果是展览会能带给客户最基本的东西，必须做好，如果展览会效果不好，客户满意将永远不会出现。因此，组展机构必须关注参展的业务与目的，帮助提高客户的参展交易额，同时展览会工作人员与客户的良好互动对客户的满意度会产生较大的影响。

（3）努力达到非常满意的目标

组展机构需要理解、满足，甚至超越参展客户的期望，努力使客户在展览会的实际所得大于期望所得，才能达到非常满意的效果。这就要求组展机构必须预计到参展客户可能出现的问题，可通过座谈会、填写调查表和电话访问等方法充分把握参展客户的需求变化，并尽所能去解决。如果某个展览会能提供别的展览会所没有的创新服务和系统支持，也必然会使客户更加满意。

例如，香港会展业不仅具备一流的设备，其服务水平也备受国际同行的称赞。香港的会展公司为参展客户提供全方位的服务。比如，展览会开始时，政府官员通常会到现场进行政策、法规问题解答，银行会到现场服务。同时，主办者还与酒店、旅游机构密切合作，为会展参加者提供完善的服务，积极促成参展商的更多交易，从而有效地建立企业与客户的良好关系。

2）客户忠诚策略

客户忠诚既可以界定为一种行为，也可以界定为一种心态，或者一系列态度、信念及愿望。会展企业得益于客户的忠诚行为，组展机构可以采取具体措施建立和保持客户忠诚。

（1）促销激励

价格折扣、免费或低成本地促销会展产品对保持客户忠诚很有效果。例如，会展中心为了培育顾客忠诚，可以采取积分激励的措施，在客户档案中建立参展积分栏，按其一定时间内在中心参展的累计次数积分。当积分达到不同数量时，可实施不同级别的奖励，即在缴纳展位租赁费用时享受不同的折扣，以鼓励客户长期参展。

（2）提供获利帮助

了解客户每次参展的业务和目的，就参展的有关问题请权威专家做讲座，举办参展企业培训班，或者组织参展商座谈会，收集成功办展的新举措，以帮助参展企业提高参展效果，尽量为他们的获利提供支持。

(3)成立会员俱乐部

通过开展各种联谊活动,向会员无偿提供商业供求信息,或者为重点参展企业提供展览知识方面的服务以及优先保证他们参加展览企业组织的各种培训等,有效加强展览公司与忠诚客户的联系。

【项目小结】

本项目主要介绍招展策划工作和展位营销的一些基本概念及具体步骤。参展商是展览会的主要服务对象与参与者,参展商的数量和质量直接决定了一次展览会的成败。招展策划即是对招展活动方案进行策划,使随后的招展工作有序、有效地展开。招展策划工作可以从收集目标参展商的信息、展区与展位的划分、展位价格的制定、招展方案、招展进度管理和招展宣传推广等几个方面来加以控制。展览会的营销包括会展城市的整体营销、展览会的品牌营销以及展位的营销,展位营销的策略和方法是展览会产品营销的核心环节。在竞争激烈的市场环境下,提高会展客户的满意度是构建会展企业核心竞争力的关键。

【复习思考题】

1.展位的基本类型包括哪些?
2.划分展区和展位的原则主要是什么?
3.收集目标参展商的信息主要有哪些途径?
4.如何理解会展城市整体营销?
5.怎样理解会展品牌营销?
6.展位营销的主要方法和策略是什么?

【实训题】

实训项目

一、实训组织

中国进出口商品交易会已经成功举办了134届,第135届中国进出口商品交易会于2024年4月15—19日在中国广州市中国进出口商品交易会琶洲展馆举行。学生可利用网络查阅资料,根据我国经济的发展趋势,并参考以往历届中国进出口商品交易会的成功经验,设计第135届中国进出口商品交易会的招展方案。

二、实训要求

1.设计的招展方案要素要全。
2.语言要通顺,数据要准确,排版要合理。
3.设计的招展方案要具有可执行性。
4.教师可适当指导,并给予点评。

三、实训目的

1.培养学生的会展文案策划能力。
2.使学生掌握招展方案的主要构成要素。
3.培养学生的招展策划能力与技巧。

【案例回放】

黄河石林山地马拉松百公里越野赛事件

2021 年 5 月 22 日，第 4 届黄河石林山地马拉松百公里越野赛暨乡村振兴健康跑在甘肃省白银市景泰县黄河石林大景区内举行。此赛事由白银市委市政府主办，白银市体育局、景泰县委县政府承办，市县相关单位协办，黄河石林大景区管委会为执行单位，其下属企业景泰黄河石林文化旅游开发有限公司为推广和实际执行单位，甘肃晟景体育文化发展有限公司为运营单位。赛事的活动内容包括 5 公里乡村振兴健康跑、21 公里越野赛、100 公里越野赛三个组别。实际参赛选手 1960 名左右（不含游客），其中乡村振兴健康跑参赛 1700 人左右，21 公里越野赛实际参赛 93 人，100 公里越野赛实际参赛 172 人。上午 9 时三个组别在同一起点鸣枪开跑，5 公里乡村振兴健康跑于 10 时 30 分左右结束。在百公里越野赛进行中，遭遇大风、降水、降温的高影响天气，造成 21 名参赛选手死亡，8 人受伤恶性事件。

事件发生后，习近平总书记等中央领导同志作出重要指示批示，要求做好应急救援、伤员救治、善后处理、事件调查等工作，深刻吸取教训，加强风险防范，完善体育赛事组织管理，依法依规严肃追究责任。2021 年 5 月 24 日，甘肃省委省政府决定成立由省委、省政府联合调查组，同时邀请了国家体育总局、中国气象局的马拉松赛事专家和气象专家参与调查。

经联合调查组的周密调查和分析，认定这是一起由于极限运动项目百公里越野赛在强度难度最大赛段遭遇大风、降水、降温的高影响天气，赛事组织管理不规范、运营执行不专业，导致重大人员伤亡的公共安全责任事件。此外，调查认定，甘肃晟景体育文化发展有限公司对事件的发生负有直接责任，公司负责人张小燕等 5 人已正式批准逮捕，由司法机关依法追究其刑事责任。赛事主办方、承办方、协办方、执行运营方 16 家单位及其 27 名相关人员对事件的发生负有责任，并依法依纪追究责任。

（根据百度百科《5·22 黄河石林山地马拉松百公里越野赛事件》整理）

案例分析

1.此事件带给我们哪些沉痛的教训？

2.如果一个会展活动组织不得当，会对社会和家庭及个人产生什么影响或伤害？

项目七

展出现场服务与管理

【知识目标】

- 熟悉布展期间服务的内容与流程。
- 掌握参展商展台接待工作的主要内容。
- 熟悉现场咨询服务与协调工作。
- 掌握展出现场秩序管理的相关知识。
- 掌握展览会突发事件的类型及应对措施。
- 熟悉展览会配套活动的类型及服务内容。

【技能目标】

- 具备展览会开幕式现场管理的技巧与能力。
- 能够独立策划展览会开幕式的程序。
- 能够从事展台接待工作。
- 具备从事现场咨询服务与协调工作的能力。
- 掌握从事相关工作的基本技能与技巧。

【学习重点】

- 布展、开幕式、展出及撤展期间的现场咨询服务与协调。
- 突发事件的管理。
- 展品安全管理。

【学习难点】

- 展出现场的服务与管理。

【案例导入】

第 3 届中国国际消费品博览会

中国国际消费品博览会(简称“消博会”)是中华人民共和国商务部、海南省人民政府主办,商务部外贸发展事务局、海南国际经济发展局承办的大型消费类国际博览会。

此博览会已经连续举办了 3 届,第 3 届中国国际消费品博览会暨全球消费论坛于 2023 年 4 月 10 日至 4 月 15 日在海南海口举行,中共中央政治局委员、国务院副总理何立峰发表视频致辞。

第 3 届中国国际消费品博览会共设有:服务消费与旅居生活展区、时尚精品展区、高端食品保健品展区、时尚生活与国际综合展区、时尚生活展区、“双循环买全球”展区、省区市展区、国货精品展区八大展区。展览总面积达到 12 万平方米,较第 2 届增加 20%,共有来自 65 个国家和地区的 3382 个消费精品品牌参展,进场观众超过 32 万人次。

本届消博会的参展品牌中,国外品牌 2226 个、国内品牌 1156 个,参展品牌数较第 2 届增加 19%。各类采购商和专业观众数量超 5 万人,其中来自意大利、法国、德国、日本、韩国、越南、印度尼西亚、泰国等 35 个国家和地区的超过 2000 名境外采购商到会参与洽谈采购。现场参会的境内外媒体超 200 家、记者 1800 余名。成立参展商联盟，17 个国际头部企业担任理事会成员单位。

第 3 届中国国际消费品博览会期间，举办了主题论坛、新品发布、时装周、采购对接、国别推介、省区市推介、展览展示等一系列活动。其中，全球消费论坛取得一定成果，举办了 47 场系列活动，发布消费洞察报告、消费趋势白皮书等关于消费、旅游零售市场领域行业报告 60 余篇。本届消费品博览会主要有以下特点：

1.展出规模更大。第 3 届中国国际消费品博览会展览总面积达 12 万平方米，比第二届增加 2 万平方米，参展品牌数量、采购商数量也超过前两届。

2.精品更多。第 3 届中国国际消费品博览会汇聚更多细分行业的全球头部品牌，一批国内消费品牌和老字号也集中展出，众多国内外品牌在展会期间举办新品首发首秀。

3.配套活动更丰富多彩。第 3 届中国国际消费品博览会期间，除继续举办“全球消费论坛”外，还举办一系列推介会、对接会、洽谈会、研讨会等活动。

4.国际参与度更高。第 3 届中国国际消费品博览会线下出席活动的外国政要、跨国企业负责人明显增加，众多国外采购商也到会采购。

习近平主席向首届消博会发来的贺信明确了消博会“全球消费精品展示交易平台”的定位，为办好消博会指明了方向。消博会已成功举办两届，展会规模不断扩大，影响力持续提升，为各国的优质商品和服务进入中国市场搭建了平台，也为中国消费品进入世界市场开辟了新的渠道。

案例分析

1.中国国际消费品博览会成功举办的支撑要素有哪些？

2.一个大型会展活动对举办地社会和经济发展都有哪些促进作用？

任务一　布展期间的服务与管理

展出现场服务和管理贯穿展览会的始终，包括展览会布展、展览和撤展等事务的组织管理工作，是办展机构对展览会进行组织管理的集中体现，包含的事务很多，需要多方面的协调配合。优质的展出现场服务和良好的现场管理是展览会成功举办的重要保证，也是展览会取得竞争优势的重要环节。

7.1.1　布展

展览会布展是指展览会开幕前的现场筹备工作，通常在开幕前几天，参展商进入展览区域为自己的展位进行展台设计与搭建。一般展览会的布展时间为 2~4 天，但展览会规模的大小对布展时间有一定的影响，展览会规模越大，需要的布展时间就越长；不同题材的布展时间长短也不相同，主要取决于展览题材及展品的复杂程度，如汽车展和大型机械展可能需要一个星期的布展时间，而消费品展布展时间通常只需两天。

从参展商的角度看，参展商需凭合同及其他有关证明到展览会现场报到，付清各种款项、领取相关证件、办理入场手续后，才能正式开始对展位进行搭装、布置和将展品陈列在展位上的系列工作。

从组展商的角度看,组展商必须对展览会现场环境进行布置,对参展商的有关工作进行全面协调和管理,是布展期间服务和管理的提供者。

7.1.2 布展期间组展商提供的服务和管理

1)布展前的准备

(1)有关报批手续的办理

根据国内对展览会的管理规定,组展商在布展前需要到工商、消防、安保和海关等部门办理有关手续,在办理有关手续后展览会才能开始布展。需要到这几个部门办理的手续分别是工商报批、消防报批和备案、安全保卫报批和备案、海关报批和备案。另外,还需要与展览会指定承建商和展品运输代理进行充分的协调和沟通,共同交流对展览会现场环境布置和展位搭建的指导思想、意见和建议,及时解决展品运输过程中可能出现的各种问题,避免出现现场布展格调不统一或展品迟迟未到等不良现象。如果展馆位于城市的中心地带,有些城市还需要办理外地车辆进城证以方便外地企业运送展品到展览会现场布展。

(2)展馆布置

展馆布置包括展位画线和展馆地毯铺设工作等。组展商通常会谨慎考虑展览性质、内容、规模等因素,确定展览会展台整体设计方案。按照各参展单位租用的场地面积和位置画好每一个展位的地域范围,确定每一个展位的具体位置,展位画线工作涉及每一个参展商租用展位的具体位置和面积大小,办展机构要认真仔细,一丝不苟,按照事先对参展商的承诺如实办理。在展馆计划铺设地毯的地方按计划铺设地毯,如展馆的公共区域、某些标准展位等。地毯铺设一定要紧贴地面,要美观,不能妨碍行人通行。

2)布展

(1)展位搭建协调工作

除了一些特装展位由参展商自己搭建以外,办展机构还要负责标准展位搭建。不管是标准展位还是特装展位,办展机构都要监督所有搭建商按办展机构的要求搭建。办展机构必须根据参展商的企业性质和产品特点,充分了解参展商的想法和要求,向参展商提供合适的展台设计建议。在布展过程中,为参展商提供相关服务;注意协调展馆与参展商在场地、用电以及参展商将展品运抵展场时可能遇到的开馆时间、场地负荷限制等矛盾;多个展台同时施工可能出现冲突,办展机构应该根据展台的位置、参展商的实际要求和施工情况等因素公正、合理地协调各方工作。

(2)现场施工管理和验收

办展机构要派出专门人员管理各承建商的现场施工,如展位楣板的制作、安装和核对,现场用电、用火、噪声,展位高度控制,电线线缆的安装和走向,灯光的设计和使用,搭建展位的材料的防火性能,展位之间通道宽度的控制,重型机械的地面承重控制,标准展位的标准配置等要及时查验,避免施工现场秩序混乱和出现安全隐患;监督现场清洁和布展垃圾的处理;所有的展位布置完毕以后,展览会还要陪同消防和安保部门对所有的展位进行一次全面系统的检查,保证展览会符合消防和安全要求,彻底清除展会现场可能存在的安全隐患。

(3)组织海关和保险等现场办公服务

办展机构负责一般安全性质的安全保卫工作,但对参展商的展品丢失、损坏和人员以外的伤亡等不负责任。为保护自己的展品和人员安全,参展商一般还要对自己的展品和员工投保。至于海外参展的展品必须办理海关通关手续,对于所有海外参展展品,展览会要陪同海关进行现场抽样查验。办展机构应邀请海关和保险等机构派员现场办公。

3)预展

大型的展览会,当参展商布展一切就绪,会在正式开展前的几小时或前一天现场预演展览,办展机构负责人亲临预展现场作展出前的最后检查,如果发现问题,设法作最后的补救和调整。上述布展和预展工作结束以后,展览会的现场布置就已经基本就绪。办展机构可以按计划举行展览会的开幕式,对外正式宣布展览会开幕了。

温馨提示

在会展活动的现场,会展活动的组织者是整个活动现场组织工作的指挥中心和核心部门。活动现场的组织工作涉及多个部门、众多企业和人员,时间紧任务重,整个组织工作是否能够有条不紊地进行,取决于组织者的组织能力和协调能力。根据本人多年的从业经验,活动组织者既要做好服务,又要加强管理,二者同等重要,缺一不可。

任务二　开幕式

展览会开幕式是展览会展览期间的开始,是办展机构用一种隆重的仪式向社会各界宣布展览会正式开幕,影响到参展商和观众对展览会的第一印象。开幕式是一项较为大型的活动,涉及的层面很多,事务也很复杂,需要事先经过周密的部署和仔细的筹划。

7.2.1　展览会开幕现场布置

1)开幕式现场安排

展览会现场布置需要安排好以下各项内容:开幕现场、序幕大厅、贵宾室、签到台、租用(鲜花、盆景等)布置、放横幅或背板,根据需要安排发言台、座椅、茶具、饮料以及座位名牌等。现场设备主要包括扩音、磁带、照明、空调等电器设备,要安排专人负责。剪彩用具包括立杆、彩带、剪刀、手套、托盘,人员有持彩人、托盘人和引导人。其他安排包括停车、安全、保卫、消防等。如果有单位祝贺展览会开幕或有企业做现场广告,还要布置好现场气球或其他广告牌等,按表演的需要布置好表演的场地。开幕式现场要布置得庄严隆重,营造出符合展览会定位需要的气氛。

展览会展馆内一般还要布置好以下内容:展馆、展区和展位分布平面图,各服务网点分布图,各参展企业及其展位号一览表及名录牌,展览会简介牌,展区参观路线指示牌,展览会宣传推广报道牌,展览会相关活动告示牌。设立"联络咨询服务中心"和"一条龙服务点",安排专门的人员在该中心负责接待和联系客户,现场处理和回答客户的有关问题。

如有必要,展览会还可在展览会适当的区域内开辟展览会嘉宾的休息室,配备茶水、咖啡、小点心和展览会的介绍资料,以及专门的服务人员或者翻译。

2)媒体接待与管理

许多展览会在开幕前会举行一次新闻发布会,向媒体通报展览会筹备情况,并告诉社会各界展览会将按计划如期举行。展览会开幕前,办展机构要与有关媒体取得联系,为召开新闻发布会或邀请媒体记者对展览会开幕现场和展览现场进行采访和新闻报道作准备。展览会可以引导不同的媒体从不同的侧面进行报道。

7.2.2 开幕式程序

1)开幕时间和地点

确定展览会开幕的时间和地点,并提前通知有关各方。由于参展商需要进场准备和出席开幕式的嘉宾要按时到场的要求,开幕式的时间一般不宜太早;展览会开幕式持续的时间也不宜太长,时间过长会导致厌烦情绪。开幕式的地点要以展出场馆的具体条件而定,一般安排在展览会展馆前的广场上,以方便开幕结束后的入场参观。如果开幕式现场安排一些表演活动,须统筹安排好表演的时间和地点,使表演和开幕式交相辉映,相得益彰。

2)出席开幕式的主要嘉宾

事先落实嘉宾名单,安排好嘉宾台上的位置。办展机构一般会邀请一些行业主管部门官员、行业协会与商会的领导、外国驻华机构代表以及其他有关人员作为展览会开幕式的嘉宾。一旦他们出席开幕式,办展机构就要派专人负责接待,准备签到簿让嘉宾签到。如有必要,配备专门的服务人员或者翻译。

3)开幕式讲话稿和新闻通稿

展览会开幕式讲话稿和新闻通稿是办展机构对外宣布展览会正式开幕的"宣言"。展览会新闻通稿是各新闻媒体报道展览会的基调,是展览会给媒体和记者的第一印象,办展机构要认真准备。

4)开幕式程序

展览会可以以多种方式来举行开幕式,如鸣放礼炮、嘉宾剪彩、领导讲话等,目的是营造气氛,扩大影响。如果是鸣放礼炮,要事先安排好布置礼炮的地点和鸣放礼炮的时机;如果是嘉宾剪彩,要安排好剪彩嘉宾,并安排礼仪小姐;如果是领导讲话,要准备好讲话稿,安排好现场摄影人员摄影。

展览会开幕式的程序通常由工作人员引导嘉宾至主席台就座,主持人宣布开幕仪式开始,介绍嘉宾,请有关领导主办方负责人、有关领导、参展商和观众代表相继致辞、剪彩,开幕式结束并请各位嘉宾和展览会观众进场参观。隆重的开幕式还有表演、燃放烟花、开幕酒会等节目。

任务三　展出现场的咨询服务与协调

展览会意味着参展商营销自己产品和形象正式开始，办展机构作为展览会的组织者一般设立展览会现场控制中心，总体监控和协调整个现场的展出秩序，以便随时处理各种问题、投诉和突发事件，为参展商提供展出现场的咨询服务与协调工作。展出期间的现场工作很多也很复杂，涉及面很广，展出现场的咨询服务与协调工作主要由办展机构负责，但参展商也参与其中。因此，一定要事先周密布置，仔细安排，确保每一项工作都有专人负责，责任分明，分工协作，共同管理好展览会现场的各项工作。

7.3.1　参展商的展台工作

1）参展商的展台接待工作

对参展商而言，接待观众是展台工作的第一步。参展商对不同观众的接待应有所区别。观众可分为目标客户和普通观众。普通观众与实现参展目标没有直接的关系，无须耗费太多时间和精力。接待好老客户，拓展潜在新客户是参展商的目的所在。参展商的展台人员要能从观众中发现新客户并努力与之建立起联系，如果发现重要客户前来参观，要予以特别的接待，如展台经理亲自接待。

2）展台资料和纪念品的发放

展台是参展企业的门面，应当保持展台的整齐、清洁。参展人员应及时进行展台清洁与整理工作，展品、模型、图片资料、声像设备等要放在适当的位置。展台资料包括企业介绍、产品目录、产品和服务说明、价格单、展台人员名片等。展台资料发放得当，才能有效地发挥宣传、推销作用。资料应放在观众便于拿取的位置或由展台人员直接均匀散发，并要注意资料的及时添加。资料发放要注意控制数量、区别对象，不宜任意发放造成浪费。资料可分为两类：一类成本较低，可以散发给每个观众，如单页和折页资料；一类是提供给目标客户的成套的、成本高的资料，这类资料一般不宜在展览现场提供，最好是展后邮寄给重点目标客户。

3）业务洽谈工作

经过展台工作人员的初步推销、介绍，观众对参展企业的产品出现购买意向时，便进入洽谈阶段，应积极争取与目标客户签订贸易合同。但对新客户的大宗买卖或者合作项目，需要慎重对待，不宜当场签订正式合同，可以在展览会结束并进行细致的调研工作以后再签订合同。

4）展品演示活动及现场销售

现场展品演示更能吸引观众注意，增加他们的购买欲望，实现理想的展示效果。例如，机械或仪器，可以安排现场示范，甚至让观众亲自动手操作，但须确保安全；食品饮料可以让观众现场品尝；服装可安排模特展示或专场表演。为防止出现差错，应事先对展品作认真的试验，但要注意不影响周围展台。参展商还可以在展览会现场举办讲座、产品推介会、有奖活动、文艺演出等以吸引观众。向普通观众开放的消费展,可以在遵守相应的管理规定的条件下进行现场销售。

5)展台记录和市场调研

展览会是理想的调研场所,参展商在展出现场中应主动收集所需要的信息,密切与办展机构及其他信息提供者联系,这样既节省费用又节约时间,还可以获取更多有价值的信息。展台记录是展台日常工作之一,主要记录接待和洽谈情况,其内容主要有参观展台观众的姓名、职务、工作单位、联系方式、询问的有关问题等。常见的记录方式有收集名片、使用登记簿、记录表格、电子记录设备等。记录要实时统计,如参观展台的人数、咨询的观众数量、样品索取数量、建立新客户关系的数量、意向成交数量和金额、成交笔数和金额等。完整准确的记录是参展效果评估和后续工作的主要依据,通报统计结果是参展企业每日展出总结会议的内容之一。

7.3.2 办展机构的现场咨询服务与协调工作

1)专业观众登记

从某种意义上讲,展览会成功的原因一部分在于参展商,另一部分在于观众尤其是专业观众,还有一部分在于办展机构的组织管理和服务。办展机构一般对专业观众到会情况极为重视,通常在专门区域设立专业观众登记柜台和观众登记通道,为观众参观、观众信息咨询、观众与参展商贸易谈判等提供便利和服务。可以根据需要对观众登记进行分类管理,以便提高登记工作效率。专业观众登记并做好数据统计是展览现场管理的重要环节,是展览会客户资料数据库重要的信息来源,可以及时准确地更新和补充客户数据库的信息,对改善客户关系管理办法和调整宣传推广策略有重要的作用。另外,观众信息是评价展览会品质的主要依据,如申请成为 UFI 的会员就必须提供观众的数据。因此,观众登记工作对办展机构具有重要的意义。

2)展览会资料的编制和发放

在展览会开幕之前,办展机构一般要准备好以下几种资料:展览会参观指南、观众登记表、展览会证件、门票、展览会会刊等资料,主要是向展览会的专业观众、媒体记者以及与会参观的嘉宾发放。展览会会刊是本届展览会所有参展商信息的汇编,一般要收录参展商的以下信息:单位名称、地址、联系人、联系方式(如电话、传真、电子邮件和网址),单位及产品简介,产品主要面向的市场范围等,同时还会标明该参展商在本届展览会里的展位号以便观众寻找,帮助参展商扩大宣传,扩大参展商的知名度。展览会会刊除了上述信息以外,还会附上展览会参观指南,观众可以很方便地找到自己要到的展馆或者展区。

3)展览会证件与门票管理

为了便于展览会现场管理,办展机构一般印制展览会证件并进行门票管理。展览会证件一般包括以下 7 种:参展商证,供参展商进出展馆使用;布展及撤展证,在布展和撤展时,供承建商和参展商的相关工作人员使用;专业观众证,供展览会的专业观众使用;贵宾证,也叫 VIP 证,供到会参观的嘉宾使用;媒体证,供各新闻媒体的记者及摄影等工作人员使用;工作人员证,供办展机构的有关工作人员使用;车证,供参展商、观众和到会嘉宾在展馆停车场停车之用。

办展机构工作人员和企业参展人员通常比观众早半小时入馆，进行接待准备，展览工作人员、观众必须在规定的时间前出馆。参展商、观众等所有人员原则上须将有关证件佩戴在胸前，并自觉配合展览会保安人员的查验。证件不得转借、变卖、涂改和一证多用。证件一经制作，不予更换。展览会还应根据实际情况适当控制展馆里的人流量。有些展览会对普通观众开放并出售门票，专业观众凭"专业观众证"进馆参观，普通观众凭门票进馆参观；还有一些展览会对所有的观众都出售门票，所有观众都凭门票进馆参观。如果展览会出售门票，办展机构要事先与当地税务部门取得联系，在取得税务部门的同意后方可印制和出售门票。

4）展览会现场秩序管理

维护展览会现场秩序。为保证一个相对安静、有序的展出环境，办展机构通常进行环境噪声控制，对展位发出的音量限制在 50 分贝以下，使其不对观众或其他相邻的参展商构成干扰。针对参展商可能将展位转让或转租的情况，制订比较严格的展位管理规定。参展商只能在自己的展位派发各种资料，不得在他人展位和通道上派发，也不得在通道上摆放宣传品和宣传资料。办展机构一般要负责展场公共区域如通道等的清洁卫生工作，展览期间以及每天闭馆后派出相关人员打扫这些区域，为参展商和观众提供一个清洁的参观与洽谈环境。

5）开展参展商和观众意见调查，做好有关信息的收集整理

展览会展览期间，各种信息汇集于同一个展馆里，办展机构要抓住这一时机收集有关信息，如对参展商和观众进行问卷调查等现场联络和服务工作，了解他们对展览会各方面的看法和意见等。展览期间收集的信息是改进展览会办展策略的重要参考资料，要认真收集、分析和整理。展览期间，所有的参展商都亲临展览会，办展机构一般会抓住这一机遇，亲自到各参展商的展位拜访参展商，或者邀请参展商座谈，与他们联络感情，了解他们的需求，征求他们对展览会的意见和改进建议，及时为他们提供需要的各种服务。

6）知识产权保护工作

办展机构应邀请商标、专利、版权等知识产权管理部门进驻展馆，安排人员负责受理发生在展览现场的涉嫌侵犯知识产权的投诉。如果展品被证明侵犯了知识产权，办展机构有权要求参展商撤走侵犯他人知识产权的展品，由此引发的后果由参展商承担，包括赔偿主承办单位因第三方指控参展单位和主承办单位侵权而引起的一切费用与损失。展览会一般只负责配合各参展商保护自己的知识产权，负责协助解决知识产权方面的纠纷；但对于某些参展商的知识产权被另一些参展商侵犯，展览会不负具体责任，侵犯知识产权的责任由具体参展商自己承担。

7）提供其他关联服务

在整个会展活动实施过程中，需要提供的服务有很多，包括住宿、餐饮以及现场的专业服务，展馆内通常设有商务中心，办展机构在现场也会设置办公室或总服务台。商务中心可提供如翻译、出口贸易咨询、酒店住宿咨询、会议旅行安排及电话、传真、复印、打字、票务、外币兑换等服务，以及电气、地毯、视听器材、电话、电脑、给排水、展位清洁服务、会

展场所的装饰、物品的存放、消防咨询、清洁押金及有关收费、娱乐活动等具体现场服务需求，上述服务有些是需要参展商提前预订的，如视听器材、电话、电脑等服务项目，而有些是必备的服务项目。无论哪种情况，应最大限度地满足参展商的需求，使他们对服务工作满意。

任务四　突发事件管理

展览会是人员众多、程序复杂的大型活动，现场可能会发生意想不到的突发事件，对此类突如其来的事件的风险管理成为展览会策划者不容忽视的因素，展览会组织者在危机和紧急事件之前要扮演领导者角色。对突发事件最好的管理是进行事前控制，考虑安全风险的化解，为可能的各类紧急事件制订详细周密的响应措施以将展览会的风险降低至最小。然而有些像自然灾害、恐怖活动或示威游行等不可控制因素，一般都应制订紧急应急措施。

7.4.1　紧急医疗

医疗事件在任何时候、任何地点都会发生，工作人员、观众可能会因为气候、饮食、疲劳和其他情况突然生病，容易突发的病症是心脏疾病、中风、食物过敏和其他危害生命的病，以及因为改变饮食、喝酒、睡眠不足、疲劳、处于不熟悉环境、孤独、远离亲人产生的种种不适。对此，展览会组织者应事先做好大量的准备工作，制订各种应急预案。组织者可以请卫生机构协助成立一个紧急医疗救护系统，在展览会现场安排医疗人员，保持任何时间的联络通畅，并让全体员工学会人工呼吸或心肺救助复苏等急救方法。如有紧急情况发生，立即安排救护并送医院急救。

7.4.2　火灾防范

组织者应做好展前和展期的消防检查，重点检查消防的配备和完好情况，同时检查场馆的电路系统，有无易燃物品、自动灭火系统，灭火设备是否配备完好有效，安全出口是否畅通等，以消灭隐患，防患于未然。有必要让每一个参展者都知道遇到火灾时的应对措施，告知客人逃生步骤以及紧急逃生出口，把这些注意事项打印在计划书中或作为附加材料发放到参展者手中。

温馨提示

会展活动现场是一个人员十分集中的场所，会展活动的组织者必须要有高度的安防意识，加强对相关人员的安防教育，提高对突发事件危害性的认识和处置能力，根据会展活动的主题与类型，坚持以预防为主的原则，制订完善的突发事件应急处置方案，做到一活动一预案，采取一切防范措施，防止突发事件的发生。

7.4.3 盗窃防范

一些文物展、珠宝展要加倍提高防盗工作力度。展览组可以请当地公安系统配合支持，组建高素质的警卫队伍，确保展览会的安全。展览组织者在加强警卫的同时，还应该以书面材料的形式告知参展者相关的防盗事项，提醒参展者尽量少到人多的地方，外出时不要带贵重物品如大量现金、珠宝、护照及重要证件。

7.4.4 卫生问题

卫生问题是会展举行的一大挑战，包括饮食卫生和环境卫生。会展举办地环境卫生一般不会有大的问题，而饮食卫生则要复杂一些，要慎重选择餐饮合作对象。万一因饮食不洁而造成人员腹泻或食物中毒，将会带来无法挽回的损失，对主办国家、城市、主办单位的形象都会产生负面影响。

7.4.5 自然灾害

自然灾害是在控制能力之外的紧急事件。飓风、暴风雨、地震、森林大火都是典型的自然灾害。在一定程度上为自然灾害的到来作准备，一旦发生，唯一能做的就是制订出一个恢复计划以及考虑如何弥补损失，通常购买商业保险或其他种类的保险能减少损失。

7.4.6 恐怖袭击

2001 年以后，人们不得不面对恐怖袭击这个字眼。大型会展中心，有可能成为恐怖组织袭击的目标，虽然这种可能性很小，但由于情况难以预测，因此会展组织者不得不从安全和风险管理更高的要求出发，做好各种应急行动计划。

最常见的恐怖袭击是炸弹袭击。美国政府已经通过酒精、烟草和武器管理局共同制订了一些预防炸弹袭击的措施。展览会可以借鉴国际经验，根据实际情况制订一些应急行动计划，并对员工进行有针对性的培训，以便当紧急情况发生时，可以快速反应启动应急措施，最好是能得到执法部门的合作，遵照他们的指令行事。

7.4.7 游行示威

如果展览会本身不幸成为示威游行的对象，必须要小心处理，置之不理或采取对抗措施都不明智。展览会组织机构应该妥善处理并在必要情况下求助执法部门，找出恰当的解决方案。并向参展者说明并通报事情进展，稳定他们的情绪，减少不安和担心。

任务五　展品安全管理

展览会人流多，存在许多潜在安全隐患，展品的安全保卫就是其中之一。展览期间展览会负责提供一般的现场安全保卫工作，主要包括防止可疑人员进入展览会，消除各种安全隐患，保护参展商和观众的人身安全，防止展品丢失和被盗，展览会消防安全保护，防止展台记录及其他秘密资料或情报被非法窃取或合法套取，协助参展商处理一些安全保卫等方面的工作。

7.5.1 配备安全设施和保卫人员

展览会可以通过聘请安全保卫公司或请求公安部门协助来加强充实安全保卫力量，所有的安全保卫人员不管是专职的还是临时聘用的，都应该在会展活动前接受“展前培训”，并了解现场设施，熟悉环境。每位安全保卫人员必须明确职责，时刻保持高度警惕，注意观察，提防可疑人员。由于人越多安全保卫越困难，因此特大型展览会通常将观众人数控制到最低限度，采取分时段、分批次等手段让出席展览会的人凭胸卡或入场券才能获权参观。

另外，配备先进的安全保卫设施，对于规模很大、展品价值昂贵的展览起到很好的作用，如安装电子监视器、防盗警报和闭路电视效果都很好，晚间配备警犬巡逻也特别有效。但是电子监视系统使用投入费用相对也较大，不少会展活动由于预算太紧而不能使用。

7.5.2 展品的安全管理

展品的安全保卫涉及四个阶段：展品进场、展示期间、闭展期间和展品离场。其中，在展品进场和展品离场这两个阶段，展品涉及多次交接和搬运，许多人员有机会接触到展品和工作用品，因此是展品安全管理的关键阶段。

参展商首先自身必须遵守展览会的一系列安全规定，并严格按规定办事。在展览期间，要有专人负责检查展架、设备状况，随时维护修理，每天闭馆时检查展台，关闭电源。在离开展位的一段时间里，参展商必须要有人代替他们照顾展位，不能出现无人照顾看管的现象。此外，在晚上当参展商离开展厅时，展品也十分容易被窃，参展商必须注意把贵重展品放入保险库或保险箱里。

原则上展览期间展品一律准进不准出，所有进馆物品需接受保安人员的安全检查。未经申报或未通过组展商审核同意的展品不得参展。展览会开始后，未经组展商许可，任何展品不可从展台或现场撤走。在展览会未结束前，任何展台不准拆卸。展品的摆设不得超出参展商展位，不能占用过道及过道上方的空间。专业展通常禁止在展览会现场销售展品。在展品进场时的装卸过程中，安全保卫人员要对展品装卸区域采取保卫措施。所有展品进场和离场必须凭展览会组委会颁发的通行证。此外，在通行证上必须注明进离场展品的品种与数量，经安全保卫人员检查核对无误才可放行展品。撤展的时候展厅里是最忙乱的，要特别注意安全保卫工作。

任务六 配套活动的组织

展览会相关活动的组织是对准备在展览会期间同期举办的各种相关活动作出的计划安排，较常见的配套活动有技术交流会、研讨会、比赛、主题酒会、娱乐活动和各种表演等。

它们是展览会的有益补充，一般展览会都要积极安排和协调，以保证展览会更好的效果。

7.6.1　开/闭幕酒会

开/闭幕酒会是展览会的一项重要公关活动，可以很好地促进展览会与参展商、行业领导和其他有关各方面的关系。

在展览会开幕的当天中午或晚上，办展机构一般会为展览会举行开幕酒会，用来招待出席开幕式的领导、嘉宾和参展商代表。举行开幕酒会，办展机构要事先安排好酒会举办的地点、时间、酒会的方式、出席酒会的人员范围、酒会的标准等。

一般来说，出席酒会的人员包括出席开幕式的领导和嘉宾、办展机构的领导和代表、行业协会和商会的领导、参展商代表、行业主管部门官员、新闻媒体、工商管理部门的代表、有关外国驻华机构代表等。展览会要事先通知他们有关酒会的情况，并对他们发出正式邀请，派专人跟踪落实他们的到会情况。

酒会的标准可以按展览会的总预算中对酒会的预算来具体安排，并根据该预算做好酒会的详细预算。酒会地点最好安排在离展馆不远的酒店里举行。根据展览会的实际条件选择酒店的档次，要考虑酒店的接待能力、便利程度及安全问题。开幕酒会的方式可以采用自助餐的形式，也可以采用围餐的形式，还可以由展览会主办单位领导致简短欢迎词，并安排其他有关领导发表简短讲话。

闭幕酒会则是宣告展览会举办成功和顺利结束，可参照开幕式酒会程序进行。

7.6.2　论坛、专题交流会

在展出期间，组织论坛、专题交流会或技术交流会是目前会展业发展的新趋势。在展出期间举办一些相应的配套活动，既可以活跃展出现场的气氛，又可以进一步丰富展览会主题的内涵，还为与会者增添了获取信息和进行交流洽谈的渠道和平台。这对进一步扩大会展活动的带动效应和会展品牌建设都有着十分重要的作用。2023 年在北京举办的第 9 届中国国际服务贸易交易会在展出期间举办了多项论坛和推介洽谈活动。在 72 场推介洽谈中，各行业举办了 30 场，英国、德国、世界知识产权组织等举办 29 场，香港特别行政区和台湾地区举办 5 场，山东等 8 个省区市举办 8 场。另外，贵州举办了“2023 服贸会多彩之夜”边会活动。近 8 万名专业观众应邀到会洽商，在成交项目、投资、战略协议、权威发布、首发创新和联盟平台等 7 方面共达成超过 1100 项成果。

7.6.3　表演、比赛和其他娱乐活动

按照会展规模的不同，展览会还可以安排各种与展览主题相关的表演、比赛或其他娱乐活动，以烘托展览会气氛和扩大展览会效果。例如，有些展览会专门组织有著名歌星或影视明星参加的文艺晚会，或者特别举办营销性的比赛和表演活动，这些相关活动有利于活跃现场气氛和吸引潜在的观众和参展商，在行业内和社会上都将产生较大影响。

任务七　撤展期间的服务与管理

7.7.1　撤展管理

展览会闭幕标志着展览会结束，但并不意味着展出工作的结束，展览组织者、参展商还必须完成撤展、结账、评估总结、宣传报道等展览后续管理工作。

展览会的撤展工作主要包括展位的拆除、参展商租用展具的退还、参展商展品的处理和回运、展场的清洁和撤展安全保卫等工作。撤展工作必须在展览会闭幕后开始，但是为保证撤展的有序进行，撤展准备工作应于展览期间甚至开幕前就予以考虑和准备，这样才能保证展览会撤展工作有条不紊地进行，不然，撤展工作就可能出现混乱。组展商通常向参展商发放《撤展通知》，参展商须按《撤展通知》有关规定撤展。撤展工作人员须佩戴撤展证方能出入展览场馆。

1）展位的拆除

展览完毕，各参展商的展位要安全拆除，让展览场地恢复原貌，展位的拆除工作一般在展品取下展架后才进行。如果参展商使用的是标准展位或者委托施工的展位，展位的拆除工作一般由承建商负责；如果参展商使用的展位是自己施工搭建的，展位的拆除工作就要由参展商负责，参展商必须将展台内的垃圾运到指定地点后，才能到服务台领回清洁押金，结束撤展。展览会要监督各参展商或承建商按规定的程序进行展位的拆除工作。

2）参展商租用展具的退还

展览完毕，各参展商临时租用的展具要及时退还展馆服务部门或者各承建商，参展商应在闭馆前半小时内完成归还租赁的器材、办理租赁押金退还等手续。如果参展商在退还展具时和展馆服务部门或承建商之间出现问题，展览会可以从中协调。

3）参展商展品的处理和回运

参展商的展品有四种处理办法：出售、赠送、销毁和回运。不管是哪一种处理办法，参展商都要提前作好计划和准备。有些展览会不许现场出售展品，这时参展商就不能在展览结束后将展品卖给观众。展览结束后，参展商可以将展品赠送给客户、当地代理商或其他有关人员。如果某些展品不便赠送或者参展商不愿出售和赠送，往往就地销毁。对于一些价值较大又无法现场售出的展品，参展商往往要将它们运回去，参展商需将展品打包，到现场服务台办理“出馆放行条”，运走展品。

4）展品出馆控制

为了保证所有出馆人员带出展馆的展品是自己的物品，在展览会展览期间及展览会结束后，展览会要对所有的出馆展品进行查验，凭组展商发放的放行条出馆。相应地，参展商要向展览会申请“放行条”，展览会在查验展品与“放行条”一致时才准许其出馆。

5）展场的清洁

展览会撤展时往往会比布展时产生更多的垃圾，对于这些垃圾，展览会或其指定的承建商要及时处理。注意不要弄脏展场地面和其他有关设施，恢复场地原貌，最后所有参展商撤离展场，展览组织者将展览场地交还展馆，展览会组织者在展览会现场的工作结束。

6）撤展安全保卫

展览会撤展时往往比较杂乱，要做好撤展现场的安全和消防保卫工作。

7.7.2 撤展后续工作

1）展后费用结算

办展机构要派出专门人员与展馆场地部门核对展览会租用面积、参展类别和各服务收费，准备相关资料和数据，为展览会闭幕后与场地部门结算作准备。

2）致谢

展览组织者、参展商要向提供帮助的单位和人员致谢。致谢是展后例行工作之一，它不仅是一种礼节，而且对建立良好的关系有促进作用。致谢方式包括向重要客户、支持和合作单位及媒体致谢，邮寄感谢信或电话致谢、发函致谢、登门致谢以及宴请致谢。

3）拓展和巩固客户关系

展览组织者对于参展商会后反馈的关于展览会的有关问题，要及时予以答复，更新目标客户数据库。对于参展商需要的展览会相关资料，能提供的尽可能提供，以尽量满足参展商的需要。参展商在展览会闭幕之后和离开展出地之前，展台人员可以抓紧时间访问展出地的关键客户，抢在竞争对手前巩固与新客户的关系。对于接近谈成的项目，争取在离开展出地之前签约。进行展后宣传，定期邮寄资料，登门拜访或邀请来访。

4）与有关方面商谈下届展览会的合作与代理事宜

展览效果好的展览会可以考虑继续展出，现场设立专门的“招展办公室”，负责为参展商预订和优先挑选下一届展览会的展位，同时与展览会的各合作单位和招展、招商代理等有关方面商谈下一届展览会的合作与代理事宜，为下一届展览会提前作好充足的准备。组织者在以后发布新闻稿时可提及最先申请的参展商，这也是参展商扩大影响的机会。

7.7.3 参展评估和总结工作

企业花费大量的人力和财力参加一个会展活动，结束后必须予以评估总结，评估展览成果的好坏，总结经验，吸取教训，以便改善将来的展览工作。参展评估包括参展工作评估和展出效果评估，目的是了解参展工作的质量、效率和开支情况。

参展工作评估主要是对参展筹备工作的整体情况进行评估，通过评估，了解负责筹备工作人员的工作态度、效率及效果等。

展出效果评估主要对展览收支情况进行评估，用于了解参展的效益，包括成本效益比评估、成本利润评估、成交评估、观众质量评估、客户接待成本评估等。

参展总结的具体内容主要包括：展览概况、市场和竞争对手情况、展台情况、参展工作情况、展出效果及结论等。

对于参展商来说，参展总结工作最好在展台人员未离开展出地时完成，总结的主要内容是收集整理展览资料，包括成交合同、新客户名单、参观者接待记录、市场和行业调研结果等，在此基础上写出总体参展总结报告，内容包括市场潜力、竞争态势、前景分析报告、财务报告、展台工作和展览效果报告、后续工作建议或计划等。

对于展览组织者来说，尽快汇总参展商成交情况，根据展览会上参展商、观众以及媒体的反应。对照往届展览会、国内外同类展览会的举办情况，计算展览各项工作的成本和收益；总结优势以利发扬，寻找差距以待改善。展览会整体总结报告应尽快完成，以提供给媒体作为关于展览会结果的新闻报道的重要资料。

7.7.4 宣传报道

展览会组织者或参展商如果觉得展出效果好，可以举行记者招待会或发新闻通稿，以介绍展出结果、参展商、目标观众的收获为重点。将展览盛况提供给新闻界，通过媒体广为宣传，进一步扩大展览影响。

【项目小结】

会展服务是指会展企业和相关企业向会展活动的主办者、承办者、参展者、客商及观众所提供的服务。展出现场服务和管理贯穿展览会的始终，优质的展出现场服务和良好的现场管理是展览会成功举办的重要保证，也是展览会取得竞争优势的关键。本项目主要介绍展出现场服务与管理的一些基本环节。展出现场服务与管理主要包括布展、开幕式、展出现场及撤展期间的服务与管理等，与此同时，必须关注对突发事件的管理和展品安全管理以及配套活动的组织。

【复习思考题】

1.如何组织布展期间的服务与管理？
2.如何成功地组织开幕式？
3.展出现场如何组织咨询服务与协调？
4.简述展品安全管理。
5.如何应对突发事件管理？
6.简述撤展期间的服务与管理。

【实训题】

实训项目

一、实训组织

同学分别扮演办展机构工作人员、参展商、专业观众，进行课堂模拟展览会现场咨询服务与协调工作。

二、实训要求

1.学生分组和角色分配要合理。
2.模拟训练要逼真。
3.指导教师针对角色要提出不同要求，并及时给予点评。

三、实训目的

1.培养学生的服务意识与技巧。

2.使学生熟悉现场服务的内容与规范。

3.培养学生的现场服务与协调能力。

【案例回放】

黄河石林山地马拉松百公里越野赛事件发生的主要原因

2021 年 5 月 22 日，在甘肃省白银市景泰县黄河石林大景区内举行的第 4 届黄河石林山地马拉松百公里越野赛暨乡村振兴健康跑活动由于在强度难度最高赛段遭遇大风、降水、降温的高影响天气，赛事组织管理不规范、运营执行不专业等，导致演变成为一起造成 21 名参赛选手死亡，8 人受伤的重大人员伤亡的公共安全责任事件。根据甘肃省委省政府联合调查组的调查报告，此事件发生的原因主要有以下几点。

1.天气方面原因。5 月 22 日上午 9 时赛事开始后，大多数参赛选手穿着短袖短裤，未随身携带冲锋衣等保暖装备。上午 10 时 30 分左右，赛事区域开始降水，12 时左右，131 名参赛选手通过 2 号打卡点，进入 2 号打卡点至 4 号打卡点之间赛段，该赛段全长 14 公里，海拔高度最高为 2230 米。13 时前后，3 号打卡点附近气温降至 4℃左右，平均风力可达 6–7 级，最大阵风 8–9 级，伴有累计降水量 3~5 毫米，部分赛段可能出现霰（冰粒），受大风、降水影响，体感温度下降到–5 至–3℃，至 15 时前大部分时段体感温度低于 0℃，参赛选手经历了持续最低体感温度时段，加之野外高原环境和衣着单薄等多种因素，导致部分参赛选手因急性失温死亡。

2.工作方面原因。赛事举办机构风险防范意识不强，在赛前收到气象部门气象信息专报和大风蓝色预警后，未采取有效应对措施；未按高海拔赛事标准，将防风保暖装备列入强制装备清单；赛道补给点设置不合理，在最难最险的高海拔赛段（2230 米）未设置医疗救助和补给点；未采取加强和改善通信条件的措施，导致最危险时刻通信联络不畅。赛事承办执行和运营单位组织、管理、运营水平低，未按规定制定专项应急预案和安保措施，应急救援力量准备严重不足；在收到请求救援、大范围退赛信息后，前期救援统筹不够、组织不力。

3.赛事组织管理不规范。白银市委市政府、景泰县委县政府对此次重大活动，均未召开专题会议研究；白银市委、市政府作为主办单位，在开赛前 3 天才下发《活动方案》，致使相关部门单位准备不足，未能采取有效落实措施；景泰县委、县政府作为承办单位，《实施方案》只上报未下发，导致部分相关部门职责任务不清；景区管委会《执行方案》照抄照搬，未制定专项应急预案和安保方案；晟景公司组建的赛事运营机构专业人员严重不足，11 名工作人员负责 43 项赛事工作，其中最多的 1 人负责 9 项，赛事医疗、安保、志愿者服务 3 个总指挥均由 1 名临时聘用人员担任。赛事组织管理不规范，导致事前风险防范不足，事发后应对处置不力。

4.安全监管措施不落实。白银市、景泰县体育赛事管理部门未认真落实体育赛事行业安全监管责任，在此类赛事的事前审批取消后，忽视安全监管责任，未落实事中事后监管措施；未主动为赛事的竞赛组织、参赛保障、安全管理等方面提供业务指导、技术支持和咨询服务。市县两级相关职能部门未按照大型群众性活动要求，对赛事执行运营单位制定的安保方案、采取的安保措施等实施有效监管，导致源头隐患和安全风险未得到及时发现和整改。

5.救援力量准备不到位。赛事组委会及其办公室和运营单位在《实施方案》和相关预案中，没有作出应急救援力量部署，仅以口头协议的形式调动社会救援力量参与安保和救援工作，应急救援人员、物资准备不足，导致在紧急情况发生后，才增派力量、物资、车辆开展救援。

6.安全保障条件不充分。此赛事场地设在黄河石林大景区范围内，已经连续三年举办百公里越野赛，赛道通信、医疗等安全保障设施建设严重滞后的问题一直未得到改善。在已知部分区域(赛道)网络信号存在弱覆盖或无覆盖的情况下，未采取改善通信条件的具体措施，未在3号打卡点最高处架设对讲机中继信号站，造成求助信息、人员伤亡情况不能及时传递，事发初期救援指挥通信不畅，影响救援效率。医疗急救保障准备不充分，在3号打卡点仅有2名工作人员，未设置医疗人员和救护设备，未能及时有效实施救援。

(根据百度百科《5·22黄河石林山地马拉松百公里越野赛事件》整理)

案例分析

1.作为会展活动的组织者，如何提高我们的主体意识和责任意识？

2.作为会展活动组织者，应具备哪些应对突发事件的能力？

项目八

展览会品牌策划与传播

【知识目标】

●熟悉展览会品牌定位原则。
●掌握展览会品牌定位策略。
●掌握展览会品牌定位步骤。
●熟知展览会品牌支撑要素。
●了解展览会品牌的传播法则。
●学会对展览会品牌传播进行媒体选择。

【技能目标】

●能够初步运用定位策略对会展品牌进行定位。
●基本具备策划展览会品牌延伸的能力。
●初步具备制订展览会品牌传播计划的能力。
●针对会展品牌的传播计划,能够正确选择传播媒体。

【学习重点】

●展览会品牌定位策略。
●展览会品牌支撑要素。

【学习难点】

●展览会品牌的传播法则。

【案例导入】

第3届"一带一路"国际合作高峰论坛

2023年10月17日至18日在北京隆重召开。10月18日上午,国家主席习近平在人民大会堂出席第3届"一带一路"国际合作高峰论坛开幕式并发表题为《建设开放包容、互联互通、共同发展的世界》的主旨演讲。习近平宣布中国支持高质量共建"一带一路"的八项行动,强调中方愿同各方深化"一带一路"合作伙伴关系,推动共建"一带一路"进入高质量发展的新阶段,为实现世界各国的现代化作出不懈努力。除此之外,本届高峰论坛期间的其他活动包括开幕式,互联互通、绿色发展、数字经济3场高级别论坛,以及关于贸易畅通、民心相通、智库交流、廉洁丝路、地方合作、海洋合作的6场专题论坛,同时还举办了企业家大会。本届高峰论坛主题为"高质量共建'一带一路',携手实现共同发展繁荣"。第3届"一带一路"国际合作高峰论坛有来自140多个国家、30多个国际组织的代表确认与会。参会嘉宾注册人数超过4000人。

一、会议背景

习近平主席在2013年秋天提出共建"一带一路"的合作倡议,旨在通过加强国际合作,对接彼此发展战略,实现优势互补,促进共同发展。3年多来,"一带一路"相关合作稳步推进,受到各方普遍欢迎和参与。2017年,"一带一路"建设处在全面推进的关键节点,主办高峰论坛就是要总结过去、规划未来。

2017 年 1 月 17 日，习近平主席在举行的达沃斯世界经济论坛年会上宣布，2017 年 5 月中国在北京主办“一带一路”国际合作高峰论坛，共商合作大计，共建合作平台，共享合作成果，为解决世界和区域经济面临的问题寻找方案，为实现联动式发展注入新能量，让“一带一路”建设更好造福各国人民。

二、习近平提出的八项行动

1.构建“一带一路”立体互联互通网络。中方会同各方搭建以铁路、公路直达运输为支撑的亚欧大陆物流新通道。积极推进“丝路海运”港航贸一体化发展，加快陆海新通道、空中丝绸之路建设。

2.支持建设开放型世界经济。中方将创建“丝路电商”合作先行区，同更多国家商签自由贸易协定、投资保护协定。全面取消制造业领域外资准入限制措施。

3.开展务实合作。中方将统筹推进标志性工程和“小而美”民生项目。中方还将实施 1000 个小型民生援助项目，通过鲁班工坊等推进中外职业教育合作，并同各方加强对共建“一带一路”项目和人员安全保障。

4.促进绿色发展。中方将持续深化绿色基建、绿色能源、绿色交通等领域合作，落实“一带一路”绿色投资原则，到 2030 年为伙伴国开展 10 万人次培训。

5.推动科技创新。中方将继续实施“一带一路”科技创新行动计划，举办首届“一带一路”科技交流大会，未来 5 年把同各方共建的联合实验室扩大到 100 家，支持各国青年科学家来华短期工作。

6.支持民间交往。中方将举办“良渚论坛”，深化同共建“一带一路”国家的文明对话。继续实施“丝绸之路”中国政府奖学金项目。

7.建设廉洁之路。中方将会同合作伙伴发布《“一带一路”廉洁建设成效与展望》，推出《“一带一路”廉洁建设高级原则》，建立“一带一路”企业廉洁合规评价体系，同国际组织合作开展“一带一路”廉洁研究和培训。

8.完善“一带一路”国际合作机制。中方将同共建“一带一路”各国加强能源、税收、金融、绿色发展、减灾、反腐败、智库、媒体、文化等领域的多边合作平台建设。

三、本届论坛的主要成果

本届高峰论坛期间，来自海内外的与会嘉宾围绕相应议题深入交流，结合贸易畅通、民心相通、智库交流、廉洁丝路、地方合作、海洋合作等议题平行举办的 6 场专题论坛取得丰硕成果，具体包括：高级别论坛成果 7 项；专题论坛及企业家大会成果 10 项；政府间合作平台成果 18 项；非政府合作平台成果 14 项；于 2023 年至 2024 年举办的国际会议 40 项，共计 89 项。

四、“一带一路”倡议促进了我国与有关国家贸易和经济合作快速发展

2023 年，我国与共建“一带一路”国家进出口达到 19.47 万亿元，同比增长 2.8%，占我国外贸总值的 46.6%，规模和占比均为倡议提出以来的最高水平。

2023 年在货物运输方面，中欧班列开行 1.7 万列，发送货物 190 万标箱，同比分别增长 6%和 18%；西部陆海新通道班列运输货物 86 万标箱，增长 14%；海关监管验放中老铁路进出口货物 421.8 万吨，增长 94.9%，中老铁路这一条中国和东南亚之间的物流“黄金大通道”作用日益显现。

通过贸易合作，各国人民对美好生活的需求得到更好满足。我国自共建国家进口了水果、乳品，出口了服装、鞋帽，同时积极助力共建国家的制造业和基建领域发展，2023 年以对外承包工程方式，对共建国家出口 861 亿元，增长近 3 成。

案例分析

1.本届高峰论坛取得如此丰硕成果的原因是什么？

2.为什么“一带一路”高峰论坛得到那么多国家和国际组织的认可和赞赏？

任务一　展览会品牌定位

8.1.1　展览会品牌定位原则

要把一个展览会办成具有影响力的品牌展览会，给展览会一个准确的定位是办展机构首先要解决的问题。展览会品牌的定位将直接影响到展览会的成功。那么，展览会该如何定位呢？下面就展览会品牌的定位原则给大家作一下简要介绍。

1）突出自身特点原则

在目前会展市场竞争激烈的情况下，展览会类同化现象日益突出，这是市场经济发展的必然结果。相信用不了几年这种局面一定会得到改善，会展市场也一定会得到净化，那些缺乏竞争力和影响力的展览会将会自然消失，一批有影响力的品牌展览会将脱颖而出，并将主导我国的会展市场。为了给自己的展览会品牌一个准确的定位，能向着品牌展览会的方向发展，我们先来了解一下品牌展览会的基本特征。与一般展览会相比，品牌展览会具有以下四大基本特征。

（1）知名度特征

品牌展览会具有较高的知名度。品牌展览会在一定区域内具有较高的知名度和较大的影响力，普遍能得到业界的肯定和认可。

（2）规模成效特征

品牌展览会具有较好的规模成效。品牌展览会具有明显的成效，具有相当的展出规模，社会效益和经济效益明显，对参展商和专业观众有较强的吸引力，能充分体现展览会的自身动能与价值。

（3）权威性特征

品牌展览会具有较强的权威性。品牌展览会具有一定的前瞻性和预见性，市场定位明确，能提供几乎涵盖展览会题材所涉及产业的所有信息，具有较强的信息传播动能。从某种程度上讲，它代表和反映展览会相关产业的发展动态和发展趋势，对相关行业具有较强的指导性和影响力。

（4）服务的规范性特征

品牌展览会具有规范的服务和完善的功能。在展出期间组织的配套活动具有较强的针对性和目的性，拥有较强的声誉和可信度。

从以上品牌展览会的四大特征来看，准确定位是一个展览会向品牌展览会发展的基础和前提。我们必须对与办展有关的各种条件和因素进行认真准确的分析，找准自己展览会的竞争优势和特点，给自己的展览会一个准确的定位。

2）坚持资源利用最大化原则

展览会品牌定位的最终目的是促进展览会的发展，取得参展企业和专业观众的信赖，占领更多的市场份额，为办展机构和社会创造最佳社会效益和经济效益。因此，品牌定位要充分考虑办展机构自身占有和可以利用的各种资源条件，以优化配置和合理利用各种资源，既不要造成资源闲置或浪费，也不要超过现有资源条件，追求过高的定位，最终陷入心有余而力不足的被动境地。由于会展业的属性，一个展览会的发展除了办展机构自身必须具备一定的优势和条件外，还需要社会各界的支持与配合。所以，将自己的展览会定位在高端贸易性展览会，就需要办展机构具有与此相适应的组织策划能力、资金支付能力与服务规范体系，同时还需要有相应的组织机构的配合与协助，以及相关企业和专业观众的积极参与；如果定位于国际性展览会，除了具备上述条件外，办展机构还要具备国际性展览会的运作能力和管理水平，以及国外强有力的招商、招展网络。否则，展览会的实际展出效果很难符合其定位的要求。因此，品牌定位要与办展机构的资源能力相匹配，既不能好高骛远，盲目拔高自己，也不能妄自菲薄，造成资源浪费。

3）差异化原则

以差异化原则为展览会定位就是根据特定的参展目标群和专业观众群的需求特点来确定自己的办展策略，提高展览会的竞争力和影响力。在对展览会进行定位时既要考虑展览会某个因素与展览会参与者偏好紧密结合，形成与同类展览会明显的差异，也可以考虑展览会若干因素与市场的组合，形成自己的整体特色。从品牌展览会的内容上讲，品牌展览会更注重专业化。这不仅是指品牌展览会的内容，更主要是品牌展览会的内在要求。专业化在宏观上是指以专业贸易展览会为主导的发展方向，在微观上是指展览会的策划和组织运作具体过程的专业化。归纳起来就是内容差异化，管理流程化，服务规范化，形式灵活多样化，这也是今后一段时间内品牌展览会发展的趋势。

无论办展机构给展览会如何定位，其技巧有多么高明，真正成功的关键还是你的定位是否迎合消费者的心理，是否能够满足参展企业和专业观众的需求。只有这样，才能使传播的信息真正成为他们关注的焦点，让他们感到真正满意。这就需要办展机构善于收集和听取来自业内与社会各界的意见和建议，深度把握客户需求，提高办展质量和改进服务，为展览会定位提供重要参考。

4）目标市场定位原则

要成功塑造一个展览会的品牌必须进行正确的品牌定位，这是大家都熟知的。但是，在品牌定位之前，除了市场调研和企业内部调研之外，更重要的是需要确定展览会品牌的发展方向。显而易见，定向就是要决定一个展览会品牌长期的发展方向，并依此决定其定位。反之，如果办展机构连一个展览会品牌的方向都没把握准或者说没有一个明确的发展方向，品牌就会在发展过程中“迷离错乱”，甚至出现定位的“朝令夕改”，也就是说，企业很难给自己的展览会品牌找到正确的定位。因此，只有先确定展览会品牌发展的正确方向，我们才能找准品牌的位置，才能给品牌进行恰当的定位。

当然，展览会品牌定位不具有唯一性，它只是确定了展览会品牌生存和发展的方向，极有可能出现两个品牌的定位是相同的。一个展览会的品牌定位一旦确定,不能随意更改,而要长期坚持。如国外许多品牌展览会具有 100 多年的历史,是经过几代人的努力才培育起来的,品牌的培育是不可能一蹴而就的。

事实上,很多人在给展览会品牌进行定位时都考虑过品牌的发展方向问题,但对品牌方向的重视程度还不够。办展机构不仅应该把展览会品牌定向作为品牌定位之前的一项程序,而且应该把品牌定向作为品牌塑造工作的一个关键。给自己的展览会定位就要考虑展览会的目标市场在哪里,主要目标市场的市场容量有多大,这些都是需要考虑的问题。如果在一个以低端市场为主的城市举办一个高层次的展览会,组织起来就会困难很大,这是因为展览会定位与目标市场错位。因此,展览会定位必须针对目标市场,只有目标市场才能成为特定的传播对象,而这些特定的对象可能是该展览会品牌所有传播对象的一部分。展览会品牌定位必须站在满足目标参展商和专业观众的立场上,借助各种传播手段让你的展览会品牌在他们的心目中占有一个有利的位置。在进行展览会定位时,要始终如一地将展览会品牌的最大功能与目标参展商和专业观众的需求连接起来,通过参展或参观,亲身体验后,使他们得到心理和情感上的满足。

5)竞争者原则

竞争者是影响自己展览会定位的重要因素。在会展市场竞争十分激烈的情况下,几乎每个细分市场都存在几个同题材的展览会,可以垄断的细分市场越来越少,未被开发的细分市场也几乎不存在。在这种市场条件下,我们在进行展览会定位时,更要对其他同题材展览会进行认真、准确、全面的分析,找准各自的优势与劣势以及差异性。以他们的展览会作为给自己展览会定位的参照系,从而制造差异,赋予自己展览会更大的竞争优势,以与竞争者相区别而存在,以差异而发展,以己之长攻他之短。如果盲目跟进或模仿,自己的展览会将失去个性与特点,失去参展企业和观众的信任,发展空间也就越来越小,最后也将丢失市场。其实,展览会定位是展览会成长和发展的战略性选择,办展机构必须从自己现有的资源条件以及展览会题材所涉及的产业特点出发,发掘自身的现有资源与产业发展需求相结合的最强点。这就是展览会的相对竞争优势,是展览会要为参展商和客商传达的客户让渡价值,也是建立展览会品牌的基石。

温馨提示

展览会的品牌是展览会的身份象征,它代表着一个展览会的品质与质量,也是办展机构最重要的资产。对办展机构而言,要强化品牌意识,明确品牌的定位和专业价值,根据自己会展品牌所涉及的行业和市场,使自己的会展活动具有差异化的独特专业定位,推动以会展品牌化为核心的高质量发展。一个成功的会展品牌必然是集专业化、数字化、国际化、市场化、绿色化于一体的综合体。

8.1.2 展览会品牌定位策略

在现代会展经济发展中,市场份额越来越向最有价值的品牌展览会集中,这已成为现代会展经济发展的一个重要趋势。品牌形象既是展览会的一面旗帜,也是展览会取得竞争优势的一个重要条件。如何使自己的展览会拥有一个好的品牌形象,让客户和市场更容易记住它，是每一个办展机构都必须考虑的问题。下面向大家介绍展览会品牌定位常用的几种策略。

1）首席定位策略

首席定位策略就是使自己的展览会品牌处在同题材展览会的“第一”或“霸主”的地位。它强调的是该品牌在同类展览会中的领导性和不可比拟性；对展览会所涉及的产业来说，它强调的是权威性、专业性、新产品与新技术的集聚性以及产业发展的代表性。首席定位一旦实现，就意味着占据领导地位，占有整个市场份额或大部分市场份额，与其他同题材的展览会品牌相比，具有更大的竞争优势，致使其他的竞争品牌不能采用相同的定位策略，这也是首席定位策略的表现。

2）比附定位策略

比附定位就是攀附名牌的定位策略。办展机构通过各种方法和同题材知名品牌展览会建立一种内在联系，使自己的展览会品牌在某一区域内迅速进入消费者的心智，占领一个牢固的位置，借助名牌展览会的影响力使自己品牌迅速成长壮大。采取比附定位策略首先要明确承认同类展览会中另有最负盛名的品牌展览会，自己的品牌与其相比还存在一定的距离。这种策略会使人们对你产生一种谦虚诚恳的印象，相信你所说是真实可靠的，同时迎合了人们同情弱者的心理，这样比较容易使消费者记住这个通常难以进入人们心智的序位。但是，这不能带给消费者独特的长期的价值体验，这种定位仅适合展览会处于成长初期的品牌。

3）市场空档定位策略

展览会市场空档定位是指办展机构寻求市场上尚无人重视或未被竞争对手控制的位置或者季节，使自己将要举办的展览会能适应这一潜在目标市场的需要。办展企业采用市场空档定位这一策略时，有两个方面可以考虑：一个是展览会定位空档，另一个是季节性空档。展览会定位空档就是要为展览会选择高端或低端定位，如果某一地区的电子产业比较发达，而在该地区举办的是定位很高的电子产品展览会，高定位展览会的收费也会比较高，并且一般会为企业参展设置一个“门槛”，就是规定达到多大规模的企业才可以参展，这无疑加重一些中小型企业的经济负担，而把许多中小企业拒之门外。这时，你就可以举办一个以中小企业为主要参展对象的展览会。选择季节性空档，要以地区的气候条件和展览会所涉及的产业而定。如我国北方一些比较寒冷的城市只在每年的春季举办房地产展览会，这时你就可以在同一城市举办秋季房地产展览会，因为北方的室内都需要取暖，如果建起来的房子没有销售出去，房地产开发企业需要向供暖公司交纳一笔可观的取暖费。所以，你在这时举办房地产展览会刚好迎合了开发企业的需求，展览会能成功举办的可能性极大。

4）功能定位策略

目前，随着企业市场意识的加强，企业在决定参加一个展览会时，都会有自己的参展目标，也就是通过参展，要达到一个什么样的目的。处在不同发展阶段的企业，他们参展的目的也不相同。因此，在策划举办展览会的时候，也要了解企业在当前阶段最迫切需要向其消费者传达的是什么，根据他们的需求来给展览会定位，这种定位方式就叫功能定位策略。一个展览会通常会有许多个功能,在向目标参展企业和观众传达展览会的功能信息时要突出重点,传达一个或几个展览会的主要功能,切不可把展览会的功能全部表达出来,这样反而重点不突出,失去展览会的自身特点。其实,企业参加展览会或观众去展览会参观主要是为了获得更多与自己企业相关的有价值信息,希望展览会具有他们所期望的功能,希望获得他们想要达到的效果和效益。因此,在展览会的实际操作过程中,以强调展览会的功能为诉求也是展览会定位的常见形式。很多展览会具有多重功效,展览会定位时向目标客户传达单一功效还是多重功效并没有绝对的定论,但由于人们对信息的记忆是有限的,往往只对某一个强烈诉求产生较深的印象。所以,向目标客户承诺一个功效点的单一诉求更能突出展览会品牌的个性,获得成功的定位。

5)质量与价格定位策略

质量与价格定位策略就是将质量和价格结合起来构筑品牌识别。世界品牌实验室认为质量和价格通常是消费者最关注的要素,都希望买到质量好、价格适中或便宜的物品。展览会定位与其他产品定位一样,参展企业也是想少花钱,取得更大的收益和效果。这就需要办展机构采取各种手段降低办展成本,并将降低的成本让渡给客户,让他们真正感到你的展览会是“价廉物美和物有所值”,他们才有继续参展的可能性。这也是办展机构留住客户和提高客户忠诚度的重要手段之一。

6)档次定位策略

不同档次的展览会品牌带给参展企业和观众不同的心理感受和体验。现实中,高档次的展览会品牌传达的是高品质的信息,往往通过高价位来体现其价值,并被赋予很强的表现意义和象征意义。按照品牌在消费者心中的价值高低可将品牌分出高、中、低不同的档次,在会展行业中也是如此。在人们的印象中,低档的展览会或低档的商品,其质量都是不可靠的。其实,在国外许多展览会中,我们认为低档次的展览会,其质量并不低档,只不过是展览会的定位不同罢了。如国内一般认为消费性质的展览会质量不高,但国外许多消费性质的展览会办得也很红火,很受一些中小企业的欢迎。总之,档次定位策略就是办展机构根据目标参展企业的需求,避开竞争对手的一种展览会定位策略,这种定位策略适合新策划举办的展览会项目。

7)利益定位策略

企业参展是因为展览会能满足他们的某些需求,通过参展能获得某些利益。展览会利益定位策略就是将展览会的某些功能与目标参展企业和观众的需求或关注点有机地结合起来。向他们承诺利益点上的诉求,以突出展览会品牌的个性,获得展览会定位成功。如国内举办的投资贸易类展览会在初期就是迎合了国内企业急于引进外资,引进国外先进的管理经验进行技术改造和产品更新换代这一需求,用展览会这种形式来实现这些企业的愿望。但近几年来,随着我国经济技术的发展,单纯地引进国外资金已经不能满足企业的需求,有些企业更希望到国外投资,在国外寻找发展机会和空间。为此,投资贸易类展览会由原来单一引进资金改为现在的引进资金和引导企业走出国门投资的双向功能。这就说明展览会定位不是一成不变的,展览会的利益定位也要根据企业的需求变化,对展览会所能提供的利益功能及时地给予调整。所以,向目标客户传达单一利益还是多重利益并不是绝对的,只要展览会的利益定位能满足客户的需求或所提供的利益是客户所期望的，展览会定位就是准确的定位。

8）USP 定位策略

USP 是英文 Unique Selling Proposition 的缩写，中文意思为“独特销售主张”或“独特卖点”，一个产品只提供一个卖点。USP 定位策略是对某一种产品的定位策略，在采用 USP 定位策略对展览会进行定位时，办展机构必须以对自己要举办的展览会与目标参展企业及观众进行认真研究和分析为基础，找出自己展览会所具有的特点中最符合企业参展需要的部分，而这些特点却恰恰是竞争对手所不具备的或不能向参展企业提供的，也就是利用自己的优势去竞争别人的劣势。当然，随着会展业的发展，很多展览会已进入“同质化”时代，展览会内在的独特性很难找到。其实不然，企业的参展需求与愿望随时都在发生着变化，就看谁先掌握这些变化，并根据这些变化着的信息，及时调整办展策略。只有这样，你的展览会才能满足参展企业的需求，赢得客户信赖。但是，利用 USP 定位策略对展览会进行定位时，值得大家注意的是，展览会 USP 诉求的利益点必须是参展企业感兴趣或关心的，而不是办展机构自身一厢情愿的卖点；USP 利益诉求点应是其他展览会不具备或者没有指明的独特之处，在参展企业和观众的心目中，该点位置还没有被其他展览会占据；利用 USP 诉求时，一般不宜突出多个主要利益点。

9）消费群体定位策略

展览会消费群体定位策略与产品消费群体定位策略有所不同。产品消费群体定位策略是直接以某类消费群体为诉求对象，突出产品专为该类消费群体服务，来获得目标消费群体的认同。把品牌与消费者结合起来，有利于增进消费者的归属感，使其产生“我自己的品牌”的感觉。而展览会消费群体定位策略则是先确定消费群体，再根据消费群体来划分生产或经营相关产品的企业，展览会消费群体定位策略的直接诉求对象是那些生产或经营相关产品的企业，而不是消费者，如女士用品展览会、儿童服装展览会、儿童玩具展览会等。

10）竞争定位策略

展览会竞争定位策略的目的性很明确，就是先确定自己的竞争目标，进入该区域举办展览会的目的就是和竞争对手一争高低，占据该区域的市场。采取这种定位策略时，需要办展机构具备以下条件：

①该区域的会展市场具有很强的诱惑力；

②办展机构对该区域的市场信息、产业信息必须了解得很详细、准确；

③必须详细、准确、全面地掌握竞争对手的办展能力和优劣势；

④自己必须占有比竞争对手更多的社会资源；

⑤必须具备完整的服务体系；

⑥自己必须具有雄厚的资金储备。

由于此种定位策略存在很大风险，一般不建议采用。但在实际的办展过程中，有的办展机构常常会将自己的展览会与竞争对手举办的展览会进行客观比较，找出不足或弱点，设法改变竞争者展览会在参展企业心目中的现有形象，从而确立和提高自己展览会的地位。这种展览会定位策略称为对比定位策略或排挤竞争对手定位策略。

8.1.3 展览会品牌定位步骤

不管是产品品牌定位,还是展览会品牌定位,都不是盲目的,都是以市场细分为基础,有针对性地选择适合自己展览会品牌的目标市场。通过市场细分,发现市场机会,从而使办展企业塑造自己展览会的独特个性有了客观依据。所以,以市场细分为前提选择目标市场,结合目标市场对自己的展览会进行市场定位、品牌定位,以赢得更大市场份额,塑造展览会品牌形象是办展企业的必然选择。

1)市场细分

在品牌定位和产品定位之间仍有不同之处,产品定位基于产品实体的差异性,而品牌则包含产品,又不等同于产品,品牌在产品之上附加了联想、价值,品牌定位更多地偏向传播的角度。STP 是品牌定位的核心,S 代表 Segmenting,T 代表 Targeting,P 代表 Positioning,即细分市场、选择目标市场和具体定位。进一步了解市场细分的相关知识有助于办展机构对展览会品牌进行准确定位,下面就市场细分的概念、原则、作用及步骤向大家作一个简要介绍。

(1)市场细分的概念

20 世纪 50 年代中期,美国著名市场学家温德尔·斯密提出了市场细分理论。市场细分就是指根据整体市场上顾客需求的差异性,以影响顾客需求和欲望的某些因素为依据,将一个整体市场划分为两个或两个以上的顾客群体,每一个需求特点相类似的顾客群就构成一个细分市场或子市场。在各个不同的细分市场上,顾客的需求有较明显的差异,而在同一细分市场上需求基本相似。所以,市场细分不是通过产品分类来细分市场,如农产品市场、汽车市场、电子产品市场等,它是按照顾客需求爱好的差别,求大同存小异来划分市场。市场细分是识别具有不同需求和欲望的购买者或用户群,并加以分类的活动过程,目的在于帮助企业从中选择经营对象和目标市场。市场细分理论的提出被视为是营销学的第二次革命,是继以消费者为中心的观念提出后对营销理论的又一次质的发展,它的出现使营销学理论更趋于完整和成熟。

(2)市场细分的原则

可根据单一因素或多个因素对市场进行细分。选用的细分标准越多,相应的子市场也就越多,每一子市场的容量相应就越小;选用的细分标准越少,子市场就越少,每一子市场的容量则相对较大。所以,采用合适的细分标准,对市场进行有效细分,对展览会品牌定位是非常重要的。一般来说,成功、有效的市场细分应遵循以下基本原则。

①可衡量性。可衡量性就是指细分的市场是可以识别和衡量的,细分出来的市场不仅范围明确,而且对其容量大小也能大致作出判断。有些在实际中很难测量的细分变量不可作为细分市场的依据。

②可进入性。可进入性是指细分出来的市场应是办展企业可以进入或能够进入的,办展企业通过努力能够进入该市场举办展览会,并具有一定成功的可能性。一方面,展览会的有关信息能够通过相关媒体顺利传递给该市场的大多数目标客户;另一方面,该市场内的企业在一定时期内有一定的参展欲望。否则,该细分市场的价值就不大。

③有效性。有效性就是细分出来的市场容量或规模要大到足以使展览会具有一定的

展出规模,展览会只有达到一定的展出规模后,办展企业才能获利。所以,进行市场细分时,办展企业必须考虑细分市场上展览会目标客户的数量,以及他们的参展欲望、参展频率和支付能力等因素。如果细分市场的规模与容量太小,该市场就没有细分和进入的必要。

④展览会反应的差异性。在一般情况下,即使是专业性展览会,一个展览会也会涉及两个或两个以上的细分市场。展览会反应的差异性就是指各细分市场的目标客户对同一个展览会的差异性反应,或者说对同一个展览会,不同细分市场会有不同的反应。如果不同细分市场目标客户的参展需求差异不大,行为上的同质性远大于其异质性,企业就不必费力对市场进行细分。另外,对于细分出来的市场,办展企业应当分别制订相应的办展策略。如果无法制订出对应的办展策略,或者其中几个细分市场的目标客户对展览会的差异性反应不是很大,这样也就没有必要进行市场细分。

(3)市场细分的作用

办展企业举办一个展览会就必须要面对众多的目标客户,他们的参展需求和欲望千差万别,分散于不同的地区,而又随着环境因素的变化而变化。对于这样复杂多变的大市场,任何一家办展企业都不可能满足该市场所有客户需求。这就需要办展企业只能根据自身的优势条件,经过必要的市场细分后选择适合自己办展的目标市场,以满足特定目标客户的参展欲望和需求。办展企业进行市场细分的最终目的是通过市场细分找出目标客户的参展需求、动机、行为等多元性和差异性,结合目标市场的特点,使自己的展览会品牌定位针对性更强。可见,市场细分不仅对展览会品牌定位有着重要意义,对展览会品牌的建设和发展同样起着极其重要的作用。一般情况下,市场细分对展览会定位所起到的作用主要表现在以下 4 个方面。

①有利于选择目标市场和制订办展策略。市场细分后的子市场比较具体,比较容易了解目标客户的需求,办展企业可以根据自己的经营理念、资源优势及竞争优势,确定自己举办展览会的目标市场。通过对市场细分,目标市场相对较小,目标客户更加明确,这样便于确定展览会的发展方向,办展的目的性更强。与此同时,在细分的市场上,目标客户的需求信息容易了解和反馈,客户的需求一旦发生变化,办展企业可迅速改变办展策略,制订相应的对策,以适应市场需求的变化,提高办展企业的应变能力和竞争力。

②有利于发掘市场机会,开拓新的展览会项目。通过市场细分,办展企业可以对展览会所涉及的每一个细分市场客户集群的大小、参展欲望、参展需求、参展满意度、竞争情况等进行分析比较,探索出有利于本企业举办展览会的市场机会,使企业及时作出办展决策或根据自己的实际情况制订新展览会项目的办展计划,进行必要的前期准备,为开拓会展市场的新领域掌握主动权,更好地适应会展市场发展的需要。

③有利于集中人力、物力投入目标市场。任何一个办展企业的资源、人力、物力、资金都是有限的。通过细分市场,找到了适合自己举办展览会的目标市场,办展机构可以集中人、财、物及其相关资源,争取使自己的展览会在局部市场上具有竞争优势,逐步扩大自己的目标市场。

④有利于办展企业获取经济效益。通过市场细分,办展企业可以直接面对自己的目标市场,办展机构对自己展览会品牌的定位更能贴近和满足目标客户的需求,从而充分调动企业参与的积极性。随着展览会展出规模的扩大和展览会质量的提高,办展企业的经

济效益也会不断增加。另外,办展企业通过开发新的展览会项目,也会增加新的经济效益增长点。

大家知道,会展业的产生和发展是市场经济的必然产物,而细分市场也是有一定客观条件的。只有商品经济发展到一定阶段,市场上商品供过于求,消费者需求多种多样,企业无法用大批量生产产品的方式或差异化产品策略有效地满足所有消费者需要的时候,才具备细分市场的客观条件。

(4)市场细分的步骤

展览会品牌定位进行细分市场客观上是按一定的已定条件把整体市场分解为多个同质性的子市场。细分市场不仅是一个分解的过程,也是一个聚集的过程。聚集的过程就是把想通过参加展览会实现某种欲望的目标客户集合成群。这种聚集过程可以依据多种标准连续进行,直到识别出其规模完全可以实现会展企业办展目标的某一个目标客户群。在品牌定位时,细分市场的过程一般包括以下 7 个阶段。

①选择展览会涉及的产业范围。办展企业在确定展览会项目的同时,就要确定展览会的展出范围,这是市场细分的基础。为此,办展企业必须开展深入细致的调查研究,分析目标客户的需求动向,作出相应决策。选择市场范围时,应注意这一范围不宜过大,也不应过于狭窄。办展企业应考虑自己所具有的资源优势和办展能力。

②确定潜在目标客户需求。确定潜在目标客户需求就是要根据市场细分的标准和方法,列出所选择市场范围内所有潜在目标客户的所有需求,这是确定市场细分的依据。为此,办展企业应对目标客户刚开始出现或将要出现的参展需求,尽可能全面而详细地罗列归类,以便针对参展需求的差异性,决定实行何种细分市场的变数组合,为市场细分提供可靠的依据。

③分析可能存在的细分市场,并进行初步细分。办展企业通过分析不同的参展需求,找出各类参展企业主要需求的具体内容,并找出其需求类型的地区分布、人口特征、参展行为等方面的信息,作出预测和判断,进行正式市场细分。

④确定在细分市场时应考虑的因素,并对初步细分的市场加以筛选。办展企业应分析哪些需求是重要的,并将其与自己的实际条件进行比较。然后,删除那些对各个细分市场无关紧要的因素以及企业无开拓条件的市场。最后,筛选出最能发挥自身优势的细分市场。

⑤为细分市场定名。企业应根据各个细分市场中各个企业的主要参展特征,用形象化的方法,为各个可能存在的细分市场确定名称。

⑥分析展览会营销机会。在市场细分过程中,分析展览会的营销机会,主要是分析整个市场和每个子市场的竞争状况,以及确定对总市场或每一个子市场的营销组合方案,并根据市场研究和需求潜力预测,确定整个市场或每一个子市场企业参展的数量、总展出规模、收入和费用等数据,以便估算潜在利润量,作为最后选定目标市场和制订办展策略的依据。

⑦提出办展意见。办展企业要根据市场细分结果来决定是否进入该市场举办展览会。如果市场细分后,发现市场状况不理想,办展企业可能就放弃这一市场;如果发现该市场的机会多,目标客户的参展需求旺盛,要举办的展览会具有一定的利润,办展企业就可依据细分结果提出与目标市场适应的展览会项目。

2）展览会品牌定位的步骤

展览会品牌形象定位其实就是勾画品牌形象及其所能向目标客户提供价值的行为，以此使该细分市场的目标客户能够理解和正确认识该展览会品牌有别于其竞争对手品牌的象征，这样你的展览会品牌形象才能在参展企业和观众的心目中占有一个有利的位置。所以，对展览会品牌进行定位的最终目的是获取竞争优势。为实现这一目的，在给展览会品牌进行具体定位时，大致要经历以下3个阶段。

（1）发现潜在竞争优势

展览会品牌的竞争优势主要表现在成本优势和功能优势两个方面。成本优势是在同等条件下，本展览会的办展成本低于其他同类展览会，成本优势可以转化为价格优势和其他优势。一般来说，展览会具有成交、信息、发布和展示四大功能，办展机构可以结合自身优势和目标参展企业与观众的参展需求，集中突出上述四大功能中的某一个或几个功能，以便办展机构赋予展览会的功能更加符合参展企业和观众的参展需求，并使自己的展览会能比其他同类展览会带给他们更多的价值。只有自己的展览会品牌胜过竞争对手的品牌，它才能真正地将潜在竞争优势转化为竞争优势。

（2）选择竞争优势

有些潜在竞争优势转化为现实的竞争优势需要一定条件和成本，并不是所有潜在竞争优势都能转化为现实的竞争优势，有些潜在竞争优势可能不具备转化成现实竞争优势的条件，有些可能因为转化的成本太高而不值得转化，还有一些可能不适合展览会的定位而必须放弃。所以，并不是所有的潜在优势都有价值，对它们必须有所选择。能够被选择作为品牌形象定位基础的潜在竞争优势必须要满足以下4个要求。

①差异性。展览会的差异性就是其他同题材展览会所不具备的或者即使其他同题材展览会具备了，本展览会所提供的也能以更加优越的方式提供，并且如果本展览会具备了该优势，其他同题材展览会将很难模仿。

②沟通性。在展览会的四大功能中，信息传播功能是展览会表现较为突出的，这也是参展商和观众在展出现场能亲身感受得到的，期望展览会所能提供的，并且对他们来说是有价值的，也可以说这是展览会的一个基本功能。

③经济性。经济性主要表现在两个方面，一方面，参展商和观众通过参加本展览会与通过其他方式获取同样效益的成本之比。也就是说，在成效相等的情况下，通过参加展览会要比通过其他方式所花费的成本要低。另一方面，他们参加该展览会和其他同题材展览会之间的成本效益比，只有参加你的展览会成本低于参加其他展览会，才能凸显你的展览会的竞争优势。

④赢利性。赢利性是指办展机构具有将展览会的潜在优势转化为现实优势的可行性，并且办展机构将潜在优势转化为现实优势的过程中能够获取利润。只有具备上述条件的潜在优势才可以被列入考虑的范围。否则，即使选择了某项潜在优势，上述条件得不到满足，这些潜在优势也不可能转化为现实优势，即使这一转换能暂时得以实现，也不可能长期下去。

（3）表现竞争优势

经过对上述潜在优势进行分析，就可以确定有利用价值的潜在优势了，并不是说所有满足上述条件的潜在优势都要包含在展览会品牌形象定位之中。展览会品牌形象定位最终要传播哪些优势，还得结合展览会的定位和参展商与观众对展览会的期望来作最后的选择。具体到某一个展览会要突出传播哪一个或哪几个功能，除了要符合上述4个条件外，更主要的是以参展商与观众参加该展览会的主要目的而定。在很多时候，参展商与观众参加展览会的目的具有多重性，如参展商既希望多成交，又希望能收集更多的产业信息。所以，最后确定的竞争优势不一定是单一优势，往往更多表现的是多重优势的综合体。

8.1.4 展览会品牌延伸

著名品牌的一个主要特征就是拥有大批忠诚的顾客，给所有者带来丰厚的价值。在竞争不断加剧的市场经济条件下，许多著名品牌的拥有者纷纷采取品牌延伸策略，充分发挥自己的品牌优势，将品牌优势转化为竞争优势，以此占领市场，扩大自己的市场占有份额。就目前我国的会展市场来看，有的会展企业在办展过程中已经开始采用这一策略，这也是我国会展业发展的必然结果，但会展品牌延伸策略的理论性介绍却不多见。办展企业如何将这一策略应用到实际工作去，为办展企业创造更大价值，促进我国会展业的健康发展是值得我们密切关注的。下面就品牌延伸策略的有关问题作简要介绍。

1）会展品牌延伸原则

展览会品牌延伸是办展企业追求利益最大化所采用的一种经营策略。进行品牌延伸是为了获取更大的市场占有率和提高利润，但在采取品牌延伸这一经营策略时，办展企业应持谨慎的态度，且不可盲目从事。否则，不但没有获得预期的利润，而且会给原有的展览会品牌造成极大伤害。因此，实施展览会品牌延伸策略时，应遵循以下原则。

（1）坚持关联度原则

我们在这里所说的关联度就是新老展览会所涉及的题材要具有一定的关联性或相同性。由于原来的展览会品牌在相关行业和社会上已经具有较高的知名度，这样可以借助原有品牌的影响力来吸引参加过原来展览会的参展企业和观众参加新举办的展览会。与此同时，还可以利用原有客户对自己展览会品牌的良好印象来影响其他目标客户，有利于吸引更多企业参与到新展览会中去，以此达到扩大展出规模和占据市场的目的。这一原则比较适合分列题材或类似题材而定位不同的展览会。

（2）保证原有品牌不受侵害的原则

品牌延伸的目的是提高市场占有率，增加原有品牌的附加值，为办展企业创造更多的经济效益。所以，品牌延伸策略是在原有品牌形象不受任何侵害的前提下进行的，新老品牌不能相互冲突，否则会引起参展企业和观众对展览会品牌的认知混乱，甚至会降低他们对原有展览会品牌的满意度或忠诚度，这就失去了品牌延伸的意义。

（3）坚持以精取胜的原则

把一个展览会培育成具有影响力的知名品牌要经历一个艰辛的过程，甚至需要一代人或几代人的不懈努力。当然，品牌延伸实施得好可以减少办展企业对一个展览会的依赖，增加利润来源，降低企业的经营风险。但不能求大求广，在没有充分准备的情况下，贸然进入自己陌生的行业办展，盲目进行品牌扩张，毕竟企业的各种资源有限。过度延伸或不恰当延伸都会稀释自己原有品牌的自身价值，最终使自己的有效资源未能做到有的放矢地投放，收效甚微。

(4)坚持规避激烈竞争的原则

展览会品牌延伸最好不要延伸到竞争激烈的行业，品牌延伸的展览会所涉及产业尚无强势品牌的展览会，或者说即使有相同题材的展览会，还不足以成为你的竞争对手，如果经过认真的调查分析和相互之间的优劣势比较，你完全具备与其竞争的条件，并且通过自己的努力可以取胜。在这种情况下，就可以大胆地进行品牌延伸，抓住有利时机进入该行业举办展览会。反之，不管你前期做了多少工作，最好的办法还是放弃。

(5)坚持人才与管理为先的原则

展览会品牌的培育和建设需要专业人才与先进的管理手段和经验，而品牌延伸也是如此。品牌延伸是办展企业获得利润的手段，但没有与此相匹配的人才队伍和管理体系的支持，一切都是空谈。21 世纪最重要的就是人才，招聘最好的管理人才是品牌延伸成功的保证，这一点应该引起办展企业的足够重视。展览会品牌延伸能给办展企业创造更大的利润已被大家所认识，但往往因为人才缺少、管理跟不上，很多具有很好发展前景的展览会项目夭折。

总之，品牌延伸策略并不是一剂"灵丹妙药"，在给企业带来利润的同时，也存在很大风险。因此，办展企业使用品牌延伸策略时，需要考虑各种因素的影响，一定要三思而后行。因为不成功的品牌延伸不但会造成直接的经济损失，而且会大大损害原有品牌价值，甚至可能毁掉原有的品牌。

2)会展品牌延伸策略

会展品牌延伸是指办展企业将某一展览会的知名品牌或某一具有市场影响力的成功品牌扩展到与原来题材近似或相同题材但定位不同的展览会上，以凭借现有成功品牌推出新的展览会项目的过程。而展览会品牌延伸策略是把现有知名品牌，用于新展览会项目或从原有展览会中分离出来而另外单独举办的新展览会项目上的一种策略。其实，品牌延伸策略并不只是简单借用原来展览会的品牌标识，而是对整个展览会品牌资产进行有效管理和经营而采取的一种经营策略。品牌延伸策略可以使新展览会项目借助原来品牌的影响力顺利地进入目标市场，满足不同区域、不同层次客户的参展需求，扩大市场占有率，创造更大的价值。

经过一段时间的培育，当一个展览会发展成为知名品牌，在市场上具有一定影响力，在相关行业具有一定吸引力时，就会给办展企业创造超值利润。随着办展企业的发展和会展市场竞争的不断加剧，办展企业在举办新的展览会时，自然要利用该品牌的市场影响力，品牌延伸就成为办展企业的自然选择。这样，不仅可以降低新展览会项目的举办费用和投入，还可以通过借助已有品牌的市场影响力，将人们对原有展览会品牌的认知和忠诚感扩展到新举办的展览会品牌上，从而减少或规避市场风险。所以，从品牌内涵的角度来看，展览会品牌延伸其实是扩展品牌情感诉求的过程。如果新展览会品牌不能丰富展览会品牌情感诉求内容，而是降低或减弱情感诉求的内容，这一品牌延伸就是失败的，也会出现危机。采用品牌延伸策略时，不应只看到品牌的市场影响力和号召力对新展览会项目的推动作用，更应该分析新展览会的市场定位是否有助于稳固或提高原有展览会品牌的市场和社会地位，两者达到一致时，才能实施品牌延伸策略。

3）展览会品牌延伸的作用

展览会品牌延伸是办展企业举办新展览会项目，快速扩大市场占有份额的有力手段，也是办展企业对原有展览会品牌无形资产的充分发掘和战略性运用。如果品牌延伸获得成功，不仅可以增加原有品牌的市场占有率，还能使客户在参加新品牌展览会的过程中，通过对延伸品牌展览会的良好体验和感受，对原有品牌产生积极影响，更进一步提高原有品牌展览会的知名度，达到使原有品牌保值与增值的目的。下面就会展品牌延伸的主要作用作简要介绍。

（1）拓展品牌价值，增强品牌活力

一般来说，很少有客户对某一个展览会忠诚到他们不想参加其他展览会的程度。那么，截取这些展览会转换者的唯一办法就是进行展览会品牌延伸。采取品牌延伸策略，不但有利于维护品牌忠诚，还可以拓展展览会品牌的含义与价值，为自己的展览会品牌注入新的活力以及为展览会品牌创造更加广阔的发展空间。如果你原有展览会品牌是高端定位，在适当的时机，可以同一定位同一题材的展览会品牌延伸到异地举办。这样，既保证了展览会品牌的主体形象，又保持了展览会原有品牌的个性化特点，还满足了参展企业拓展区域市场的需求。实际上，这就把原来的单一品牌变相地转换成了两个展览会，也会进一步调动企业参展的新欲望，为展览会品牌增添新活力，为办展机构带来更多的利润。

（2）加强品牌联想，提高品牌形象

展览会品牌延伸有助于强化品牌效应，增加品牌这一无形资产的经济价值。展览会的原有品牌大都具有单一性，品牌延伸效应可以使展览会的单一品牌向多领域辐射，使部分参展企业和观众认知、接受、信任该展览会的品牌，强化品牌自身的美誉度、知名度，使品牌不断增值。

成功的展览会品牌延伸可以通过增加品牌联想中的有利因素或新的品牌联想方式来提高原有品牌形象，并且通过品牌延伸进一步加强参展企业和观众对办展机构的信任，以建立成功的品牌联想。成功的展览会品牌延伸可以提高客户的认知水平以及加强他们对办展企业的信任度和喜爱度。另外，当品牌形象出现问题的时候，运用品牌延伸策略可以巧妙地将原有品牌的价值成功地进行转移，改变窘境，渐渐转变品牌形象，使原有品牌再获生机。

（3）降低新办展览会品牌的成本

在市场经济高度发达的今天，参展企业和参观观众对展览会品牌的认知度会越来越高。这是参展企业和参观观众是先交费、后感受所致，展览会的质量和服务水平只有他们到达展出现场才能感受得到。所以，展览会品牌延伸更容易使客户对原有展览会品牌的高度信任感有意或无意地传递到延伸的新展览会上来，促进客户与新展览会之间建立起信任关系，大大缩短他们认知和接受的时间，降低广告宣传费用。其实，运用品牌延伸策略，可以充分利用品牌资产，使其效用最大化，等到展览会品牌整体的运营投资达到理想规模时，形成规模经济使运营成本降低，从而获得价格优势，最终使该品牌的原有展览会和延伸展览会都因此而受益。

(4)降低客户的认知风险

强势品牌的优势是其良好的业绩与形象在消费者头脑中已经形成了良好预期,所以强势品牌的认知风险是很小的,这一道理在会展业中也是如此。当强势品牌的展览会进行延伸时,参展企业和观众这种良好预期就会自然地转移到延伸举办的展览会中,从而降低参展企业和观众对延伸展览会的认知风险。大家都深有感受,对一个刚举办的展览会来说,其招商和招展工作越来越艰难,其主要原因就是目标参展企业和观众对你的展览会还没有认知度,他们不敢贸然参加。而从强势品牌延伸出来的展览会做起来就容易得多,其主要原因是参展企业和观众对原有展览会品牌已经有很高的认知度和依赖感,他们并没有因为它是延伸出来的新展览会感到疑惑,而是根据以往对原有展览会品牌的认知经验,对这个延伸出来的展览会也产生了良好的预期,从而其认知风险降低。

(5)扩大市场份额,提高品牌知名度

办展机构要想提高自己展览会品牌的知名度,就必须使其具有明显的特点,原有展览会品牌和延伸展览会品牌都是如此,这样才有核心竞争力。由于延伸品牌展览会能为客户提供原有品牌以前没有的优势,如果展览会品牌延伸策略实施得得当,确实能为原有品牌扩大市场份额作出贡献。受展出条件等各种因素的限制,有些知名品牌的展览会已经很难进一步发展。如果对这样的展览会实施品牌延伸策略,不仅可以增加原有展览会品牌的市场占有份额,还能满足更多企业的参展需求,通过对延伸展览会良好参展体验和感受,对原有品牌产生积极影响,进一步提高原有展览会品牌的知名度。

4)品牌延伸应注意的问题

展览会品牌延伸作为会展企业实施名牌战略中的一种策略,它可以利用现有品牌派生出新的展览会品牌,凭借品牌展览会的辐射力,利用原有展览会的品牌优势在相对较短的时间内扩大自己的经营规模,提高品牌展览会的附加值,从而更广泛地占领市场。但是,品牌延伸策略也并非全是好处,这种策略可以说是收益与风险共存。实施得好会给办展企业带来较大的经济效益,实施得不好,也会伴随着一定的经营风险。下面就实施展览会品牌延伸策略过程中应该注意的有关事项作简要介绍。

(1)避免损害原有品牌质量

质量是品牌创建与维护的基础,是品牌的生命所在。对质量失去了控制,品牌就会成为“空中楼阁”。一个展览会的质量是由参展企业质量、专业观众质量和办展机构服务质量等多个要素构成的。如果参展企业质量不高,展览会就会对专业观众失去吸引力;要是专业观众质量出现问题,就会影响到企业参展的积极性;假如办展机构所提供的服务与展览会品牌不相适应,对参展企业和专业观众的忠诚度就会产生消极的影响。所以,在实施展览会品牌延伸策略时,不管是原有品牌还是延伸出来的新品牌,必须要采取相应的质量管理手段与体系,对其质量进行严格控制。一旦放松质量监管,极有可能使品牌展览会的质量下降,使展览会的品牌形象蒙受损失。

(2)避免原有品牌个性丧失

有些展览会之所以发展成为强势品牌展览会,其中一个重要原因就是其具有独特的个性,拥有同类展览会没有的差别优势,而品牌延伸有可能会使这一优势受到破坏或完全丧失。国际上实施品牌延伸战略是比较谨慎的,采取这一策略时应该以不脱离原有品牌主体形象，必须保持品牌的个性化特点，确保展览会整体质量为前提。否则，宁可不要延伸。从上面我们可以看出，品牌延伸策略的实施既有利又有弊，只有运用得当，才会收到事半功倍之效果，有利于品牌战略的开展，使企业走向辉煌。如果品牌延伸领域不当，会使原有品牌的个性淡化，使其形象受损，甚至可能使办展企业走向衰败。

(3)避免降低原有品牌忠诚度

忠诚客户数量的多少及其忠诚度的高低是衡量一个展览会品牌价值的重要条件。许多知名品牌的展览会已经有一大批自己的忠诚客户，他们都是以同样的方式连续参加一个展览会，这些企业的参展行为可能已经成为他们经营活动中不可缺少的一部分，甚至可能会变成他们的一种习惯性决策。当办展企业进行展览会品牌延伸时，就要承担破坏构成这种品牌忠诚度基础的参展模式和习惯以及令客户重新作出参展决定的风险。尽管品牌延伸有助于利用一个品牌来满足参展企业和观众的不同需求，但是也能促使他们去寻求变化，给他们提供了一个品牌转换的机会，而这种品牌转换可能会导致失去原有品牌对参展企业与观众的吸引力，使大量客户对原有展览会品牌的忠诚度减弱，最终导致客户流失。

(4)不要给竞争对手留有机会

在市场竞争日益激烈的情况下，每个具有发展潜力的品牌都要面对多个竞争对手，而且还会有一些潜在的竞争对手，这就需要办展机构在进行品牌延伸时更要谨慎从事。否则，就会给自己的竞争对手留下可乘之机。通过品牌延伸可以增加市场占有份额，这是不可争辩的事实，但需要指出的是办展机构必须对各方面的情况进行认真分析、精心策划，确保品牌延伸万无一失。如果由于品牌延伸而导致原有品牌形象淡化，管理能力得不到提高，服务水平下降，企业参展成本增加等状况，都会给原有展览会品牌的经营与管理带来潜在的风险和危机。同时，也给竞争对手创造了一个乘虚而入的机会。为此，办展机构在实施展览会品牌延伸策略时，一定要谨慎行事，绝不可掉以轻心，否则，就会得不偿失。

(5)要注意选择品牌延伸时机

实施展览会品牌延伸策略，除了上述需要注意规避的问题之外，还要注意时机的选择。只有选择恰当的时机，品牌延伸才能获得成功，这就是“天时、地利、人和”。如果原有品牌是在秋季举办的农业题材的展览会，而延伸同类题材的展览会却在春季举办，这就违背了展览会所涉及行业的内在规律，获得成功的机会就会很小或者几乎不存在；再如，你选择要延伸品牌的展览会完全符合行业的内在规律，但在相同的时间段已经存在同一题材的展览会，并且该展览会已经初具规模，在行业内具有一定的影响力，这也不宜实施品牌延伸策略。如果强行实施品牌延伸策略，只会加剧竞争，给这一策略的实施制造更大的困难与障碍。

总之，成功的展览会品牌延伸能使原有品牌资产得到充分利用，并在利用中增值，但办展机构必须清醒地认识到，品牌延伸毕竟有许多陷阱，存在很多潜在的风险。因此，办展企业必须从长远发展的战略高度审视品牌延伸，切不可只因眼前利益而不顾时机，不考虑延伸条件和可行性，盲目地在新展览会项目上扩用原有品牌。在作出品牌延伸决策时，一定要清醒而理智地权衡利弊得失，采取科学、合理及有效的方法规避风险，确保品牌延伸的成功。

任务二 展览会品牌支撑要素

一个展览会的成功举办需要具备一定条件，也需要社会各方面的支持与配合，在成长期的展览会是这样，在成熟期具有一定影响力的知名品牌也是如此。要想把自己的展览会办成具有影响力的品牌展览会，离不开以下5个要素的支撑。

8.2.1 区位要素

会展经济的发展与一个城市产业结构、区位优势、开放和市场化程度、基础设施建设以及服务贸易发达程度等因素密切相关。区位要素主要是指展览会举办地为展览会服务的各种设施与条件，区位要素一般包括以下几点。

1）区位优势

区位优势除了地理位置和交通优势之外，还要具备产业集聚优势、产业服务优势以及信息传播优势。在开放的市场形态下，决定一个城市或区域发展能力和水平的最根本因素不再是资源优势，而是动态的区位优势。区位优势明显，城市对区域腹地各种要素的聚合能力和对区域腹地的经济辐射带动能力才会强大，良好的开放预期效果和从根本上放大开放效应才会成为可能，以从根本上增强资源城市的集聚能力与辐射能力。从国内外的情况来看，会展比较发达的城市，其经济发展水平一般是比较好的。经济方面的影响因素包括城市综合经济能力、金融贸易的发展状况、城市的开放程度和国际化水平等条件都是非常重要的因素。

2）举办城市的基础设施建设

展览会举办城市的基础设施主要包括交通、通信、运输、餐饮、宾馆等基础条件。例如，举办的是国际性展览会，举办地的交通必须便捷，要是没有国际航班，就会给国外客户参加展览会带来不便，也会影响他们参展的积极性。如果举办地没有港口，就不适宜举办大型机械设备展览会，否则，会给参展企业的展品运输增加困难和费用。再如，铁路和公路网络不发达，就会影响到国内企业参展和专业观众的参观。所以，办展机构在确定展览会的举办城市时，一定要结合展览会的定位，选择交通相对便捷的城市，这样有利于展览会的发展。

3）展出场馆条件

展出场馆是展览会能成功举办的必备条件。没有专业展出场馆的城市是不可能举办大型的正规展览会的，尤其是举办大型展览会，场馆的展出面积必须符合展览会的要求。否则，展览会的发展就会受到限制。另外，展览会题材的不同，对展出场馆的技术指标要求也不一样，大型机械设备题材的展览会，对场馆地面的承重以及出入口的高度和宽度与其他题材的展览会都不相同。另外，除了要求展出场馆设施的完善外，还需要有优质、高效的服务作保证，当然优质的服务是以一定的硬件设施作为先决条件的，如果没有完善的硬件设施，优质服务是不可能实现的。现代社会的任何服务都要建立在一定设施的基础上，由此可见，展出场馆设施的完善是支撑会展业发展的基本条件。

4）综合配套服务条件

会展业发展的同时会带动多个相关行业的发展，这就说明需要多个行业的参与，并为其提供服务，如交通、通信、运输、餐饮、宾馆、广告、旅游等行业。如果举办一个大型的国际展览会，举办城市的宾馆数量不够，星级不够，大量参展人员和外地观众在相对集中的几天内一起涌入该城市，一定会有人订不到房间。另外，假如在手机信号覆盖区域以外的城市举办展览会，可以想象，参展人员和观众会有什么反应。所以，一个展览会品牌的发展与其相关行业的发展是密不可分的。

8.2.2 产业要素

1）产业集群条件

从现代会展业的发展来看，在展览会所涉及产业集聚城市或地区举办相同题材的展览会获得成功的可能性更大。增强经济的关联度、互补性和配套性是现代经济的发展趋势，在一些优势产业发达地区，上下游配套能力也比较强，形成了一个较为完整的产业链。一般来说，相关产业较为集中和产业链相对完整地区的企业，他们的产品展示和信息交流的欲望都比较强烈。在这里举办展览会刚好为各个供应链上的企业提供了一个交流融合的机会与平台。由此可以看出，一个城市或地区的产业结构、地方产业特色的支撑与关联度，高度发达的制造业是一个展览会品牌发展的坚实基础。

2）市场条件

展览会是市场经济发展到一定阶段的必然产物，所以说，展览会品牌发展需要以一定的市场条件为支撑。这里的市场条件主要是指市场规模的大小和市场辐射能力的强弱，这也是一个展览会品牌发展的市场基础。市场规模的大小从一个侧面反映出企业参加展览会欲望的大小，如果一个具有一定规模并保持活力的市场，对企业一定充满诱惑力，他们也会有进入该市场的强烈欲望。市场辐射能力的强弱则可以反映出展览会影响和辐射范围的大小，如果该市场具有较强的辐射能力，则预示着在该地区举办的展览会有一定的影响力，其发展空间也相对较大。如果在某一城市举办一个特定题材的展览会，即使当地的实际消费能力不高，产业结构基本没有，但靠城市的辐射能力，也能增强展览会的影响力。

3）科学技术条件

科学技术条件主要是指一个城市或地区展览会所涉及产业科技研发和人才优势的强弱。由于历史的原因，一些研发能力很强的大学、科研院所大都集中在我国大中城市，他们的科学研究和新产品开发能力都很强，并且人才济济，每年都会有许多研究成果问世，这些研究成果的转化对促进当地相关产业的发展起到了积极的推动作用。从现代产业化发展的趋势来看，一个城市或地区要想让某一产业能持久地发展下去，必须加强相关产业的科学技术研究和新产品研发能力，这也是一个产业持续发展的基础。这种产品的研发能力会转化为一个城市或地区的辐射能力，这也是一个地区或城市区位优势的重要组成部分。在这样的城市举办展览会，更能增加展览会的内涵，体现展览会的核心价值，有利于树立展览会的品牌形象。

8.2.3　社会支撑要素

1）社会环境

会展业是一个综合性非常强的行业，它涉及城市的方方面面。有些城市社会环境比较糟糕，法制观念、守信意识不是很强，这就会直接使很多展览会组织者不愿意去那里举办展览会，再说这样的社会环境也不利于展览会品牌的发展。只有在良好的社会环境条件下，才能塑造出好的展览会品牌形象。另外，从会展的发展来看，整个城市的综合成本是非常重要的，这主要包括基本消费成本、展览会组织成本以及专业服务成本等，这些成本加起来是一个城市办展环境的综合成本分析。还有就是一个城市是否有一个专业的服务队伍，有一个比较好的服务体系，也体现了一个城市的会展组织成本。如果会展组织成本过高，也会限制展览会品牌的发展。

2）法治环境

法治环境主要是指展览会举办地对会展业发展与管理方面的法律、法规及相关政策和展览会所涉及行业的产业法规与政策等。如果该地区的政府重视会展业的发展，并有与其配套的鼓励政策，就有利于展览会品牌的成长。另外，展览会所涉及行业的产业法规与政策，任何一个国家或地区都有鼓励发展或优先发展产业，还会有限制发展产业，如果展览会的题材是该地区鼓励发展或优先发展的产业，就容易得到政府的支持和企业的响应，这就为展览会品牌的形成奠定了坚实基础。

3）人文环境

展览会品牌的发展同样需要一个和谐的人文环境。当然，人文环境是由多个方面构成的，这里主要是指与展览会品牌发展相关联的几个方面，如气候条件、旅游资源、人们的消费意识与能力等。在一些气候比较恶劣的地区，一般经济发展比较落后，旅游资源也比较稀少，这些地区不利于展览会品牌的发展；对一些消费能力较低的地区来说，其市场的活力也会较低，也不宜在这样的地区举办高定位的展览会；在一个传统文化底蕴较为深厚的城市或地区举办展览会，有利于提升展览会品牌的品位。另外，一些开放意识较强的地区一般易于展览会品牌的发展，在这些地区，人们对一些新的信息和技术很敏感，容易接受一些外来的东西。这样，展览会品牌容易被人们认知、接受，也容易传播，在这里举办展览会，一般人们的关注度与参与度都比较高，这有利于展览会品牌的成长和发展。

8.2.4　人才要素

纵观国内外市场竞争的发展，其归根到底是人才的竞争，对展览会品牌的建设、维护与发展也是如此。成功品牌的背后是成功的企业家，成功企业家的背后是一群品牌营运的专业化人才。要想成功运营和管理自己的展览会品牌，至少要具备以下 5 个方面的人才。

1）专业设计人才

由于我国会展业人才教育相对落后于会展业的发展，会展专业设计人才更加缺乏。

会展专业人才需要具备会展专业知识、会展空间设计、色彩应用、平面设计、会展材料、会展灯光设计、会展效果图绘制及模型制作等方面的专业知识与技能。另外,还要熟悉展览会的基本流程,掌握各种用于会展设计的操作系统和设计软件,了解会展设计所运用的技术与材料,灵活组合运用材料,充分利用各种可能的要素,如展位的构成、材料、音响、光线、色彩和其他装潢用品等。主要从事展出现场整体设计与布置、展位设计、会展广告设计以及会展资料设计等方面的工作。随着科学技术的发展,许多新材料、新技术都首先应用到展览会中去,这就需要会展专业设计人才具备更高的综合专业设计能力,以适应展览会品牌建设与发展的需要。

2)管理人才

展览会品牌的发展离不开高水平的管理人才。管理人才要具有会展市场分析、会展营销、会展项目运营、会展场馆运营、会展客户关系、会展人力资源开发、展出现场等方面的综合管理能力。展览会品牌管理人才不仅要熟知会展专业知识,而且要熟知展览会所涉及产业专业知识与发展规律;不仅要懂得对办展企业和展览会项目的管理,更要懂得对参展企业和观众提供优质的服务;不仅要能统领队伍运营展览会项目,还要会管理、懂财务、会公关等。因为未来展览会品牌之间深层次的竞争,就是人才的竞争,也会较多表现在展览会项目管理人才或经理人才的竞争上。

3)营销人才

办展企业要想让自己的展览会形成具有一定影响力的品牌展览会,就必须进入市场,在市场竞争中得到参展企业、观众和社会的认可,使自己的展览会品牌不断发展、壮大。这就需要一批能了解市场、适应市场和赢得市场的营销人才。这些人才应具有丰富的展览会实践经验,精通展览会所涉及行业产品知识及熟悉相关法律法规,具有创新和独到的项目策划能力,具备浓郁的市场意识、公关意识及市场活动能力。营销人才不在多而在有用,成功的市场拓展,有助于办展企业扩大展览会的展出规模,提高展览会的知名度,创造更多的经济效益。

4)策划人才

每一个展览会项目的运营与管理都需要有战略思想、战略目标和战略眼光的企业家,更需要有一批足智多谋的策划人才。这些人才有实践经验,熟悉相关产业、管理和市场,能为企业发展提供经营思想、战略、策略的指导;能为办展企业发展适应变化多端的外部环境、规避风险提供意见和方法;能为办展企业内部管理、品牌运营、形象塑造提供意见和方案。这些人应是办展企业领导人背后的参谋、助理和观察员。这些策划人员是会展企业的关键人物,他们肩负着开发新主题,赋予现有的展览会项目新的元素,拓展其深度与广度,使原有的项目规模化以及效益最大化的重任。如果一个展览会品牌离开这些熟悉行业情况和具有实际操作能力的策划人才,展览会品牌形象就有可能受到很大的损失。

5)领导者

从我国会展业的发展来看,每一个成功的展览会品牌的背后,都站着一位成功的领导者,他们对企业的兴衰荣辱起着关键的作用。每一个办展企业或展览会品牌都需要有一位思路敏捷、才华横溢、善于经营、善于管理、善于用人和富有创新精神与决断意识的企业家。中国的会展业需要一大批能够在千军万马中指挥自如，并能“运筹于帷幄之中，决胜于千里之外”的领导者。只有这样，我国的会展业才能涌现更多的强势品牌展览会，才能与国际上那些名牌展览会相抗衡。

总之，我国会展业品牌竞争的时代即将来临，这是我国会展市场不断向专业化、市场化、社会化、法治化和现代化发展的必然结果。而展览会品牌的建设、维护、管理和发展都需要一大批优秀的不同层次的会展专业人才来支撑。

8.2.5　资金支撑要素

从国内外会展业的发展历程来看，培育一个知名的展览会品牌都有一个艰辛的发展过程，尤其在展览会品牌的培育期更需要有足够的资金作支撑。否则，培育知名的展览会品牌将无从谈起。从我国会展业发展的现状来看，许多具有很好发展前景的展览会品牌因为资金短缺，投入不足而停滞不前，甚至有的不能继续举办，被市场所淘汰。当然，这也与展览会组织者的办展理念有关，有的展览会组织者只看到组织展览会能带来诱人的利润，而忽略了它的组织成本和投入，从而出现了许多令人尴尬的局面。在市场竞争非常激烈的情况下，任何一个利润丰厚的行业，其背后都存在风险。利润与风险共存是市场经济的基本法则，这是需要已经进入或想要进入会展界从事会展活动的人切记的。

任务三　展览会品牌传播

8.3.1　展览会品牌的传播原则

在进行展览会品牌传播时必须以展览会的消费对象为导向，遵循以下传播原则。

1）简单原则

在当今传播过度的社会里，消费者在信息消费上表现出一种“最小努力”和“适度满足”，也就是说消费者只是浅尝辄止地接受信息，并且总是把信息收集局限在必须知道的最小范围内。换句话说，就是人们痛恨复杂，喜欢简单。在传播内容上也是越简单越有效。比如“中国投资贸易洽谈会”，其口号是“万商云集、商机无限”，言简意赅却透彻地反映了其诉求。这一点，在展览会的参展企业的展台布置上也可见一斑，通常越是实力强大的“绩优”企业，其诉求内容就越简单明了，而有一些企业诉求内容浩瀚，结果展出却效果不佳。

2）个性原则

在消费者逃避复杂、浅尝辄止的心理下，“与众不同”就是他们作出选择的依据。在展览会信息过于丰富的今天，消费者大脑处理和储存信息的能力相当有限，想法容易失去焦点。因此，要让消费者对某个展览会品牌印象深刻，就必须让展览会的品牌信息具有个性、新颖独特、与众不同。这方面，许多著名的专业性展览会十分注意把握自身的个性，并将它进行“放大式”的适度炒作，以刺激客户并获得效益。

3）熟悉原则

通常情况下，参展商或观众的内心只接受与其以前的知识与经验相吻合的信息，这就是所谓的“匹配法则”。也就是说，新信息并不能取代旧信息，而是和原有的概念结合。如果传播者与接受者具有共同的“经验域”，那么，传播很可能成功。使传播更为有效的办法，就是尽量去扩大传受双方彼此共享的“经验域”。这种现象在展览会的品牌传播中十分常见，相同类型的展览会，更多的参展商愿意参加的是以往已参加并自身获得效益的展览会。“广交会”声名显赫，其原因之一是它举办了100多届。虽然其办展方式、参展对象等由于时代的发展有所调整，但作为中国商品出口的重要平台这一主旋律向受众传达的信息一直得到很好的保持。

4）一致原则

消费者对购买决策的依据往往是他们自以为重要、真实、正确无误的认知，而不是具体的、理性的思考或是斤斤计较后的结果。他们不会花精力去思考排斥和他们已知的相冲突的信息，这就要求传递的展览会品牌信息必须清晰一致，在各种媒体上的符号、象征、图片、声音等传播形式都要传达清晰一致的意义。只有这样，才易于消费者对信息的处理储存、辨认、分类、理解，从而获得“累积”的效果。当今会展机构，在展览会动意之初，就应该对此有系统的认识并认真地贯彻。

5）人际原则

调查发现，在20世纪五六十年代，10位消费者只有1种声音；到七八十年代，10位消费者有10种声音；而到90年代，1位消费者就有10种声音。展览会的消费者，即参展商和观众，虽人数众多，但作为组织机构，仍应充分考虑到他们需求的个性化和多样化。不能将注意力投注于全体消费者，而要投注于他们之间的差异，在建立客户数据库的基础上，进行人际传播，实行个性化营销，使部分参展企业和观众完全而持续地满意。

6）整合原则

20世纪90年代以来，整合式营销沟通成为一种趋势。其基本主张是将所有沟通工具，如商标、广告、直邮、活动营销、企业形象等综合起来，使目标参展商和观众处在多元化目标一致的信息范围之内，所谓“多种工具，一个声音”，从而对展览会品牌有更好的识别和接受。

8.3.2 展览会品牌传播的媒体选择

选择什么样的媒体进行展览会品牌的传播，是一个精细而复杂的工程。展览会品牌作为会展组织机构培养的产品，与其他产品品牌一样，自始至终，经历不同的时期，可分为品牌导入阶段、发展阶段、成熟阶段、衰退阶段。而按照展览会特点划分，可分为空白市场、成长市场、竞争市场、成熟市场、衰退市场。按地理位置划分，则又有中心市场和周边市场之分。为此，展览会品牌传播也应根据这些要素的不同进行组合，在不同的阶段或时期具有不同的阶段性策略，但无论什么阶段，其媒体的选择大致有传统媒体传播、新媒体传播、活动传播。

哪种传播形式适合展览会的诉求特点或展览会所涉及产业的行业特性，哪种传播形式适合本品牌的现状，哪种传播形式适合当前的竞争环境，哪种传播形式符合当前办展机构的资源条件，哪种传播形式可以达到传播目的，哪几种传播形式又可以进行整合，这些只有在实际实施过程中，根据自己展览会品牌的具体情况加以分析，才能很好地应用。

1）传统媒体

传统媒体主要包括电视、报纸、广播、杂志、户外广告等，这是展览会品牌传播应用较为广泛的媒体，其优点在于覆盖面广，认知度高，尤其是权威媒体，更是备受青睐。如今，我们可以十分容易地在中央电视台上见到许多品牌展览会的宣传广告，无论是国际品牌还是国内的品牌展览会，如德国的“CeBIT”，中国的“广交会”“高交会”“大连服装节”“中国投资贸易洽谈会”“北京国际汽车博览会”等综合性和专业性展览会，而在地方电视台，所见所闻的品牌展览会更是不胜枚举。在报纸、广播、杂志上类似电视媒体的宣传广告也十分常见。

2）新媒体传播

关于新媒体的界定，尚无明确划分，并且由于时间的推移，其范围也会随之改变。但就现阶段而言，我们认为，它区别于传统媒体，并且被广泛认可和应用的就是新媒体。在这方面，网络媒体传播具有一定的代表性。其优点是自主性强、费用低廉、具有互动性、传播快捷。随着互联网的逐步成熟，电子商务已经逐步被人们所接受，企业对电子商务的认可度越来越高，也有很多企业现在或不久将采取电子商务模式对企业运作进行充实，摸索与积累未来的商业运作经验。尤其是以网络为基础平台发展起来的，诸如电子邮件、博客、微博、网络聊天和网络直播等形式，能够有效满足参展商的个性需求，在消费心理上更贴近客户。

随着互联网新媒体的迅猛发展，新媒体的种类呈多样化，其功能也日趋完善，为会展品牌传播提供了更多的途径和平台，传播的方式也更为多样。

以一个成熟的展览会为例，展览会的官方网站、官方微信公众号、朋友圈广告、小程序、H5 邀请函、电子邀请函、照片直播等都已成为不可或缺的重要元素贯穿组织实施的全过程，为参展商、观众和合作伙伴提供即时的展览会信息推送，同时作为一种独特而直观的传播方式，为其展览会打造品牌价值。

借助新媒体视觉传播的优势，能够扩大展览会的传播面，深入到客户中，提高客户对展览会的黏度。贯穿展览会视觉符号到展览会品牌的服务的视觉传播，能够在受众中重复进行营销，加深记忆度和印象，加强与参展商和观众之间的相关度。通过新媒体环境下会展视觉传播的新形式，对塑造会展品牌价值将产生积极的意义。

3）活动传播

活动传播是通过组织有特色、有创意的事件来吸引目标客户以及社会公众的注意力，并让其对自己展览会的品牌产生好感。通常，公关、事件或赞助等方式都是活动传播的具体表现形式，也为会展企业所认识和广泛使用。一般情况下，企业会采取参与更具有影响力的机构所组织的活动开展自身品牌的传播，从而取得事半功倍的效果。

4）品牌授权

品牌授权是一种新的品牌传播方式，一个强势品牌，要想利用品牌授权进行品牌传播，或者进行品牌多元化延伸，它必须对品牌授权的流程进行严格的审视和管理。固然，对品牌授权的产品阈限进行界定是重要的，但对品牌管理者而言，更为重要的应该是对品牌授权申请人的考核和管理。

温馨提示

在目前会展市场竞争日益激烈的情况下，越来越多的会展活动组织者非常重视会展活动的宣传推广。由于互联网技术的不断发展，相继出现了许多新型媒体，这为会展活动的宣传推广提供了更大的选择空间。但我们在制订推广计划时要根据会展活动组织实施的不同阶段，突出宣传推广工作的重点，有目的、有计划地进行宣传推广。而选择媒体时，要结合会展活动的主题，根据媒体的受众范围和传播方式，对传统媒体与新型媒体进行有效组合，这样才能达到预期的宣传推广效果。

8.3.3 展览会品牌传播注意事项

当前我国会展业的发展呈现出强劲的增长势头，巨大的经济带动效益使很多会展企业和业界人士产生盲目冲动，导致了在评价展览会效益和组织展览会时的一些错误观念，由此波及展览会的品牌传播，造成品牌传播的误区，因而制约了我国会展业的健康发展。

1）单一追求成交金额

我国会展业往往已习惯于以交易金额的大小来评价一个展览会的效益与影响力。实际上，展览会的功能大小并不仅仅体现在所签合同金额大小这一项指标，就展览会品牌传播自身来说，更主要的还体现在树立和保持良好的展览会品牌形象、更新和密切与现有客户的联系、结识新客户、推介新产品、巩固现有产品市场占有份额和收集信息等方面。

2）一味强调客流量

这种错误的观念也与会展企业的短视行为有关。从参展商来看，在我国会展业发展的初级阶段，参展商交纳的展位费是会展公司收入的一个主要来源，因此有些办展机构为了眼前利益，为了填补场地空间而不顾参展企业的资质如何，就一味招揽企业参展。事实上，如果没有行业内的主要合作伙伴和大客户的参与，拉来再多参展商也办不出真正有影响力的品牌展览会。从参观者来看，办展企业追求的不应是观众的数量，而应是观众的质量，即真正的具有实力的专业客商和买家等，只有这样的观展者，才能实现企业参展的目的。

3）过分担心客源流失

过分担心其他办展者在空档期举办同类展览会，抢走客户，在这种错误思想的困扰下，一些办展企业有时不得不违背规律，将办展时间密度加大。实际上，展览会时间安排必与相关市场需求相一致。展览会只要随时保持与相关行业的紧密联系，观察和监测市场变化，就有了培养客户忠诚度的资本，不怕别人抢走资源。

【项目小结】

本项目主要介绍了展览会品牌的定位、展览会品牌的支撑要素和展览会品牌传播等有关问题。本项目的学习，主要是让大家掌握展览会品牌的相关知识与基本技能，使大家充分认识到会展市场在竞争十分激烈的情况下，把自己的展览会培育成知名品牌的展览会是会展企业占领市场、提高市场竞争力和获取更大社会效益与经济效益的必由之路，从而引起大家对培育展览会品牌重要性的认识。

【复习思考题】

1.给展览会品牌定位应遵循哪些原则？通常采取什么步骤与策略？
2.什么是展览会品牌延伸？
3.展览会品牌需要哪几个要素来支撑？
4.展览会品牌传播应遵循什么原则？
5.在展览会品牌传播中如何正确选择媒体？
6.展览会品牌传播应注意哪些问题？

【实训题】

实训项目一

一、实训组织

教师给出一个知名展览会品牌，让学生制作一份该展览会品牌延伸计划。

二、实训要求

1.制订的品牌延伸计划内容要全面、详细，并具有可行性。
2.说明延伸计划的优势与劣势，以及存在的问题应采取的措施。
3.学生可互评，拓展学生的思维空间。

三、实训目的

1.提高学生对品牌管理重要性的认识。
2.培养学生品牌管理的工作技能。
3.掌握品牌延伸应遵循的原则。
4.培养学生的从业能力。

实训项目二

一、实训组织

根据本项目所学的内容，教师给出一个展览会品牌，让学生采用 USP 定位策略对其进行定位，并说明遵循的原则、采取的方法与步骤，以及主要依据。

二、实训要求

1.学生给出的定位要符合 USP 定位策略的要求。
2.采取的方法要恰当。
3.采用的依据要可靠，并具有说服力。
4.教师要提出要求，并及时给予点评。

三、实训目的

1.使学生深刻领会 USP 定位策略的内涵。
2.掌握会展活动定位的方法与步骤。
3.培养学生对会展活动进行定位的技巧。

4.培养学生的从业能力。

【案例回放】

第18届中国厦门国际佛事用品(秋季)展览会

第18届中国厦门国际佛事用品(秋季)展览会于2023年10月12–16日在中国厦门国际会展中心隆重举行。本届展览会总展出面积近19万平方米,创历史新高,16个展馆,共设国际标准展位5500个,参展企业达1300多家,汇聚国内外佛事用品行业翘楚品牌,规模宏大,盛况空前,全方位展示了行业的最新发展与创新实践。

本届展会呈现全产业链精品,佛像雕塑、传统建筑及寺院建筑、香品香器、佛堂供具、禅意文创、僧服绣品、中式家居、美学空间等展位焕然一新,展示佛事用品行业的实力及无限市场潜能。

佛像雕塑展区作为最受欢迎的展区之一,展示了不同材质的造像作品,包括石雕、木雕、铜雕、陶瓷、玉雕、干漆夹苎等,呈现了当今中国佛像制作的高水平。除了传统的佛造像,展区也展示了现代佛像作品,将传统的佛像形象与当代艺术元素进行融合,以造像传达现代人对佛文化的理解。

境外展区集结了韩国、日本、印度、尼泊尔、加拿大、美国等国家的参展商,带来富有异国风情的产品,例如东南亚的香品、香原材料,日本的木材、瓦,韩国的铜钟等。此外,在新设于C3L厅大堂的文创展区,香囊、小风扇、香炉、摆件等极具中国特色和禅意的文创产品也相继亮相。与此同时,一系列丰富多彩的配套活动,为展会增添了新的活力与内涵,共吸引海内外观众超过20万人次。

中国厦门国际佛事用品展览会创办于2006年,从创办初期,就以其强烈的传统文化色彩和高品质文创高地享誉海内外。从2006年到2023年,厦门国际佛事用品展览会走过了18年砥砺奋进、勠力前行的光辉道路,形成了“规模大、品类全、档次高、口碑好”的品牌优势,是海内外专业采购商优选的采购平台。

此展览会的组织者采取“以大展带小展”发展战略。在第18届中国厦门国际佛事用品(春季)展览会展出期间,还举办了厦门传统建筑暨寺院建筑展览会、厦门香产业(春季)博览会、厦门国际手工艺品暨漆艺展览会、厦门国际素食暨有机产品(春季)展览会、厦门国际茶产业(春季)博览会、厦门国际茶包装设计(春季)展览会、厦门国际新兴茶饮产业展览会和2023世界绿茶采购交易会。从上述新举办的展览会所涉及的产业来看,与佛事用品展的主题相关联或近似的产业,几乎涵盖了佛事用品的全产业链。这一办展策略的好处是既保证了佛事用品展主题的专业性,又向其他细分行业或近似产业进行了延伸,扩大了展出规模,提高了佛事用品展的社会影响力和经济效益。与此同时,还培育了新的会展项目。

(根据2023年5月12日福建海峡导报NEWS官方账号《厦门又火了!》整理)

案例分析

1.厦门国际佛事用品展览会成功举办的基本因素是什么?

2.你认为这种“以大展带小展”的办展策略如何?

项目九
出国展的组织与实施

【知识目标】

- 了解出国举办经济贸易展览会审批管理办法。
- 熟悉我国出国办展经费及外汇使用与核销办法。
- 熟悉我国海关对出口展览品监管办法。
- 熟知出国展览品进出境报关。
- 掌握我国出国参展人员办理护照的要求和程序。
- 熟知出国展的前期准备工作。
- 学会展出期间的接待与洽谈。
- 掌握知识产权保护与 ATA 单证册(ATA Carnet)相关知识。

【技能目标】

- 熟悉我国出国办展的管理制度。
- 具有制作出国展览品进出境报关单证的能力。
- 具有完成出国展前期准备工作的素质与能力。
- 具有一定的联络、沟通与接待能力。
- 具有一定的知识产权保护能力。

【学习重点】

- 出国展览品进出境报关。
- 我国出国参展人员办理护照的要求和程序。
- 出国展的前期准备工作。

【学习难点】

- 展出期间的接待与洽谈。
- 知识产权保护与 ATA 单证册。

【案例导入】

中非合作论坛

为进一步加强中国与非洲国家在新形势下的友好合作,共同应对经济全球化挑战,谋求共同发展,在中非双方共同倡议下,中非合作论坛——北京 2000 年部长级会议于 2000 年 10 月 10—12 日在北京召开,中非合作论坛正式成立。中非合作论坛的宗旨是:平等磋商、增进了解、扩大共识、加强友谊、促进合作。论坛部长级会议每三年举行一届,轮流在中国和非洲国家举行。其成员由中国和与中国建交的 53 个非洲国家以及非洲联盟委员会组成。

中非合作论坛第一届部长级会议上通过的《中非经济和社会发展合作纲领》规定,中非双方同意建立后续机制,定期评估后续行动的落实情况。2001 年 7 月,中非合作论坛部长级磋商会在赞比亚首都卢萨卡举行,讨论并通过了《中非合作论坛后续机制程序》。

2002 年 4 月，后续机制程序正式生效。中非合作论坛后续机制建立在三个级别上：部长级会议每三年举行一届；高官级后续会议及为部长级会议作准备的高官预备会分别在部长级会议前一年及前数日各举行一次；非洲驻华使节与中方后续行动委员会秘书处每年至少举行两次会议。部长级会议及其高官会轮流在中国和非洲国家举行。中国和承办会议的非洲国家共同担任主席国，共同主持会议并牵头落实会议成果。部长级会议由外交部长和负责国际经济合作事务的部长参加，高官会由各国主管部门的司局级或相当级别的官员参加。

经商定，中非双方先后于 2006 年 11 月、2015 年 12 月、2018 年 9 月举行 2006 年中非合作论坛北京峰会、2015 年中非合作论坛约翰内斯堡峰会、2018 年中非合作论坛北京峰会。2016 年 7 月、2019 年 6 月和 2022 年 8 月先后举行中非合作论坛约翰内斯堡峰会、北京峰会及第八届部长级会议成果落实协调人会议。2007 年、2010 年、2013 年和 2017 年 9 月，中非外长在纽约 4 次举行联大政治磋商。

此外，随着中非合作不断拓展和深化，中非青年领导人论坛、中非智库论坛、中非民间论坛、中非地方政府合作论坛、中非媒体合作论坛、中非部长级卫生合作发展研讨会、中非减贫与发展会议、中非民营经济合作论坛、中非农业合作论坛、中非和平安全论坛等中非合作论坛分论坛陆续成立。

2015 年 12 月 4–5 日，中非合作论坛约翰内斯堡峰会隆重举行，包括 43 位国家元首和政府首脑在内的论坛 52 个成员代表出席。会议由习近平主席和南非总统祖马共同主持。习近平主席在峰会开幕式上发表题为《开启中非合作共赢、共同发展的新时代》的重要讲话，宣布未来 3 年中方将着力实施工业化、农业现代化、基础设施、金融、绿色发展、贸易和投资便利化、减贫惠民、公共卫生、人文、和平与安全等“十大合作计划”。

2018 年 9 月 3–4 日，中非合作论坛北京峰会隆重举行，中国国家主席习近平同论坛共同主席国南非总统拉马福萨共同主持峰会。54 个论坛非洲成员代表与会，包括 40 位总统、10 位总理、1 位副总统以及非盟委员会主席等。此外，联合国秘书长以及 26 个国际和非洲地区组织代表应邀出席。习近平主席在峰会开幕式上发表题为《携手共命运　同心促发展》的主旨讲话，宣布未来 3 年将重点实施产业促进、设施联通、贸易便利、绿色发展、能力建设、健康卫生、人文交流、和平安全“八大行动”，全面加强中非各领域务实合作。

在中非合作论坛的带动下，我国与非洲国家间的经济技术合作和进出口贸易有了长足的发展，合作的领域也在不断扩大，给非洲国家带来了实实在在的利益，并深受广大非洲国家欢迎。

（根据外交部官网《中非合作论坛》整理）

案例分析

1.举办中非合作论坛的意义有哪些？

2.中非合作论坛对促进我们对外开放和进出口贸易有哪些作用？

任务一　我国出国展的审批制度

随着对外经济贸易交往的逐步扩大，国外各种展览会吸引了我国众多欲将产品拓展到海外去的企业。作为国际商贸活动的一种重要形式,出国参展不但为国内企业扩大商务接触面,开阔视野,而且是寻求最佳供货厂商与合作对象的最佳机会,但与国际会展业相比,我国的出国展仍存在很大差距。其实,我国的出国展始于20世纪50年代,政府部门审批的管理制度一直沿用至今。我国出国展现行的相关规定如下。

9.1.1 出国举办经济贸易展览会审批管理办法

为了适应我国出国展工作新形势发展的需要,商务部和中国国际贸易促进委员会依照行政许可法,共同对原来的《出国举办经济贸易展览会审批管理办法》进行了修正,于2006年发布并实施。此办法共7章38条,对出国办展项目审批的条件、依据、受理和审查程序、期限以及批准项目的通报、公示、监督管理等作出了具体规定,明确了审批机关的义务和权限,引入综合执法体制,把出国办展纳入行政许可、工商、海关、外事等综合管理体制的框架。新管理办法与原来的相比有了很大的改进,但总体来看,我国对出国展的管理仍处在政府审批向市场化经营的过渡阶段。

新管理办法对出国参加展览会的组展单位的条件显然有所放宽,应当具备的条件修改为:依法登记注册的企业、事业单位、社会团体、基金会、民办非企业单位法人,注册3年以上,具有与组办出国办展活动相适应的经营(业务)范围;具有相应的经营能力,净资产不低于300万元人民币,资产负债率不高于50%;具有向参展企业发出因公临时出国任务通知书的条件;法律、法规规定的其他条件。另外,更加强调了在出国办展期间的知识产权保护。此办法的发布,预示着长期处于半政府行为的出国展将逐步走向市场化,而作为完全市场化的出国展服务企业来说,专业化的服务将是其最大的竞争力。

9.1.2 我国出国办展经费及外汇使用与核销办法

随着我国对外改革开放的不断发展和我国整体实力的进一步增强,我国越来越多的企业赴国外利用参加展览会这一形式来拓展海外市场。为了鼓励国内企业,尤其是中小企业拓展海外市场,我们国家采取了相应的鼓励措施及补贴政策。所以,我们在组织企业赴国外参加展览会时,有必要对我国以下四个规定进行了解。

1)《出国展览经费支出管理暂行办法》

为加强出国展览经费支出的管理,提高资金使用效益,财政部制定并发布了《出国展览经费支出管理办法》。本办法对财政补助的出国展览类型和经费支出内容、出国展览项目的立项与审批、出国展览费用预算的编报、展团费用支出的管理、出国展览经费决算与监督考核等事项均作出了详细规定。出国展览的组织者有必要对本管理办法有一个比较详细的了解。

2)《因公临时出国用汇管理办法》

出国参加展览会的人员在我国属于临时出国人员,我国对因公临时出国人员的费用支出和外汇使用都有明确的规定。所以,我们在组织企业赴国外参加展览会时,不仅要了解我国的出国展览审批制度,还要了解我们国家的外汇使用与管理方面的有关规定。我国《因公临时出国用汇管理办法》对党政机关、事业单位、社会团体和民主党派因公派出相关人员进行考察、访问、学习、经贸洽谈、新闻采访、举办展览、出席国际组织会议、短期培训或研修等出国代表团组所需外汇的申请、审核及购汇、核销及监督与检查等都作出了明确规定。

3)《临时出国人员费用开支标准和管理办法》

《临时出国人员费用开支标准和管理办法》主要是为了规范和加强临时因公出国人员的费用开支管理，加强预算的监督，提高资金使用效益，保证外事工作的顺利开展。其使用范围主要是各级党政军机关、民主党派、人民团体、事业单位因公组派的临时代表团组出国人员，并对出国人员在国外期间的住宿费、伙食费和公杂费都作了明确规定。

4)《中小企业国际市场开拓资金管理办法实施细则(暂行)》

为了促进我国中小企业的发展，拓展国际市场，增强他们在国际市场上的竞争力，我国拿出专项资金为我国中小企业在国外举办或参加境外展览会；质量管理体系、环境管理体系、软件出口企业和各类产品的认证；国际市场宣传推介；开拓新兴市场；组织培训与研讨会；境外投(议)标等方面的业务给予一定数额的资金支持。中小企业参加境外展览会的资金支持比例见表9.1；中小企业参加拉美、非洲、中东、东欧和东南亚一些国家或地区的展览会时，其支持资金比例可提高到70%。

表9.1　中小企业参加境外展览会资金支持比例一览表

支持内容	企业类别	支持比例/%
展位费 (场地、基本展台、桌椅、照明)	西部地区中小企业	70
	其他地区中小企业	50
公共布展费	西部地区中小企业	70
	其他地区中小企业	50
体积1立方米、重量1吨以上的 大型展品回运费	西部地区中小企业	70
	其他地区中小企业	50
说明：表中所列支持比例和支持金额均为最高限额，支持金额的单位为人民币元；西部地区中小企业是指重庆、四川、贵州、云南、西藏、陕西、甘肃、青海、宁夏、新疆、内蒙古、广西的中小企业。		

9.1.3　出国展览品进出境管理

1)我国海关对出口展览品监管办法

出口展览品监管办法对我国有关单位或企业因到国外举办经济、贸易、文化、科技等展览会或者参加外国博览会，而运出境和复运入境的展览品以及有关的宣传品、布置品、招待品、小卖品和其他公用物品进行申报、检验与放行所需要提交的单据、证明材料等都作了明确规定。

2)出国展览品进出境报关

(1)向海关申报

向海关申报就是我们通常所说的报关。为举办出国展览会或展销会而筹集的展品出口时,组织出国展览会或展销会的单位持下列单证向出境地海关申报:

①归口审批部门的批件。

②展品清单一式二份。

③如由外贸、工贸公司主办又属实行许可证管理的商品,须提交出口货物许可证;非外贸单位主办的,不论是否属实行许可证管理的商品,都一律须提交该证。

④出口货物报关单一式三份。

⑤运输单据。展品从境外复运入境时,组织出国展览(销)的单位持下列单证向入境地海关申报:展品清单一式二份,注明原出境日期、地点、运输工具名称、展出国家或地区,以及在国外展出期间对展品的出售、赠送、放弃、消耗或留给我驻外机构使用等处理情况。

⑥运输单据。

⑦《进口货物报关单》一式三份。

(2)海关查验放行

上述出口展品和复运回国展品清单,经出入境地海关检查后予以验放。其中需要将复运回国的展品运至其所在地海关办理手续的,由入境地海关核准,将清单注明后,一份寄给组织出国展览单位所在地的海关,以便办理核销工作,也可按照"海关监管货物"办理转关运输手续。这时展览会组织者需要注意下面两个方面的问题:

①展品如明确为在国外销售的,又属于应征出口税的,由海关征税放行。如未明确,而在国外发生销售,则在其余展品复运回国时,予以补征。

②组织出国展览(销)的单位,进口在国外展出期间购买、接受的物品、样品及其他资料,则须按海关规定,另行包装并开列清单,向入境地海关申报进口。对购买的物品,除供工作人员在国外集体使用的食宿用具外,还须交验国家有关管理部门的批准文件,由海关征税或者免税后验放。

9.1.4 我国出国参展人员办理护照的要求和程序

1)我国的护照法

《中华人民共和国护照法》自2007年1月1日起施行。护照法对我国护照申领的条件、申领时所要提交的证件和材料、护照的签发等相关事项作了规定。

2)出国参展该如何办理手续和签证

不论是组织企业去国外参加展览会,还是企业自己去国外参加展览会,如何办理相关人员的出国手续和签证都是大家非常关心的问题。鉴于我国政府目前对出入境管理还相对比较严格,展览行业的行政审批制度依然存在,参展人员如何办理出国手续还需要依据其所持有的护照类型来决定。我国护照法第三条规定,我国的护照分为普通护照、外交护照和公务护照。由于出国参展人员绝大部分持普通护照和公务护照出国参展,下面主要介绍这两种护照的办理与签证的有关事宜。

(1)普通护照的办理与签证

①普通护照的办理。普通护照也称私人护照,外观颜色为紫红色,正面写有"中华人民共和国护照"字样,由公安部出入境管理局及其在各地的派驻机构签发,通常有效期为5年,我国公民申请此类护照通常比较方便。申请人向其户口所在地的出入境管理部门提出申请,并提供城市居民身份证、户口本以及近期免冠照片等相关材料就可办理护照。申请人在提交材料后通常会在2周后得到护照。

②普通护照签证。普通护照持有者申请签证手续较为简便,大致程序如下:拿到展览会正式邀请函→拨打使馆签证预约电话并预约时间→在签证当天带齐材料按时到达使馆面试→取签证。

③参展人员持普通护照办理签证应注意的事项。在此过程中,参展人员需要了解以下几点。

a.博览会或展览会的正式邀请函由中国组团机构统一向博览会组织机构索要,并在参展人员向组团机构交齐费用后下发,参展人员也可要求国外客户帮助其出具邀请函,但签证风险相对较大。

b.有些国家使领馆需要预约签证时间,如美国、德国等,有些国家则不需要,如英国等,参展人员可以自行安排时间前去面试。但预约签证时通常需要提供申请人的护照号、姓名、出生日期,签证预约电话不需要申请人亲自拨打。需要注意的是,有些国家在签证高峰时段很难拨通电话,需要连续拨打。德国、美国等热点国家在每年年底及七、八月份为签证高峰期,申请人预约的签证时间可能为其预约时间后30天,故应提前预约,以免延误展览会。

c.依照各国使领馆规定,通常持私人护照的签证申请者应在其所在领区的使领馆与签证官面试。许多国家在中国的使领馆通常设在北京、上海、广州三地。也有些国家不接受本人预约,如日本,必须要求申请人将材料送至指定签证代办机构,由其统一办理。

d.有些国家对在一段时间内去过该国的申请人提供免面谈服务,由申请人将其申请材料送交中信银行或德国工商大会等代办机构。

e.有些国家要求申请人在面试当天以现金形式交纳签证费,也有些国家需提前交纳到指定代收银行,如美国需提前交纳至中信银行。

f.有些国家在申请人面试结束后1小时内即可颁发签证,如美国,也有些国家需要一周后颁发签证,如德国、意大利,申请人可以委托他人代取签证。

g.申请人面试时,参展类的商务签证通常需要携带以下材料:填写完整的签证表、护照,博览会主办机构出具的正本邀请函,博览会参展展位证明,博览会参展展位费发票,申请人所在单位出具的经济担保函,申请人名片、身份证及户口本原件、复印件、结婚证、在职证明等,申请人所在单位营业执照复印件、信用证明以及所从事的商务活动的证明文件,申请人曾去过其他国家并回国的签证页的复印件,申请人所拥有的财产照片,如住房、汽车等,申请人银行存款证明及国际信用卡等。

(2)公务护照的办理与签证

公务护照也称因公普通护照,外观颜色为棕色,正面写有"中华人民共和国因公普通护照"字样,由外交部及其在各地人民政府外办签发,通常有效期为两年或三年。因我国政府目前对因公出国管理较严,许多私营及民营企业的参展人员尚未具备申领因公普通护照的资格,故参展人员应先向其单位所在地的人民政府外事办公室咨询自身企业是否具备申领因公普通护照的资格。若具有该资格,则可以按照因公护照的手续申请签证。

因公护照持有者申请签证相对手续较为繁琐,大致程序如下:组团单位下发出国任务通知书及出国任务批件→参展单位在当地政府及相关部门办理出国任务确认件及政审手续→办好后将材料交至当地政府外办或组团机构→由当地政府外办或组团机构统一送签→由当地政府外办或组团机构统一取签证。

需要注意的是,因为主要出展国家都是分领区受理签证,各领区的签证需要由申请人委托当地人民政府外办送签。

任务二 出国展的前期准备

9.2.1 出国展的几种形式

从我国目前出国展览会的情况来看,我国的出国展览大致分为以下 4 种形式。

1)在境外单独举办国际性展览会

我国的展览会组织机构按照市场化运作的方式在其他某一个国家举办展览会。从目前来看,我国还没有一家会展企业能这样做。分析其原因,主要是我国的会展业起步较晚,整体实力还不够强大;国外的会展市场经过 100 多年的发展已经十分成熟,到这样的国家去举办展览会存在着一定的风险。不过,随着我国会展业的进一步发展和不断壮大,在不远的将来一定会有会展企业走出国门,在国外拥有属于自己的品牌展览会。

2)在境外单独举办全国性展览会

根据中国贸促会的统计,2023 年出国办展项目总计 78 项,一半以上集中在亚洲地区,其中越南、印尼、马来西亚和日本数量最多。办展项目面积、体量和实际成效不断提升,比如中国(白俄罗斯)商品和服务展览会展览面积 10000 平方米、中国(阿联酋)贸易博览会展览面积 29000 平方米等。与前几年相比,我国有关机构和企业到国外单独办展有了较大的发展和突破,但与一些会展发达国家相比,还有一定的差距。我们相信,随着我国出国办展政策的实施和扶持力度的不断增加,我国机构或企业赴国外单独办展的项目一定会越来越多,其规模也会越来越大。除了满足我国外交、外贸工作的需要之外,在促进我们国内企业进入国际市场以及帮助我国企业拓展海外新兴市场等方面将发挥更加重要的作用。

3)组织国内企业出国参加展览会

这就是我们通常所说的“组团出国展览”,也是目前出国参加展览会大多数人都采取的一种组织形式。从采用这种组织形式组织企业出国参加展览会的组织机构来看,除了贸促会系统外,还有一些会展企业在从事此项业务。随着我国《出国举办经济贸易展览会审批管理办法》的实施和对出国办展组团单位资格的放宽,从事“组团出国参展”的企业一定会越来越多。这对我国出国办展业务的发展和加快此项业务的市场化进程一定会起到积极的推动作用。

4)企业自己出国参加展览会

这主要是企业结合自身发展的需要,根据自己产品的特点,有目的、有选择性地参加在国外举办的展览会。企业单独出国参加展览会的好处是针对性强,避开国内的其他竞争对手,便于拓展海外市场。但由于是企业自己单独出国参展,如出国人员签证、展品运输等许多事宜都要企业自己来做,另外,费用也会比随团出国参加展览会高。

9.2.2　出国参加展览会的信息收集

无论采取上述哪种形式组织企业出国参加展览会,不论是组织机构还是参展企业在选择国外展览会时都必须要了解展览会展出国和展览会的相关信息。《出国举办经济贸易展览会审批管理办法》明确作出了“组展单位应向潜在参展企业提供准确、全面的展览会信息”的规定。这就可以说,向参展企业提供展览会的相关信息是组织者应尽的义务,而对参展企业来说,详细了解和熟悉展览会举办国和展览会的相关信息也是参展企业实现参展目标和拓展海外市场的基本条件。出国参加展览会一般需要掌握和了解以下 4 个方面的信息,详见表 9.2。

表 9.2　出国展览会信息表

信息类别	主要内容	简要说明
举办国的基本情况	自然状况、气候条件、民族宗教信仰、市场容量、消费习惯及能力、与我国的外交关系以及进出口贸易的主要产品和总额等	信仰宗教的民族都有禁忌的颜色、图案与行为,参展时要尽可能地符合当地的习惯要求
举办国对展品和相关产品进口的规定	举办国海关对展品的管理制度;市场准入制度;税收制度;货币与外汇管理制度,如食品、玩具、电器等商品的特殊要求	了解这些主要为商务谈判作准备,如了解我们的电器所使用的电压和插头是否相符等
组织机构对参展人员和展品的管理规定	对参展人员的数量要求、对展品细分类别的要求以及对展位装修和布展时间的规定等	国外有些展览会对展品要求很严,必须按要求选择展品;对展位的高度和使用的材料都有严格要求,参展企业必须遵守
展览会相关信息	展览会主办机构介绍、举办历史与周期、展览会规模及影响力、参展企业和观众的来源与分布以及以前中国企业参加该展览会的情况等	通过主办者、参展商和观众的来源与分布可以看出该展览会的影响力和辐射力,为决策是否参展提供依据

9.2.3　参展目标的确定

企业不论是在国内参加展览会还是出国参加展览会,都要根据展览会举办地的市场情况、企业自身的发展及其产品的特点等因素来确定自己的参展目标。其实,每个企业由于各自情况不同,其参展的目的也不同。一般来说,企业的参展目的不外乎展示实力、树立品牌形象、宣传产品、达成交易、物色代理和批发商或合资伙伴、研究当地市场、开发新产品等。德国展览协会将企业的参展目标归纳为:基本目标、交流目标、价格目标、销售目标和产品目标五大类。

①基本目标:了解新市场、寻找进出口机会、交流经验、了解发展趋势、了解竞争情况、检验自身的竞争力、了解公司所处行业的状况、寻求合作机会、向市场介绍本公司和产品。

②交流目标:建立个人关系、增强公司形象、了解客户需要、收集市场信息、加强与新闻媒体的关系、接触新客户、了解客户情况、挖掘现有客户潜力、训练职员调研及推销技术。

③价格目标:试探定价余地、将产品和服务推向市场。

④销售目标:扩大销售网、寻找新代理、测试减少贸易层次效果。

⑤产品目标:推出新产品、介绍新发明、了解新产品推销的成果、了解市场对产品系列的接受程度、扩大产品系列。

9.2.4 展位设计

展位设计的根本任务是要帮助展出者达到展出目的。一个好的展位设计方案通过展出不仅要充分反映出参展企业的良好形象,吸引参观者的注意力,还要能提供一个适当的展示、接待、咨询与商务洽谈的工作环境。为此,设计人员在为出国参展企业进行展位设计时,应该注意以下几点。

①展位的设计风格和色彩要与展览会整体格调和主色调相统一,要与展览会所涉及的题材相吻合,要与展览会整体的贸易气氛相协调。

②展位设计要根据参展企业的参展目标与选择的展品,突出重点,增强视觉冲击力,以达到吸引更多参观者的目的。

③设计人员在进行展位设计时,要尽可能地采用组合展具和轻体材料,既要便于安装与拆卸,又要考虑到它的安全性。由于是出国参加展览会,一般不会配备专业设计和施工人员出国,大都是参展工作人员自行拆装,所以展位设计要具备易拆装等特点。另外,企业出国参加展览会通常将展位设计在国内制作完成后再运去国外,这就需要考虑到设计方案的运输便捷性和运输费用等事宜。

④展位设计要尽可能地采用新型材料,注意环境保护和防火等事宜。目前,许多国家对展位装修材料都有明确的规定,禁止使用对环境有污染的材料。这就需要我们必须符合或达到展览会举办国的要求,以保证参展工作的顺利进行。

9.2.5 展品选择与运输

1)展品的选择

展品是参展企业在展出期间给参观者留下印象的最重要因素。在参观者的记忆因素中,展品吸引力占到39%的比重,应予以重点考虑。企业在出国参加展览会选择展品时,应该遵循以下原则。

（1）坚持针对性原则

针对性是指要根据企业参展的目标、方针和内容以及展览会举办国市场情况、消费习惯和消费能力等因素有针对性地选择自己的展品。另外，由于展出面积和空间的限制，不可能将公司制造的所有产品全部展示出来。因为，在有限的空间陈列太多的展品，展位会显得零乱，观众看过后，对任何一种产品都不会产生深刻的记忆和印象。这时参展企业要有所取舍，突出重点，这样才会取得较好的展出效果。

（2）坚持代表性原则

代表性是指选择的展品要能体现参展企业的技术水平、生产能力及行业特点，尤其是出国参加展览会，参观者不仅仅把你展出展品的技术水平看成是你一家企业的技术水平，而是把它看成我们国家该行业的发展水平。所以，出国参加展览会选择展品一定要综合各种因素，慎重决策。

（3）坚持独特性原则

独特性是指选择的展品要有自身的独到之处，具有自己明显的特点，以便和其他同类产品区分开来。展览会是推介新产品的最佳机会，如果你选择的展品是全新产品，你可以把对产品的特点和优势加以强调；如果是原有产品的更新换代产品，可以突出换代产品的优点和方便之处。通过各种展示手段，特别的灯光效果，突出产品特点。这些新产品或换代产品适宜放在展位的显眼位置，以增加它与观众产生接触的机会。

2）展品的包装

出国参加展览会展品的包装箱一般使用纸制包装箱，特别注意选用质量好的纸箱，并且所有纸箱都必须打包。否则，展品在运输过程中易出现破损。展品箱内严禁装运易燃、易爆、易腐和有毒物品。如果展品由参展人员随身自带，包装宜用行李箱，不要用纸箱或木箱，以便顺利通关。运输包装箱上一般要写上以下英文标记：

①唛头（Mark）。不同的展览会所使用的唛头也不相同，具体根据展览项目而定，展览会组织单位会另行通知。

②展览会名称（Exhibition）。

③参展企业名称（Exhibitor）。

④参展企业展位号或编号及箱号。

根据展览会组织单位安排给各参展单位的摊位号或编号，箱号写在公司摊位号或编号的后面。例如，某公司的展位号或编号为9A，第一箱为9A-1，第二箱为9A-2……以此类推。此标记一般要求写在展品箱左上角。

⑤体积（Meas.）。长×宽×高（以米为单位）。

⑥重量（Weight）。重量有毛重（G.W.）和净重（N.W.）之分，通常以千克为单位。上面所提到的展位编号是展团自编号，只作为展品发运和制作单证之用，和实际展位号无关。

另外，如果展品是一些大件的机械设备，最好在包装箱外面的四角处用火烫出链子状的标志，表明这里是可以用来吊的位置，机器的重量、重心、方向等都有清楚的标志。这样，展品进场时工人搬运操作起来就不会把货物碰坏。如果展品是易碎品，在包装时里面要加好防震材料，包装箱子外面要特别注明易碎标志。如果展品不能倒放，也应该标明清楚，运输人员如果看到不能倒放的标志，就不会倒放，以免发生展品意外损坏。

3）展品运输

（1）展品运输单证

展品国内外报关和清关所需要单证包括展品清册、装箱单、发票。有的国家要求提供原产地证和卫生防疫证书。所有单证都必须盖有公司公章和签字，在展览会组织单位规定时间内将所要求的单证正本寄抵。如果展品随身自带，必须携带好全套单证，以便过海关检查时出示。

（2）展品集中

随团出国参加展览会的展品运输，组团单位一般采用指定专业运输公司作为展品国内运输代理单位的方式，由他们负责展品的国内集中、报关和远洋运输工作。展品一般在展览会开幕前 2 个月集中到组团单位指定运输代理单位的仓库，以便保证展品在展览会开幕前及时运抵目的地。因此，展品集中的时间不能超过组团单位所规定的期限。

展览会结束后，展品一般不安排回运，多由参展商自己处理。如确实需要安排回运，要及早与组团单位联系，所产生的费用由参展企业自己承担。

温馨提示

出国参加各种展览会、博览会已经成为我国企业拓展海外市场的重要途径。企业在出国参展前一定要详细了解展览会展出国的社会制度、经济技术发展水平、进出口贸易政策以及展览会的相关信息。选择展品时，要突出专业性和代表性，切不可大而全。一般出国参展租用的展位面积都比较小，如果采取大而全策略，你的展位就会像一个杂货铺，影响企业的形象，降低了产品的专业性和吸引力，反而起不到好的效果。

9.2.6 参展人员配备

1）参展人员配备

人是展览工作的第一要素，也是展览成功的关键所在。从展位工作的内容来分，参展人员可分为接待人员、翻译人员、技术人员和商务洽谈人员。参展人员的配备可以考虑以下 4 个因素：

①根据展览会的性质和企业参展目标选派合适类型或相关部门的人员。

②根据工作量的大小决定人员数量。

③注重人员的基本素质，如相貌、声音、性格、自觉性、能动性等。

④加强现场培训，如专业知识、产品性能、演示方法等。

总之，参展人员要结合参展商品的特点灵活应对。如果是大众消费品应着力树立品牌形象，在消费者中形成亲和力；如果是新产品，须大力宣传其与众不同之处；产品如具独创性，则应强调其在技术上的突破性。

2）参展人员培训

为了保证良好的展出效率和效果，在参展人员确定之后，必须对他们进行培训。参展人员培训应当列入展出工作计划，成为一项正常工作。如果条件许可就安排比较正规的培训，至少要在开幕前进行简单的工作交代和技术指导。不论是临时雇佣人员、固定工作人员还是公司高级人员都应当接受培训。培训的目的是使参展人员了解展出目的，掌握展位工作技巧，培养合作与集体精神。出国参展人员培训主要内容见表9.3。

表9.3 出国参展人员培训主要内容一览表

培训内容类别	主要培训内容	主要目的
展出国情况介绍	自然状况、民族宗教信仰、市场规模、消费习惯、消费能力、市场准入、货币与外汇管制等	主要使参展人员对展览会举办国有一个感性认识
展览会情况介绍	展览会组织机构、展出规模、参展商和观众来源与分布、布展管理规定、展出日期、开馆时间、展出现场整体布局、展馆位置等	使参展人员对展览会的基本情况有一定了解，便于开展各项工作
展位情况介绍	展出意图、展出目的、目标观众、展位位置及序号、展位布局、展出工作的整体安排等	让每个人熟知自己的工作、完成时间及要求等
工作安排	观众接待、贸易洽谈、资料散发、公关工作、新闻工作以及后续工作等，进行分工，提出要求、管理安排等	展出主要是为了成交，准备工作要以此为目标，并提出要求和标准
出国前教育	外事教育、保密教育、知识产权保护和外事礼仪教育等	通过教育，每个参展人员做好保密和知识产权保护工作
产品知识介绍	产品的质量、颜色、风格、尺寸、外观、设计、性能、技术规格、贸易标准，以及运输包装、消费包装、保护要求、说明要求等	让所有展台人员都必须熟悉产品知识，包括规格、功能、特点、作用、使用方法
成交准备	可供品种、数量、规格、性能以及可以作出的改进和交货时间等，包装、交货、运输及付款条款等，根据谈判和签约需要，准备样品、产品目录、产品介绍、价格表、合同等	为谈判和签订合同，事先做好各项准备工作

9.2.7 参展宣传推广与客户联络

在出国办展工作中，以我们国家的名义在国外单独举办展览会或以中国展团的名义参加大型国际博览会时，组团机构一般会在国外相关媒体上进行新闻报道或刊登广告。而较小的团组出国参加展览会一般不会采取刊登广告的形式来进行宣传推广，这主要是因为国外刊登广告的价格比我们国内要高得多。但作为参展企业来说，除了展出期间在自己的展位上积极宣传自己的企业和产品外，还应该尽可能多地收集与你参加展出的产品有关联的客户，利用各种渠道和方式进行宣传联络，争取更多的客户到你的展位去参观洽谈。通常是采取发邀请函和登门拜访的方式邀请客户，邀请函的内容主要是告诉对方到达和离开展览会举办国的时间、展览会的名称、展馆地点、展厅或展区编号、展位号、展品名称、联系人、下榻的酒店、房间号等信息，并要表示欢迎届时参观洽谈和愿与对方建立长期合作关系的愿望，语气要恳切、得体。邀请函可以通过网络发电子邮件和邮寄的方式进行。一般情况下，出国参加展览会可以与以下机构联络进行宣传。

①展览会举办国驻我们国家的大使馆商务处。除了告知上述邀请函的有关信息外，还可请他们代为邀请他们国家的相关客户或让其提供他们国家相关客户的详细信息。

②我们国家驻展览会举办国的大使馆商务处。在告知上述邀请函有关信息的同时，可请他们代为邀请展览会举办国的有关客户或让其提供该国家相关客户的详细信息。

③展览会展出国的商会和相关行业协会等行业组织。对这一类的行业机构，最好是在出国前与其联络，到达展出国后及时联系，约定拜见时间和地点，无特殊情况一定要遵守时间，并提前作好拜见洽谈的准备，在国外这些机构在其行业内具有很大的号召力和影响力。

④直接与展览会展出国的有关客户进行联系。收到邀请函的客户去展览会参观的目的性会更强，他们进入展出现场一般会先到你的展位参观，也会消除陌生感，增加亲切感，容易进入实质性洽谈阶段。

任务三　展出期间的接待与洽谈

从展览会组织与实施工作的连贯性考虑，把布展和撤展期间的相关工作与展出期间的有关事宜放在一起来讲述，更便于大家学习和理解。组织过展览会或参加过展览会的人都知道，本章前面所讲的各项工作其实都是在为布展和正式展出作准备。下面介绍布展和展出期间的主要工作。

9.3.1　熟悉场馆与展品进馆

1）熟悉场馆

参展人员到达展览会举办城市的第一件事就是去展览会展出现场熟悉场地、确认自己的展位、办理证件、办理展品进馆证明以及用水与用电许可证明等事宜，为自己布展工作的顺利进行作准备。参展人员熟悉场地时不仅要熟悉服务机构办公地点、展览场地的公共设施等，还要熟悉场馆所处的地理位置及交通状况；确认展位主要是了解自己展位的具体位置，是否与自己的要求相符，如果是特装展位还要办理特装展位施工证，按照组织机构特装展位的要求和标准进行施工，并由组织机构进行验收；证件是参展人员入场的唯一凭证，有些展览会在布展期间凭布展证入场，展出期间参展人员凭参展证入场，布展证作废，布展和展出期间展品不得随意拿出展出现场；对于一些大型展品入场，举办机构都会有统一的时间安排，也要服从组织机构的统一调度与指挥；对一些需要用水或用电超过规定限额的参展企业，需要现场办理用水、用电许可，相关费用由企业承担。其实，一些大型的展览会组织机构和展览场馆对参展企业布展和撤展都有详细的规定，展览会与展览会之间的要求也不完全相同，这就需要参展人员详细了解该展览会的相关规定，按照其规定办理手续，而且要认真遵守。

2）展品进馆

参展企业在布展和展品运输过程中，由于展览会展前准备时间非常短，展品进馆时间就更加显得紧张。所有参展商都希望自己是第一个进馆和第一个出馆，但这是不现实的。在一些大型机械设备展览会中往往有这样的事情发生：某个参展企业的展品很大，第一个进馆挡在展馆中间，之后谁的展品也进不去。为了尽量节约进馆时间，参展商应该听展览会运输商的安排，由展览会运输商凭经验统筹安排，通过这种方式尽可能地争取时间。如果展品是大件商品，参展企业应该找主办机构指定的运输代理搬运展品，以保证展品进馆运至自己的展位，也会避免展品在搬运过程中发生意外损坏，但一些体积较小、重量较轻的展品也可自己运进展馆。对一些现场演示的大型机械设备，进场后需要安装和调试，并且需要的时间比较长，而竞争对手又与自己在展览会上同台竞争，这就考验一个公司在整个流程中的现场协调和操作能力。

3）布展工作

在出国参加展览会布展期间，由于派出的人员较少，需要合理调配人员，分清轻重缓急，根据展览会组织机构的各项要求以及自己的展位设计方案，安排自己的布展工作。通常情况下，展位装修的大部分工作会在国内完成，以减少在国外的工作量。

有些展品仅靠其本身并不能展现展品的全部情况、显示全部特征，往往需要相应图表、资料、照片、模型、道具、模特或讲解员等真人实物，借助装饰、布景、照明、视听设备等手段，加以说明、强调和渲染。展品如果是机械或仪器，要考虑安排现场示范，甚至让参观者亲自动手操作；如果是食品饮料，要考虑让参观者现场品尝，并准备小包装免费派发；如果是服装或背包，要使用模特展示或安排专场表演。这些都是为了引起参观者的兴趣，增加他们的购买欲望。总之，要根据自己的展品特点，采取相应的展出方式，提高自己展位的展出效果。

9.3.2　接待服务

在展出期间，接待服务是企业参展实现参展目标的基础性工作，很多重要的信息和客户资料也是在接待服务中发现和收集到的。负责接待服务的工作人员要热情、礼貌，有耐心、细心，善于发现潜在的客户。展出期间接待人员会接触各式各样的客户，如只留下名片的客户、交谈过的客户、表现出兴趣并索取报价的客户、表示要订货并开始谈判的客户等。这就需要接待人员按标准详细记录上述信息，为日后与客户的进一步联络和洽谈提供准确的第一手资料。另外，接待人员还要注意收集客户的相关信息诸如成立年份、雇员人数、年经营额、银行名称和地址及信用等级、其供应商和最终用户名称等。但是在展位接待中往往很难收集到这些信息，因为展位接待人员及参观者都非常繁忙，没有足够时间询问和记录或者参观者本身可能并不掌握这些情况，尤其是大公司的雇员。如果问得太细，可能引起参观者的不快而不愿意继续接触交谈。因此，如果能收集到最好，如果不能，就在后续工作中进一步收集，这些信息是判断客户的依据。

9.3.3 商务洽谈与贸易合同签订

在出国参展人员中必须要配备具有一定对外贸易谈判经验的人员。由于在展出期间参展企业接触的客户大多数是新客户,对这些客户的信息了解得不多,这就需要参加谈判的人员在谈判前作好准备。谈判前的准备工作大致从以下几个方面进行。

①要对对方的情况作充分的调查了解,分析他们的优劣势,分析哪些问题是可以谈的,哪些问题是没有商量余地的;还要分析对于对方来说,什么问题是重要的,以及这笔生意对于对方重要到什么程度等。

②根据自己的生产能力和估计客户可能的要求,决定产品的可供品种、数量、规格、性能以及可以作出的改进和交货时间等,也就是准备货源和货单。根据市场调研结果决定条款,如包装条款、交货条款、运输条款、付款条款等,作为洽谈、签约的基本条件。

③根据了解到的对方相关信息和自己的实际情况,理清自己的思路,写出会谈要点,以防遗忘,并制订不同方案。拟定会谈议程,一个良好的议程可以阐明或隐蔽原来的动机,可建立一个公平原则。所以,在谈判开始之前,一定要拟好议程,它将帮助你掌握主动,获得满意的结果。

④商务谈判开始后要善于营造一个轻松、愉快、友好的谈判气氛。这是使谈判顺利进行的基础。因在谈判初期双方互不了解,需要调整思维,熟悉对方,研究对手,加强沟通,因此,开始时可以先找一些双方共同感兴趣、非业务性的话题来交谈,使双方找到共同语言,逐渐消除或减少由初识所设的心理屏障,然后再逐渐过渡到交易谈判上面。谈判经验丰富的商务人员都不否认谈判气氛对其成败影响的重要性,会有意识地创造合适的谈判气氛,以求商贸交易顺利进行。

⑤根据谈判和签约需要,准备样品、公司介绍、产品目录、产品介绍、价格表、合同等。样品要与实际供货的产品一致,质量好于或差于实际产品都会有麻烦。公司介绍内容包括公司名称、公司地址、资金、年营业额、营业范围、职工人数等,公司介绍的目的是让客户了解展出者。产品目录是各种产品的综合介绍。一种或一个系列的产品介绍,内容可以详细一些,包括各种技术规格等。展台资料质量要好,数量要充足。要使用当地文字、货币单位和计量单位,让客户了解自己与自己了解客户同样重要。

温馨提示

我们的出国参展人员除了熟悉展品的性能、技术参数、交货数量和日期外,还要了解当地的风土人情和宗教信仰等,这样便于和客户进行交流与洽谈。在交流过程中,要对客户礼貌热情,要充分尊重对方。相互尊重是建立相互信任的基础,只有建立了相互信任才能进行合作,这也是建立贸易合作的前提条件。

9.3.4 关于小卖品

出国参加展览会带一些具有中国特点的小商品作为小卖品进行现场销售是许多展览会允许的,但必须按照当地海关的规定完税后方可销售。其实,现场销售小卖品,赚钱不是主要目的,从展览现场效果看,主要是为了活跃展览气氛,吸引更多观众;从展览促销角度看，销售小卖品的目的在于促进展览品的销售和获取大批订单，以价廉物美的印象，博取广大观众对中国某些商品的良好印象，以有纪念意义的小商品，让观众留下对中国展览的记忆。同时，小卖品的出售，也是实地了解当地消费市场的一次良机。从这一点考虑，不论采取何种方式出售卖品，展出者一定要参与进去作些现场考察和交谈。出国参展小卖品的出售方式，大体有以下 3 种形式。

①展位工作人员自己销售，最能取信于观众，但由于工作量过大，故往往将有限的展览团力量牵进过多，而常常造成本末倒置，削弱了展示与成交的效果。

②同当地经销商或代理商合作经营，销售设备和大部分售货员由当地合作者负责，可以大大减轻展览团的工作量。

③将小卖品卖给当地的经销商代理，并在展览近处提供销售场地，是最省事的办法。为了使小卖品更适销对路，可邀请代理商提前来我们国内选购；为使小卖品不因代理商可能的图利心切而失去小卖品销售的作用和意义，事先应与经销代理订立关于销售价格同当地市场价格差价幅度合同，其销售价通常低于当地市场价格的 10%左右。

9.3.5 出展应注意的问题

①在出国参加展览会时，参展企业的展位面积一般没有在国内参展的面积大，所以在选择展品时一定要有重点，应更多推出新的产品，并能形象生动地对新产品进行介绍，让参观者一目了然。参展企业在布展时一定要把好的产品突出出来，在形象生动地宣传产品上下功夫。否则，即使是好的产品也不一定能够引起客户的注意。

②展位工作人员要与入场观众多交流。参展人员要详细了解展览会展出国人们的习惯，有些国家的观众胆子大，喜欢什么商品就会到展位里面仔细看，用手摸，甚至现场操作一下。但有些国家的观众却不是这样，他们由于语言交流困难，表现得特别害羞，胆子很小，如果展位工作人员不主动与他们打招呼，即使是他们感兴趣的展品，一般情况下，他们不愿意，也不敢进到展位内看展品。所以，我们的参展人员应了解展出国观众的心理，改变工作方式，主动同他们交流。

③出国参加展览会布展时，展品不宜过多。如果展品过多，展出效果就没有重点，展示方式也会过于呆板，企业在布展前应首先想好这次展览会主要是卖些什么，要把有卖点的产品放在重要位置，展示出自己的强项就可以了。不能什么都摆，说自己什么都能做，这样就冲淡了你的卖点，让客人觉得什么都做，什么都做不好。在布展前还要进一步了解展出国商人的习惯，让自己展位的展示风格尽可能地贴近展出国当地的风俗和习惯，这样一定会起到比较好的效果。

④在决定参展前一定要详细了解展览会的主题，选择适合自己的展览会参展。也就是说，要把展览会的情况了解清楚。展览会的情况，包括展览会性质、展出规模、主办机构、展出范围以及观众的数量和构成等都要了解清楚。如果企业没弄清楚，带错展品，就会被拒绝参展。只有了解清楚后，才能带来符合主题的展品，这样效果才能得到保证。

9.3.6 撤展与展品处理

1）撤展工作

国外许多展览会对撤展的时间及相关事宜都有具体规定，出国参展企业一定要遵守其规定，按照组织机构的要求，进行撤展工作。在撤展过程中，参展人员必须将展品及时撤离展馆。如果展品需要回运，应与运输代理商联系，在举办机构规定的时间内将展品运出展馆；如果展品是自带回国，参展企业还要在规定时间内将展品及特装材料撤离展馆，遗弃的特装材料也须自行清理出展馆，撤展过程中展品、参展人员的个人财物及展具等材料的保管由参展单位自行负责。如在撤展规定时间以后以及未办理加班手续的尚未撤展或无人看守的特装、改装展位，大会将专门组织清理，所涉及的押金不予退还。另外，在展出期间租赁的设备及用具要及时送还，退回押金，并将自己展位内清理干净，方可离开现场。

2）展品的处理

国外许多展览会，尤其是专业性展览会展出的展品在展出期间是不允许销售或随意带出展出现场的，只有在撤展期间才能采取相应的措施对展品进行处理。通常情况下，出国参加展览会展品的处理方式有以下几种：

①国内指定不出售的，应原件运回。

②贵重展品，一般可采取个别成交或寄售的办法，若二者都不成，则需运回。

③中、低档的商品，一般采取折扣包销的办法，在展出中蒙尘、光彩失色、吊挂受损之物，折扣较大。如果是高档的商品、艺术品一般不打折扣，而有些令人瞩目的精品因展览反而身价上升。

④展览道具类，除了铝合金组装式道具之外，一般不具有重复使用价值的道具，出于运费过大的考虑，大多就地处理、出售、赠送或作废物处理。

⑤以 ATA 单证册报关的展品，不得随意处理，必须运回或运往第三国。

参加一个展览会展品的价值，往往会被为数不多的贵重展品占去一半或大半。所以，展品处理的重点实际就在这些贵重展品的出售上，很多展览会的参展企业为此大伤脑筋。在参展的实际过程中，许多参展企业其实在展览会正式展出前就开始为自己的展品寻找买家。有的参展企业在展览会开幕之前，将贵重展品做成精致的样本，附上一张开幕式请柬，通过当地的有关机构派人送到当地的一些准买家手中，这就为目标买家亲临展览会展出现场、购买展品做了很好的公关宣传工作，并取得了令人满意的效果。

9.3.7 客户跟踪服务

不论是在国内参加展览会，还是出国参加展览会，企业在展览会上的展出活动只是企业经营、营销工作的开始。在展览会结束之后，仍有很多的工作需要做，这些工作对于参展企业而言，显得尤为重要。展览会结束后相关工作主要是巩固、发展客户关系，推销产品和服务，洽谈贸易，签订成交合同等。如果说参加展览会是结识新客户，建立新的客户关系，那么，这些后续的工作则是将新的关系发展成为实际的客户关系的重要环节。参展企业投入大量人力、财力在做展位设计、产品展示、宣传联络、营销和展位接待咨询等工作的同时，也应当重视，并投入一定的力量做好这些工作。企业参展的后续工作主要有以下几项。

1）整理在展览会上收集的各种信息

在出国参加展览会期间参展企业会收到很多信息。在展览会期间没有足够的时间来进行整理分类，有的根本没有时间给予回复，但参展人员回国后一定要对所收集到的信息及时进行整理分析，从中发现有价值的客户，进一步完善和更新客户信息。

2）针对客户的不同情况和要求，分别进行联系

将相关信息整理分类后，根据在展览会期间洽谈的情况及他们的要求，如有的客户可能需要你补寄样品或提供其他相关数据、资料，都应及时给予回复。对参观展位的客户，不论是现有客户还是潜在客户，都发函致谢，对他们在展览会展出期间来你们的展位参观洽谈表示感谢。其实，感谢不仅是一种礼节，而且对建立良好的关系有促进作用。如果在感谢信上就接待时的一些问题发挥一下，感谢效果会更好，因为这已不是一般的交流，而是比较近、比较深的交流方式，表示出对参观者的重视，也能加深与客户的相互了解，建立相互信任关系，将认识关系发展成伙伴关系和买卖关系。

3）对本次参展活动进行总结

出国参展回国后，不论是组团单位还是参展企业都应该及时进行总结。展后总结工作不是独立的业务工作，而是管理工作的组成部分，总结的作用是统计整理资料，研究分析已做过的工作，为未来工作提供数据资料、经验和建议。因此，总结对经营和管理有着重要意义和作用。一般来说，展后总结主要包括：从筹备到开展中的各项工作总结、效益分析和成本核算、参展人员表现、市场调查、参展目标是否实现、本次参展工作的经验与教训、对今后参展工作的意见和建议等。其意义在于为判断已做过的所有工作的效率和效果，有利于参展企业发现问题、改进工作和提高工作效率。

任务四　知识产权保护与 ATA 单证册

9.4.1　知识产权保护

为了保护智力劳动成果，促进发明创新，国际上在 100 多年前就开始建立保护知识产权制度，1883 年在巴黎签署了《保护工业产权巴黎公约》。随着当今科学技术的突飞猛进和经济贸易的全球化发展，国际上已把一个国家掌握自主专利等知识产权的数量作为衡量该国综合竞争实力的一项重要指标，知识产权在各国的发展中也占有很重要的地位。我国的知识产权制度其实是伴随着我国改革开放而逐步发展起来的。经过 20 多年的发展，我国知识产权事业从无到有，逐步形成了以专利、商标、版权为三大支柱的知识产权法律体系，并取得举世瞩目的成就。尽管如此，我国企业在出国参展或在国内参加展览会的过程中，知识产权纠纷事件仍时常发生。为了增强参展企业的知识产权保护意识，下面就

知识产权的相关事宜进行简要介绍。

1）知识产权的发展历程

知识产权保护在很早以前就引起了国际社会的重视，国际上知识产权保护制度始建于100多年前，1883年在巴黎签署了《保护工业产权巴黎公约》。

为了促进全世界对知识产权的保护，加强各国和各知识产权组织间的合作，"国际保护工业产权联盟"和"国际保护文学作品联盟"的51个成员国于1967年7月14日在瑞典首都斯德哥尔摩共同缔约建立了世界知识产权组织。该组织于1974年12月成为联合国16个专门机构之一。

我国从20世纪80年代开始逐步建立知识产权制度。1983年3月，中国实行了商标法；1985年4月实行了专利法；1990年9月又颁布了著作权法，并于1991年6月1日起开始实施。中国于1980年加入了世界知识产权组织，1985年参加了《保护工业产权巴黎公约》。1990年12月，中国知识产权研究会成立。1992年1月17日，中美两国政府签署了《关于保护知识产权备忘录》。至1994年5月，中国已经加入了《商标国际注册马德里协定》《专利合作条约》《保护文学和艺术作品伯尔尼公约》《世界版权公约》等10多个国际公约、条约、协定或议定书。

2000年10月，世界知识产权组织第35届成员大会系列会议讨论了中国和阿尔及利亚于1999年在世界知识产权组织成员国大会上共同提出的关于建立"世界知识产权日"的提案，决定从2001年起将每年的4月26日定为"世界知识产权日"。

2）知识产权的分类与特征

（1）知识产权分类

一般来说，财产有三类：动产、不动产和知识财产，其中知识财产就是我们通常所称的知识产权。知识产权是一种无形财产权，是从事智力创造性活动取得成果后依法享有的权利。国际上通常将知识产权分为工业产权和版权（著作权）两大类。

工业产权包括：专利权、商标权、反不正当竞争权。《保护工业产权巴黎公约》第一条第二款规定：工业产权的保护以发明专利权、实用新型、工业品式样、商标、服务商标、商店名称、产地标记或原产地名称以及制止不正当的竞争作为对象。第三款规定：工业产权应作广义的解释，不仅适用于工业和商业本身，也适用于农业和采掘业以及一切制造品或天然产品，如酒类、谷物、烟叶、水果、牲畜、矿产品、矿泉水、啤酒、花卉和面粉。

版权也称著作权，主要包括：作者权与著作邻接权——发表权、署名权、修改权、保护作品完整权、使用权和获得报酬权。《世界版权公约》第一条规定：缔约各国承允对文学、科学、艺术作品包括文字、音乐、戏剧和电影作品，以及绘画、雕刻和雕塑的作者及其他版权所有者的权利，提供充分有效的保护。

（2）知识产权的特征

知识产权具有专有性和地域性等特征。其专有性表现为在一定时间内的独占排他权，即知识产权所有人的智力劳动成果未经其本人许可，任何人都不得使用和占有，知识产权只能授予一次。对知识产权的保护是有时间和地域限制的，超过保护期限的知识产权就进入公共领域，为人类共享。知识产权并不是自然拥有的，它的获得需要国家相关法律的确认，并需履行一定的手续。

3)企业参展的知识产权保护

不论是在国内参加展览会还是出国参加展览会,知识产权纠纷事件时有发生,展览会的知识产权保护已成为展览会组织者和参与者为维护自身权益而密切关注的一个问题,也引起了国内外会展界的高度重视。如何保护知识产权已经成为展览会组织机构必须面对和研究的一个课题。

(1)国内展览会知识产权保护

随着会展行业的快速发展,展览会已经成为促进中外经贸技术交流与合作、扩大对外开放的有效途径。改革开放以来,我国会展业获得了巨大发展。但与发达国家相比,中国会展业仍处于起步阶段,管理体制尚不够完善,在规范化、市场化、专业化以及展览会知识产权保护等方面存在一定差距。经常会有部分企业携带知识产权侵权产品参展,知识产权纠纷和诉讼案件时有发生,展览会在我国已成为知识产权侵权行为较为集中的场所。如何加强对展览会知识产权的保护已经成为中国会展业界不可忽视的一个重要问题。

目前,企业参加展览会可能会涉及的知识产权纠纷,大多在专利与商标两方面,它们二者共同的特点是专有性。无论专利或商标,经法定程序获得后,即受法律保护,所有权人享有排他的权利。未经权利人许可,任何人不得为生产经营目的擅自使用、生产、销售或进出口专利产品和具有相同商标的产品。否则,即构成侵权,从而受到法律的惩处。

专利权相对来说,具有更强的独占性,实行专利制度的目的是促进经济和科学技术的发展,国家以授予发明人专有权利为条件而换取其对社会公开技术细节。作为回报,国家授予专利权人一种独占的权利,即只有权利人自己才能实施或许可他人实施该项专利。因此,除专利权人以外的任何人要实施专利技术,必须事先取得专利人的同意,在法律上称为专利许可。这种许可一般通过专利权人与被许可人签订书面专利许可协议完成,其主要内容是被许可人向专利权人支付费用而有偿获得该专利的使用权。专利保护主要包括产品结构、颜色配比、外观形状等方面。

商标的主要功能在于区分不同的商品生产者或经营者所生产或经营的同一或者类似商品之间的制造差别,便于消费者区分商品的生产厂家和经营单位。商标经申请注册后,所有权人也享有排他的专用权,其他人未经许可不得使用。

专利或商标作为知识产权的一种,还具有其他许多特性,各国法律规定也不尽相同。但总而言之,事先许可并有偿使用是统一的原则。产品生产商和销售商要使用、生产或销售某种专利产品或某个品牌的产品,一定要事先获得权利人的许可。否则,要承担相应的法律责任,这种法律责任并不因当事人不知情而得到免除。

知识产权侵权、假冒和盗用行为,不仅给知识产权所有者和广大消费者造成损害,而且还扰乱了会展行业的正常秩序。为了规范会展知识产权行为,维护会展市场秩序,促进会展业健康发展,2006 年,商务部、国家工商总局、国家版权局和国家知识产权局共同发布了《展览会知识产权保护办法》,本办法对展览会期间知识产权保护、侵权案件的处理等事项都作出了明确的规定。为配合《展览会知识产权保护办法》的实施,增强展览会知识产权保护意识,有效遏制展览会期间侵犯知识产权行为,国务院办公厅印发了《保护知识产权行动纲要(2006—2007年)》,并开展保护展览会知识产权“蓝天会展行动”。主要是以宣传保护商标权、著作权、专利权为重点,以国际影响较大的展览会为重点对象,以知识产权权利人反响强烈的案件为突破口,通过宣传、培训、交流、督察、通报等活动,全面提升我国会展业知识产权保护工作水平。

(2)企业出国参展的知识产权保护

知识产权保护问题,是全球经济一体化时代、知识经济时代、各行业发展至关重要的问题。我国加入世界贸易组织以后,我国的企业在国际市场上面临一些国家实施贸易保护主义的威胁。应对贸易保护主义,重要的是要加快我国各个产业升级换代和产业结构调整,提高我国出口产品的技术含量和工艺水平。加强知识产权保护,鼓励企业提高自主创新能力,培育企业的自主设计能力和自有品牌就成了我国企业进入国际市场,参与市场竞争必不可少的重要条件。

随着市场的不断开放,我国越来越多的企业走出国门参与国际市场竞争,许多企业都利用出国参加展览会这一形式去拓展国外市场。20世纪末到21世纪初这段时间内,我国出国参展企业侵害知识产权案件时有发生。但近些年来,随着我国保护知识产权方面的法律法规不断完善和对知识产权认识的进一步提高,在出国参加会展活动时侵害他人知识产权案件极少发生,而对自己的知识产权保护意识也有很大的提高。

在拓展国际市场和参与国际竞争的情况下,企业要增强知识产权的自我保护意识,努力提高企业的市场竞争能力,在产品的研究开发、生产经营等各个环节都要严把知识产权关,避免侵犯他人知识产权而引发不必要的纠纷。在参加展览会时,企业作为参展商要对新产品、新技术进行事前的商标、专利注册,寻求法律支持与保护,而在展览会展出现场,一般情况下主要介绍产品的功能和使用价值,只有找到真正的买家,才会重点介绍产品关键技术等核心问题。自己仅仅做到不侵犯他人知识产权是不够的,还要随时注意自己的知识产权不要被他人窃取,因为大型专业展览会是同行业企业十分集中的场所,对我们的参展企业来说,必须提高警惕,时刻保持强烈的知识产权自我保护意识,避免意外事件的发生。

9.4.2 ATA单证册

随着国际经济、科技、文化、体育事业的发展,货物的暂时进出口活动日渐增多。企业为开拓海外市场,经常需要参加国际博览会、国际展览会、交易会或者为了寻求订单赴他国演示商业样品;新闻工作者、文艺工作者、体育工作者、环球旅游者、工程师、画家等专业人士赴境外报道节目、参加比赛和演出活动等。他们所使用的这些货物的共同特点是货物持有人在境外逗留结束后,一般情况下,他们都把持有的货物从逗留国带回自己的国家。这些货物海关术语称“暂时进出口货物”。如果不使用ATA单证册报关,这类货物的报关手续繁琐复杂,当事人需要向进口国的海关预缴税款或者提供担保,不仅费时、费力、开销大,而且有风险,给当事人带来了很多不便。使用ATA单证册报关,货物当事人不必再向进口国海关预交税款或者提供担保,也不必在各出入境海关另外填写报关单,为货物持有人提供了极大的方便。

温馨提示

ATA 单证册是货物暂时免税进口的国际海关文件。我国于 1993 年加入了《关于货物暂准进口的 ATA 单证册海关公约》《货物暂准进口公约》和《国际展览会公约》。自 1998 年 1 月起，我国开始实施 ATA 单证册制度。经国务院批准、海关总署授权，中国国际贸易促进委员会为我国唯一 ATA 单证册出证和担保商会，负责我国 ATA 单证册的签发和担保工作。ATA 单证册的实施给出国参展企业的展品入关提供了便利。在这里提醒大家的是在享受 ATA 单证册给我们带来便利的同时，也必须要严格遵守 ATA 单证册的相关规则。

1）ATA 单证册的使用范围

（1）适用于 ATA 单证册的货物

ATA 单证册适用的货物范围包罗万象，按用途区分主要有以下几种：

①供展览会、交易会或类似场合使用或展出的货物（详细）；

②各类专业人员使用的专业设备（详细）；

③商业样品、集装箱、包装物料等与商业活动有关的货物（详细）；

④科研设备、教学用品、海员福利用品及其他与科教、文化活动有关的货物；

⑤参加境外体育比赛、表演和训练所需的体育用品及其他物品，赴境外观光、求职、学习、参加会议所需的个人物品；

⑥参加境外的文化、宗教或专业聚会等活动所需的图片、照片、摄影作品、艺术品、印刷品，免费播放的音像制品，旅游广告材料；

⑦边境地区自然人或法人为完成农业、林业、养鱼业的工作，以及为修理、制造、加工目的所需的非商业性质的物品；

⑧运输工具；

⑨为慈善目的进出口的货物；

⑩与制造活动相关的纸版、印版、图版、图纸、模型等类似物品；

⑪动物。

从种类区分，通常使用 ATA 单证册较多的货物包括珠宝、服装、工业机械或设备、通信设备、各类测量设备、计算机、摄影和音响设备、舞台道具、医疗诊断设备、体育器材、动物、集装箱、包装物料等。

需要说明的是，ATA 单证册不能代替许可证和配额，如果进口国要求，持证人应事先准备相关文件。

（2）成员国接受 ATA 单证册的主要货物范围

虽然各成员国之间都接受 ATA 单证册，但接受货物的范围却不尽相同。各成员国接受主要货物的种类可咨询当地出证机构。

（3）接受 ATA 单证册的国家和地区

目前，国际上接受 ATA 单证册的国家和地区见表 9.4。

表 9.4　接受 ATA 单证册的国家和地区一览表

阿尔及利亚、爱尔兰、安道尔、爱沙尼亚、澳大利亚、奥地利、保加利亚、比利时、冰岛、波兰、丹麦、德国、法国、芬兰、韩国、荷兰、加拿大、捷克、克罗地亚、黎巴嫩、卢森堡、罗马尼亚、马来西亚、马耳他、马其顿、毛里求斯、美国、摩洛哥、南非、挪威、葡萄牙、日本、瑞典、瑞士、塞内加尔、塞浦路斯、斯洛伐克、斯洛文尼亚、斯里兰卡、泰国、突尼斯、土耳其、科特迪瓦、希腊、中国香港地区、匈牙利、新西兰、新加坡、西班牙、英国、印度、以色列、意大利、直布罗陀、中国、俄罗斯、立陶宛、拉脱维亚

2）ATA 单证册简要介绍

ATA 单证册的内容和格式采用国际统一标准，纸张的颜色、重量、厚度都有严格规定。ATA 单证册的标准尺寸为 396 mm×210 mm，凭证尺寸为 217 mm×210 mm。ATA 单证册一般由这样几部分组成：绿色的封面和封底、黄色的出口单证及再进口单证、白色的进口单证和再出口单证、蓝色的过境单证，封底印有使用 ATA 单证册的注意事项。

一份 ATA 单证册由若干数量的单证组成，除绿色封面和封底外，其他单证的数量依所赴国家的数量和出入境次数而定。每页单证的上联为存根部分，报关时经海关签注盖章后，保留在单证册中，作为货物进出口的证明；下联为凭证部分，经持证人、出证商会、海关填写或签注后，分别由出入境海关撕下留存。单证册的印刷语言必须包括英语或法语，需要的话，可以选择第二种语言。

3）ATA 单证册的申办要求与程序

（1）申请资格

ATA 单证册的申请人是居住地或注册地在中华人民共和国境内的货物所有人或可自由处分货物的人。

（2）受理机构

申请人应向中国国际贸易促进委员会法律事务部 ATA 处或其下属地方分支机构出证部门申请办理单证册。

（3）ATA 单证册的申办程序

①填写申请表，并附申请人的身份证明文件。申请人为自然人的，提供身份证或护照复印件；申请人为企业法人的，提供法人营业执照的复印件；申请人为事业单位的，提供事业单位法人登记证书的复印件。

②填写货物总清单。货物总清单是 ATA 单证册的主要部分之一，请尽量详细填写，以确保顺利通关。总清单应用中英文打印填写，如总清单超过一页，请使用续页，并在相关栏里填入续页页数。单证册一经签发，就不得在总清单上作任何修改或增添，总清单上所列货物也不得再进行更换。

③提供担保。ATA 单证册既是货物报关文件，也是进口各税及其他费用的担保凭证。当 ATA 单证册项下货物在暂准进口国被卖、被赠、被窃或因其他原因没有复出口，需要支付进口税费时，ATA 单证册担保商会需要承担向进口国海关交纳税款的义务。因此，申请人需要向签证机构提供货物进口税费的担保。

担保形式可以是押金、银行或保险公司保函，或者中国贸促会认可的书面保证。担保金额为货物进口各税总额的 110%。担保期限为自 ATA 单证册签发之日起 33 个月。

④缴纳 ATA 单证册申办手续费。

4）ATA 单证册使用方法

①去一个国家所使用的 ATA 单证册中包括绿色的封面和封底、黄色的出口和复进口报关单、白色的进口和复出口报关单各一张，以及两张蓝色的过境报关单，因此，一份 ATA 单证册最少应由 8 张彩色报关单组成。如果货物拟去更多国家使用，彩色单的数目应当相应增加。

每张彩色报关单由存根和凭证两部分组成，签发时，凭证上应列明持证人名称、地址、授权使用人姓名、货物用途以及出证商会名称。

②从中国出口：使用黄色报关单，在凭证中列明暂准出口货物的项号，将单证册提交进口地海关关员，海关关员在存根上列明出口货物项号，在存根和凭证上分别签注盖章，撕下凭证存档。单证册首次使用时，海关关员还应同时在绿色封面上签注盖章。

③在外国进口：使用白色进口报关单，在凭证中列明暂准进口货物的项号，将单证册提交进口地海关关员，海关关员在存根上列明暂准进口货物项号，在存根和凭证上分别签注盖章，撕下凭证存档。

④在外国复出口：使用白色复出口报关单，在凭证中列明复出口货物的项号，将单证册提交复出口地海关关员，海关关员在存根上列明复出口货物项号，在存根和凭证上分别签注盖章，撕下凭证存档。

⑤在中国复进口：使用黄色复进口报关单，在凭证中列明复进口货物的项号，将单证册提交复进口地海关关员，海关关员在存根上列明复进口货物项号，在存根和凭证上分别签注盖章，撕下凭证存档。

⑥过境：过境指货物在离开一个国家去另一个国家的途中，在第三国经过或停留。过境时应在两张蓝色报关单上同时列明过境货物项号后将单证册提交进境地海关关员，海关关员在存根上列明过境货物项号，在两张报关单上签注盖章后撕下第一张凭证存档，出境时出境地海关关员在第二张报关单上签注盖章后撕下第二张凭证。

⑦如外国进口地或进境地海关关员以货物的复出口或复出境期限加以限制，此时货物必须在该期限前复出口或复出境，否则，将会引起外国海关的索赔。

5）ATA 单证册申办收费标准

（1）基本手续费

ATA 单证册的基本手续费包括办理货物去一个国家所需要的整套通关文件的费用，基本手续费根据货物总价值计算收取人民币。其收费标准见表 9.5。

表 9.5　ATA 单证册基本手续费收费表

货物金额	手续费/元
50000 元以下	500
50001~100000 元	700
100001~500000 元	1100
500001~000000 元	1400
1000001 元以上	1900

（2）附加费

货物所去的国家在一个以上时，每多去一个国家，需增交基本手续费20%的附加费。

（3）保险费

货物在暂准进口国或过境国未按要求复出口时，国外海关将对单证册提起进口各税索赔，如该索赔证据确凿、合理，中国贸促会、中国国际商会作为担保商会必须向外国海关赔付。为了确保持证人在申请ATA单证册时提交的担保或书面保证在索赔发生后能顺利执行，同时防范如进口国税率波动等因素所带来的风险，保证出证机构为单证册支付的赔款能够得到及时充分的偿付，持证人应交纳保险费。

在我国该保险由中国人民财产保险股份有限公司承保。保险费与保险金额以人民币计，保险费率为3‰。具体计算方法如下：

①如持证人提交的担保是押金、银行保函，则保险费金额计算方式为：货物价值×0.06%。

②如持证人提交的担保是保险公司出具的保函或保险单，则保险金额为货物总价值的20%加上保函或保险单的金额，计算方式为：保险费=保险金额×保险费率。

③如果持证人提交的担保是人保下属分公司出具的书面担保，则计算方式为：保险费=货物总价值的20%×保险费率。

④如持证人提交的担保是书面保证，则保险金额为货物总价值的20%加上书面保证的金额，计算方式为：保险费=保险金额×保险费率。

（4）其他费用

签证机构和代办机构应申请人要求提供其他服务的费用。

6）用ATA单证册进行展品通关的方便之处与注意事项

（1）ATA单证册制度的便利

①简化通关手续。持证人使用ATA单证册后，无须填写各国国内报关文件，并免纳货物进口各税的担保，从而极大地简化了货物通关手续。

②节约通关费用和时间。ATA单证册由持证人在本国申请，从而使持证人在出国前就预先安排好去一个或多个国家的海关手续，无须在外国海关办理其他手续或交纳其他费用，并可以确保快捷通关。

③使用ATA单证册降低持证人风险。持证人无须为向外国海关交纳进口各税的担保而携带高额外汇出国。

④ATA单证册可以重复使用。ATA单证册的有效期为1年，其项下的货物可以在有效期内凭同一单证册在本国多次进出口，去多个国家海关办理暂准进口货物的进出口报关，并在多个国家过境通关。

⑤应用人员范围广泛。从事商务活动人员和各行专业人士均可受益于ATA单证册。例如，会议代表、销售人员、参展厂家、演艺团体、记者、医生、科研人员、旅游者等各界人士均可为其所使用的货物或设备申办ATA单证册。

⑥报关灵活。持证人本人或持证人的职员，以及有持证人授权委托书的国内外报关代理、外国贸易伙伴或其他人员均可持ATA单证册在国内外海关办理报关手续。

(2) ATA 单证册的持有人注意事项

①ATA 单证册项下暂准进口货物属于海关监管货物,未经海关许可,持证人不得擅自将 ATA 单证册项下货物在境内出售、转让或移作他用。经海关同意出售、转让或移作他用的货物应事先按有关规定办理海关手续。

②持证人决定放弃货物的,应向海关提出申请,经海关核准后将货物交由海关处理。

③ATA 单证册项下货物由于毁坏、丢失、被窃等而不能复出口的,持证人应负责向海关办理核销手续,有关进口税费应由担保人负责缴纳。

【项目小结】

本项目主要讲述了我国目前出国参加展览会工作的管理制度、企业出国参展的审批、展位设计、接待咨询与贸易洽谈、知识产权保护和 ATA 单证册等与出国参展有关的相关事宜。通过本项目的学习,大家对出国参加展览会或博览会的各项工作以及在参展过程中应该注意的事项有一个基本的了解。其目的在于培养大家出国参加展览会方面的基础知识与技能,以适应我国对外改革开放不断发展的需要。

【复习思考题】

1.什么是出国展?出国展有几种组织形式?

2.我国《中小企业国际市场开拓资金暂行管理办法实施细则》对中小企业出国参展的补贴标准是多少?为什么对中小企业实行补贴?

3.出国参加展览会的展品如何报关?出国参加展览会需要提前作哪些准备?

4.参展人员在自己的展位内应该注意哪些事项?

5.什么是知识产权保护?

6.什么是 ATA 单证册?利用 ATA 单证册进行展品报关有什么便利之处?

【实训题】

实训项目一

一、实训组织

教师规定一定条件,用中英文在展品外包装箱上作出准确的标识。

二、实训要求

1.使用的文字要准确无误,易于辨认。

2.采用的计量单位要规范。

3.编号要便于查找。

4.相关标识要准确。

三、实训目的

1.使学生熟练掌握出国展品外包装箱标识的主要内容。

2.掌握出国展品外包装箱标识的书写规范与要求。

3.培养学生展品运输的基本技能。

实训项目二

一、实训组织

将3~5名学生分为一组,一组扮演展位接待人员,另一组扮演观众,相互提问与解答,在课堂进行展出现场观众接待模拟训练。

二、实训要求

1.模拟训练现场可适当进行布置。

2.教师要提出要求。

3.训练要认真。

4.教师和学生均可参与点评。

三、实训目的

1.使学生熟悉展位接待工作的相关内容。

2.掌握利用展览会进行信息收集的技巧。

3.提高学生现场接待的应变能力。

4.提高学生的从业能力。

【案例回放】

从烧烤的火爆出圈,看淄博的城市管理能力

由于2022年淄博与大学生的一个相约,大学生相继组团赴淄博吃烧烤,2023年3月5日,“大学生组团到淄博吃烧烤”登上抖音同城榜第一。

时隔5天,于2023年3月10日,淄博市政府新闻办公室组织召开打造“淄博烧烤”美食品牌新闻发布会,介绍促进烧烤行业健康发展、打造“淄博烧烤”美食品牌相关情况,并于五一前后举办淄博烧烤节。可见淄博对相关机会精准把握的能力,决策速度之快。

一、政府决策,护航产业

1.成立烧烤协会。2023年3月10日,淄博市商务局相关负责人宣布淄博将成立烧烤协会。2023年4月11日,淄博市烧烤协会登记成立。

2.举办节庆活动。淄博市2023年五一前后举办淄博烧烤节。拟定2023年3-11月为“淄博烧烤季”,并设置“金炉奖”,引导企业积极改良工艺,规范经营水平。

3.设立“烧烤行业一件事”服务专窗。当地政务大厅开设“烧烤办证专属窗口”,实行信用审批“承诺即入”办理模式,推行专窗办理“绿色通道”,烧烤销售类食品经营许可可通过专窗加速一次办理。

4.建设烧烤城。20天的时间,依托海月龙宫物流港,新建一座占地100亩、可同时容纳一万人就餐的新烧烤城。

5.发放25万元烧烤消费券。向全市80余家参加“金炉奖”评选的烧烤店,定向发放烧烤消费券25万元。

二、调动一切资源,服务游客

1.上线“智慧淄博烧烤服务”小程序。内含出行地图、文旅专线信息、烧烤店指南、住宿指南和景区等一系列旅游服务信息,设置“码上说马上办”入口,游客遇到问题可以点击填写相关诉求。

2.发布烧烤地图。由淄博市烧烤协会牵头,发布一期淄博烧烤地图,包括烧烤店相关

介绍、地址、联系方式、导航路线等内容。

3.开通烧烤公交。对途经烧烤店的常规线路进行重新摸排，主城区42条常规公交线路覆盖33家烧烤店，并专门新增了21条定制专线。

4.设立“烧烤专列”。协调国铁济南局加开济南西至淄博间周末往返“烧烤游专列”，每周周五至周日加开济南西至淄博G9321次、淄博至济南西G9322次动车组列车。

5.提供住宿优惠。淄博市38处青年驿站全部向青年学生开放，来淄实习、游玩、访友的市外高校在校大学生，可享受每年4次、每次5天的半价入住。

6.做好监督管理。“五一”假期前后，在全市范围内对宾馆酒店客房价格实行涨价幅度控制措施，参照三月份价格标准，明确规定价格涨幅不能超过50%，严厉查处哄抬价格行为。

三、快速反应，处置应急事件

淄博市政府面对网络舆情，没有沿袭部分地方政府堵、盖、封等传统应对方式，一味回避问题舆情，而是及时顺应、巧妙吸引流量。4月15日，一女子发视频称，在淄博某宾馆小房间住一晚收费529元，价格与住房品质明显不符，引发网友关注。该视频被淄博市场监管部门工作人员刷到后，第一时间到事发宾馆了解情况，并主动联系该女子，退回不合理费用，同时迅速研究出台“五一”期间酒店涨价不超过三月份价格50%的指导意见。4月30日，一网友称在淄博烧烤中吃出刀片，市监部门第一时间介入调查并进行官方回应“确有此事，但属于偶发事件”，不但得到了广大网友的理解，也对淄博市的坦诚产生了好感。对于类似的负面新闻，淄博市的做法是：正视问题不袒护，一有问题快速介入、秉公处理，并及时公开处理结果，其坦诚务实的作风给大众留下了良好印象，被网友感叹真诚是永远的必杀技，负面新闻转化成为一次次的正面宣传。

任何事情都不可能一夜成名，更多是精耕细作、厚积薄发。淄博烧烤多年来管理规范，且持之以恒，建立起了长效管理机制，既保留了淄博烧烤鲜明的特色，也让占道经营、油烟污染没有了“反弹”的机会，烧烤经营做到了不污染、不扰民、秩序好、市容好，值得其他城市学习借鉴。

（根据2023年6月8日中国网旅游《这篇报告真的把“淄博烧烤”出圈讲明白了》整理）

案例分析

1.你认为淄博烧烤火爆出圈是必然的，还是一次偶然的机会？

2.你如何评价淄博处理应急事件的做法和采取的措施？

项目十
展后跟踪服务与评估

【知识目标】

- 熟悉会展客户跟踪服务的工作。
- 掌握与会展客户保持情感联络,增强客户的忠诚度的方法。
- 熟知展览会总结的主要内容与作用。
- 了解展览会评估的内容与步骤。
- 掌握制订与实施展览会评估方案的相关知识。
- 学会撰写展览会评估报告。

【技能目标】

- 能够起草展览会书面总结。
- 初步具备制订会展评估计划的能力。
- 具有向参展商和观众收集意见与建议的技能。
- 掌握会展客户跟踪服务的基本技能。
- 基本能够起草会展项目评估报告。

【学习重点】

- 会展客户跟踪服务。
- 展览会评估方案的制订与实施。

【学习难点】

- 撰写展览会评估报告。

【案例导入】

第23届中国国际投资贸易洽谈会

中国国际投资贸易洽谈会(简称“投洽会”)于每年9月8日至11日在中国厦门举办,由中华人民共和国商务部主办,福建省人民政府、厦门市人民政府、商务部投资促进事务局承办。投洽会以“引进来”和“走出去”为主题,致力于打造双向投资促进、权威信息发布和投资趋势研讨三大平台,已发展成全球最具影响力的国际投资盛会之一,为中国改革开放和社会主义现代化建设作出了积极贡献。

投洽会的发展历程,实际上也是我国对外开放历史进程的浓缩和折射。1987年,作为最先享有“特殊”政策地区之一的福建省步入了改革开放的第八个年头,此时,开放意识弥漫在整个厦门经济特区。同年9月8日由厦门、泉州、漳州、龙岩四个地市联合主办的“闽南三角区外商投资贸易会”在厦门开幕,这就是今天中国国际投资贸易洽谈会的最早发端。

1991年,国家外经贸部批准厦门作为举办口岸级贸洽会的国际招商城市之一。福建投资贸易洽谈会由省内区域性的洽谈会升格为口岸洽谈会,主办单位亦由福建单家扩大到数省联合。其国际知名度与日俱增,外商与会人数、项目签约数及投资金额呈逐年递增态势。

1997 年，第一届投洽会正式举行。福建省投资贸易洽谈会再上台阶。国家外经贸部将之升格为中国投资贸易洽谈会，并作为投洽会的主办单位，倾力打造这一全国性国际投资促进活动。投洽会成为中国吸引外资的权威平台，开始进入了快速发展阶段。

2005 年 3 月，投洽会正式通过了全球展览业协会(UFI)的认证，成为全球唯一经 UFI 认证的投资促进类展览会。此年，投洽会与亚欧会议贸易投资博览会同期同馆举办，投洽会国际性取得空前突破。

2023 年 9 月 8 日至 11 日，第 23 届中国国际投资贸易洽谈会在厦门举行。本届投洽会有 3 个国家担任主宾国，分别为巴西、塞尔维亚、卡塔尔，是主宾国最多的一届。有近 100 个国家和地区、近 1000 个客商团组、约 8 万名客商参加展会。本届投洽会以“开放·融合引领高质量发展”为主题，展览总面积 12 万平方米，分为投资促进馆、产业创新发展馆、项目资本对接馆三大区域，共有 102 个国家和地区参展参会，联合国贸易和发展会议、联合国工业发展组织、上海合作组织、经济合作与发展组织等 14 个国际组织参与大会相关活动。

本届投洽会还发布了《世界投资报告 2023》(中文版)、《中国外资统计公报 2023》、《中国外商投资指引(2023 版)》、《中国外商投资报告 2023》、《中国双向投资报告 2023》、《境外经济贸易合作区高质量发展报告 2023》等权威报告，提供投资促进专业服务，打造国际投资风向标，为国际双向投资提供专业参考。

本届投洽会举办各类会议论坛 50 余场，特别是，“投资中国年”主旨论坛暨福建专场推介会、中国投资·跨境投资高质量发展论坛、中巴(西)省州经贸合作研讨会、两岸经贸合作与发展论坛等一批特色鲜明的品牌活动，努力把投洽会打造成为重要的双向投资国际公共产品，助力企业进一步提升参与国际竞争与合作的水平。

二十年多来，根据我国对外开放大政方针，投洽会努力顺应国内外经济形势变化，适时调整办会主题和内容，逐步从最初的区域性经贸活动发展成为当今全球最具影响力的国际投资促进盛会。

(根据百度百科“中国(厦门)国际投资贸易洽谈会”整理)

案例分析

1.中国国际投资贸易洽谈会对我国改革开放的意义和作用主要有哪些?

2.第 23 届投洽会主要有哪些亮点?

任务一　客户跟踪服务

由于会展业的特殊性，办展机构对客户的跟踪服务应该贯穿于展览会组织实施的全过程。但这里主要向大家介绍展览会结束后一段时间内客户跟踪服务的相关内容，其实这一阶段的工作既是本届展览会的结束，又是下一届展览会的开始，在一定程度上具有承上启下的作用。

10.1.1 收集意见与建议

1)意见与建议的收集方法

展览会组织实施的过程就是办展机构为参展单位和观众及其他与会人员或机构提供服务的过程。办展机构应该立体地全方位、多渠道听取或收集对展览会的意见与建议,不仅要听取正面意见,还要善于听取反面意见,要经得起批评与指责。通常情况下,办展机构收集意见与建议的方法主要有以下几种。

(1)书面调查

办展机构在展览会展出期间一般会以发放问卷的形式向参展企业和观众收集意见与建议。对参展企业的问卷可以派工作人员送至各个展位,向其简要说明问卷的作用、目的、填写注意事项及回收时间等,并留出一定的时间让其思考和填写,按期收回;而对观众的问卷调查,由于观众的流动性较大,则大多采取随机当场发放、当场收回的办法。为了提高观众参与的积极性,办展机构往往准备一些小礼物,送给那些愿意接受调查的观众。如果是国际性展览会,这两种调查问卷均要有中文、英文两种文本。参展商和观众问卷调查表的主要内容与基本格式不尽相同,但其内容要简单明了,格式要方便填写。

(2)走访

以走访的形式征求意见与建议通常有三种方式:一种是由办展机构某部门的领导带领工作人员在展出期间逐个展位走访征求他们的意见与建议;另一种是在展览会结束后,由办展机构的主要负责人或某部门的领导带领工作人员亲自登门拜访征求意见与建议,其主要对象是办展合作机构、行业主管部门以及办展机构所在地或周边地区的行业内代表性企业和大买家;最后,就是以召开座谈会的形式,把有关人员邀请到办展机构或某一地点让大家充分发表意见,这种征求意见的形式,邀请的人员要有代表性。不论采取哪种形式,办展机构一定要耐心听取各种意见与建议,对其认真整理与分析,提出改进措施,促进服务质量的提高和展览会的发展。

(3)网络调查

随着电子信息技术的发展和网络的普及,越来越多的人习惯利用网络来传递信息。所以,利用网络征求意见与建议也是一种不错的选择。将上述有关问卷挂在办展机构的门户网站上供有关人员反馈自己的意见与建议。有些时候,被调查者不便于当面说的,通过这种方式可能就会反映出来。

(4)咨询台工作人员收集

咨询台是办展机构向参展企业和观众提供服务最直接、最集中的地方,也是他们反映意见与建议最为集中的场所。这就需要咨询台的工作人员善于听取他们的各种意见,除了及时解决和解答他们提出的各种问题外,还要准确地记录和整理他们所反映的各种意见,按照这些意见的类别及时传递给各有关部门。这对改进各职能部门的工作,提高服务质量都是大有益处的。

(5)工作人员现场收集

在布展、展出和撤展期间,办展机构的大部分工作人员都会在现场管理、协调有关事宜,为与会人员提供服务。在此期间,有些人员会将自己的意见与建议直接反映给工作人员；有时候，工作人员在一旁听到他们相互诉说自己对展览会的感受和想法，甚至抱怨，但这些信息都是最原始、最真实的。这些信息的收集需要工作人员具备捕捉信息的意识和能力。

2）收集意见与建议的主要对象

（1）参展企业

向参展企业征求意见时，办展机构最好是给每个参展企业发表意见和见解的机会。否则，你征求意见的对象一定要具有代表性，大、中、小型企业都要有，并保持被调查的各类企业要有一定的数量。这样，调查的结果才会具有全面性和代表性。

（2）观众

观众是展览会的基本要素之一，办展机构深入了解观众的意见与建议，对改进今后展览会的招商、招展，进一步改善展出环境，提高展出效果和服务以及促进展览会的发展都具有很大的帮助。一般情况下，向观众征求意见与建议大都是在展出期间进行，但办展机构调查的时间安排要合理，不要集中在一天，正式展出期间的几天内要均匀分布，并上下午交叉进行。另外，进行调查时，要做到专业观众与普通观众相结合，国内观众与境外观众相结合。

（3）合作单位

一个展览会的成功举办需要多个单位的通力合作与配合。展览会的主要牵头部门一定要虚心听取合作各方的意见与建议，这不仅有利于展览会的发展，也有利于合作单位之间以后的合作与配合。

（4）媒体

办展机构在展览会的整个组织实施过程中要始终注意收集各媒体对自己展览会刊发的新闻消息、专题报道、广告等各类消息。不但要收集对展览会的正面报道，批评性质的报道也应在收集之列。针对媒体的批评认真查找自己的问题之所在，并切实提出改进措施，做好自己的工作。其实，这些批评的意见对办展机构来说不一定是坏事，反而会促进各项工作做得更好。

（5）社会公众

目前，在评判一个展览会影响力的时候，往往关注该展览会对相关产业的影响，或者说该展览会是否代表该行业的发展趋势等。相对而言，却忽略了展览会对社会的影响力，在社会公众心目中的形象和影响力。其实，产业影响力和社会影响力是判断一个展览会影响力强弱的重要条件，二者缺一不可。如果办展机构条件允许，可以自己组织针对展览会的专项社会公众调查，假如条件不允许，也可委托专业市场调查机构来完成。

上面所介绍的收集展览会意见与建议的工作，有一部分是在布展、展出和撤展期间进行，有的是在展览会结束后一段时间内，而有的则需要贯穿展览会组织实施的整个过程，为了叙述方便起见，在这里一并介绍。

10.1.2　及时通报展览会信息

一般情况下，展览会结束后，办展机构都会以不同的方式对外发布展览会的相关信息。现在，大部分办展机构都会在展览会结束 1～2 天内刊发消息，对展览会进行全面回顾与总结。其内容主要包括:展览会名称、合作单位、展出时间与地点、展出规模、参展企业数量与简要介绍、入场观众数量与分布区域、成交情况、配套活动介绍以及下届展览会的相关信息等。发布的方式一般是通过媒体、门户网站、新媒体、简报或感谢信等,就这几种发布形式而言,媒体发布具有一定的权威性,但目的性不是太强,如果在地方媒体上发布,海外和国内其他地区的参展企业与观众就看不到;网站发布方便、快捷,但比较被动,只有主动登录展览会门户网站的人员才能获取发布的信息;而寄发简报或感谢信,时间相对较慢,但针对性强。这几种形式应该并举才会收到比较好的效果。如果向参展企业和主要观众寄发一封感谢信,看起来这种形式可能比较传统、古老,但其效果却不可小视。他们看到感谢信后,在心理上就会产生一种亲切感,并且拉近了参展机构与参展企业和观众之间的关系,为下届展览会的招商招展奠定基础。

10.1.3 及时更新数据库

参展商数据库和专业观众数据库是展览会成功举办的重要条件,也是办展机构的宝贵资产。由于参展商和观众具有一定的流动性,随时都有可能变化,这就需要办展机构对自己数据库的信息及时更新,以保证数据库信息的时效性和有效性。数据库的建立不是目的,它的主要作用在于分析市场构成、需求及变化趋势。同时,还需特别注意参展企业与专业观众反馈的意见及建议,这样才可以进行个性化服务。

这两个数据库的建设是一个长期而细致的工作,每次展览会结束后,办展机构从各个渠道都会收到很多相关信息,如在展览会现场设立观众登记处,使用信息表和收集名片等方式获得很多第一手独家专业观众数据资料,办展机构要安排一定的人力根据专业观众信息表的内容按照所属的行业、地区、产品兴趣、公司规模等标准,对其进行整理、分类后全部录入数据库,并有专人负责管理。

随着会展业的发展,专业性展览会已成为发展趋势。这就导致参展企业的目标市场很明确、很具体,参展企业的目标市场越明确,他们对客户的定位也就越具体,他们就会有选择地参展。就专业观众来说,他们来展览会现场参观要么是寻找自己感兴趣的产品,要么是寻找合作机会,要么是了解市场信息或产业发展信息。总之,他们参观展览会的目的性很强,也很明确。所以,办展机构在更新数据库时只关注参展企业和观众的基本信息是远远不够的,更应该关注他们参展或参观的动机与目的等深层次的问题。这些问题的了解对办展机构进行市场和产业分析,以及确定展览会的发展走向都有重要的价值。

温馨提示

在会展市场竞争状况不断加剧的情况下,客户流失率居高不下一直困扰着处于发展阶段中小会展活动的组织者。我认为作为会展活动的组织者,要以提高服务质量,强化会展活动主题内涵和功能为基点,积极开发新客户的同时,要采取各种措施留住老客户,不断提高客户的忠诚度。只有这样,会展项目才具有发展潜力。

10.1.4　保持情感联络，增强客户的忠诚度

在展览会的组织实施过程中提到客户，我们往往会联想到参展企业。由于展览会这一产品的特殊属性，其实展览会客户除了参展企业外，还应该包括专业观众、供应商、合作机构、内部员工等。虽然观众不能给办展机构带来直接经济效益，但观众质量不高的展览会，企业也不会有较高的积极性参加展览会。所以，他们两者之间是相互影响、相互制约、相互促进、相互发展的。那么，办展机构如何能与自己的客户保持长期的情感联系，用什么样的方式与手段开发与留住客户，并不断增强客户的忠诚度呢？下面就有关问题进行简要介绍。

1）开发新客户

不论是新举办的展览会项目，还是举办过多届的展览会，开发新客户是摆在办展机构面前的一项长期而十分重要的任务，对新举办的展览会，显得尤为重要。下面就新客户开发应遵循的原则、具体方法与途径以及客户发展的几个阶段作一个简要介绍。

（1）客户开发的原则

①根据展览会定位，确定客户开发的区域范围。展览会的客户主要由参展企业和专业观众组成。在招商、招展的工作中，首先要根据展览会定位，确定招商、招展的区域范围，如果是国际性展览会，招商、招展的区域范围不仅仅是国内，一定要在海外重点国家和地区进行招商、招展，保证海外参展企业和观众占有一定比例。否则，就不能称其为国际展览会。

②结合展览会特点，挑选合适的客户群。展览会的客户开发要结合展览会特点，挑选合适的客户群。就像我们日常购物一样，对消费者来说并不是价格越贵越好，而是适合自己的才是最好的。举办展览会邀请企业参展和邀请观众参观也是同样道理，如果展览会的参展企业是一些大型知名企业，而与此相对应的专业观众却寥寥无几，就很难保证这些企业能继续参加下届展览会。

③以诚心对待客户。选出合适的客户以后，就要以适当的方式进行联络。业务人员在与客户联系的过程中一定要有耐心，千万不要给新客户一种急于求成的感觉，不要让客户觉得你的展览会必须马上有新的企业参展才可以生存。只有双方都觉得合适的时候才有真正的合作。开始的时候，业务人员要多了解对方的情况，多听对方的意见与要求，从中找出双方合作的结合点。从某种意义上讲，业务人员的心态和对方的印象决定新客户是否愿意和你深入接触。

另外，业务人员要以诚心对待每一个客户，做不到的事情，千万不要承诺。否则，受影响的不仅仅是业务人员个人，而是整个展览会和办展机构的形象与声誉。其实，展览会组织实施的过程也是参展企业和观众的参与过程。在这一过程中办展机构作为服务的提供者与服务的接受者，参展人员和观众接触程度高，面对面的双方产生互动影响。他们在消费过程中或过程一结束就提出自己的意见和感受，表达自己的情绪，这实际上涉及他们与业务人员之间的一种信息和感情的交流。这种深度交流易于建立顾客与员工之间的良好关系。

④以个性化的服务，进行客户开发。市场经济发展到今天，展览会作为一种产品大家

已经达成共识。既然展览会已经成为产品，它在本质上与有形产品一样，都是供消费者消费，为消费者提供某种利益，满足他们的某种需求。否则，企业就不会参展，观众也不会从各自的国家或城市来到展出现场参观、洽谈。展览会与有形产品相比，除了具有相同的本质属性之外，还具有自身的特点，如展览会服务的无形性、不可预知性以及对服务产品质量评价的主观性等，这些特点给展览会的客户开发带来了一些特殊问题，办展机构也应采取相应的对策。这就需要工作人员在与客户联络的过程中，耐心听取对方的诉求，根据对方的实际情况与要求，及时调整自己的服务内容，为其制订个性化的服务，只有使自己的服务让对方认可，才能赢得新客户。

(2)新客户收集的主要途径

展览会举办机构收集新客户资料一般利用以下几种途径：

①利用行业企业名录收集。

②通过商会和行业协会收集。

③通过政府行业主管部门收集。

④利用专业报刊收集。

⑤利用会刊或在同题材展览会现场进行收集。

⑥通过外国驻华机构或我国驻外机构收集。

⑦利用网络收集。

⑧通过朋友或熟人介绍等。

关于客户信息的收集，在前面章节已介绍过，这里就不再作介绍。

(3)新客户开发的几个发展阶段

在展览会组织实施过程中，从开始收集客户资料到发展成为真正客户，这一过程大致可以划分为以下 6 个阶段：

第一阶段：收集信息。对展览会新客户开发来说，信息的收集是客户开发成功的必要条件，也是办展机构为展览会的组织实施所必须要做的一项基础性工作。开发新客户首先要利用前面介绍的途径，收集目标客户的地址、电话、网站、负责人、联系方式等信息。其中，最关键的是掌握相关业务负责人的姓名、电话、电子邮箱等相关个人信息，但在实际工作中，很多时候除了公司名字和地址之外，要了解其他更详细的信息是非常困难的，要想获得目标客户这些信息的方法通常是以打电话的方式进行联络，通过努力，相信还是比较容易得到这些信息的。

第二阶段：初步沟通。获取相关负责人的个人信息后，就可以与对方进行电话沟通。在电话沟通之前，如果有对方的电子邮箱，最好给对方先发个问候性的或者是展览会招展函或专业观众邀请函等方面的邮件作为铺垫。这样，就不会在电话沟通的时候出现三两句就无话可说的尴尬局面。这里需要提醒的是，现在会展业与其他许多行业一样，也已经处于买方市场，其他同题材展览会也会与其联系，对方可能会提出这样那样的问题，甚至态度不太友好，这就需要业务人员具备一定的综合业务素质和应变能力，耐心得体地解答对方提出的各种问题，给对方留下一个良好的印象，这是进入下一阶段的基础。如果初步沟通的结果不尽如人意，最好的办法就是登门拜访，在彼此交换完名片和简单的沟通之后，你们的关系自然就会更进一层。

第三阶段：培养好感。一般来说，企业参展首先关注的是展览会的主题、性质、定位以及专业观众的来源,然后才是展位价格;而对观众来说,除了关注展览会的主题、性质、定位以外,他们还会关注有哪些企业参展,在展览会上是否能找到他们所需要的产品,但在很多情况下业务人员的一言一行也影响着对方的参展或参观行为。因此,在这个阶段同客户的沟通一定要真诚,要用强烈的信心感染客户,不要回避自己的展览会与其他同题材展览会之间的差距,要利用自己展览会最核心竞争优势和客户最关心的话题寻求突破口。这时,业务人员不可滔滔不绝、信口雌黄,更不能直奔业务主题,要给对方留出思考、决策和履行程序的时间。这段时间业务员的主要工作就是及时跟踪,通过各种方式适时联系客户,让客户记住你。一般可以通过真诚的节日问候、节日礼物、生日祝福等情感方面的投入,获得客户的情感认同。

第四阶段:确立合作关系。客户交往持续到现在,业务人员可以大胆地邀请客户到公司来,正式感受一下公司的整体环境,向其比较详细地介绍展览会主要策划方案及其进展情况,征求客户对展览会的整体意见和感受。一般能够维持到这个阶段的客户基本上都有比较明确的合作意向,也就是平时所说的有价值的目标客户。至此,在经过了双方高层互访之后,双方的合作意图有了更进一步的了解。

第五阶段:商务洽谈。客户在这个阶段一般都会根据自己需要的展位面积、价格优惠幅度、个性化服务以及其他附加条件等方面提出一些实质性的要求。至此,双方唇枪舌剑、迂回曲折的谈判正式拉开序幕。当客户提出的条件过于苛刻,谈判陷入僵局时,业务人员不要轻易放弃,因为开发一个有价值的客户不容易。同时,也不要单纯为了留住一个客户而一味迁就,触动了展览会的整体利益。这样,即使首次合作成功,日后的合作肯定是以牺牲更大的利益为代价的。另外,客户提出的任何要求你都答应的话,就等于什么要求都没答应,反而会对你的可信度产生怀疑。在商业谈判中,永远不做无条件的让步,这是业务人员的基本准则。办展机构与客户是一个利益共同体,是合作共赢、共同发展的关系,业务人员切忌语气不坚定、一味讨好奉承和犹豫不决,也不要为了一些细小的问题争论不休,一定要坚持"抓大放小"的原则,通过非常有力、坚定的口气,给对方一种踏实、信赖、条件不可更改的感觉。

第六阶段:合作签约。随着双方合作协议的达成,新客户的开发过程也暂时告一段落,合作协议的签署意味着双方合作伙伴关系的正式确立,也是双方合作的开始,而不是结束。由于展览会所具有的特有产品属性,对办展机构来说,开发新客户重要,但维护和留住客户更重要。这就需要办展机构切实从客户的利益出发,不断提高自己的服务质量,增加服务内容,给客户带来更大的价值,使客户得到更多的利益和丰厚的回报,得到客户的认可。

温馨提示

从办展机构的角度来看,会展客户大致分为两类,一类是能给办展机构带来直接经济效益的客户,如参展商或赞助商等;另一类就是不能为办展机构带来直接效益,但会展活动又不可缺少的客户,如专业观众和买家等。在不断开发新客户的同时,又能尽可能多地留住老客户,这是办展机构面临的一个重要课题。在不断提高展览会质量,为客户提供参与展览会价值的同时,要不断细化我们的服务,对具体客服具体分析,制订有针对性的服务,让客户真正有归属感。这样才能留住老客户,我们的会展活动才有生命力和竞争力。

2)留住老客户

在市场经济不断发展的今天,留住一个老客户比挖掘一个新客户更难。当我们在不断开发新客户的同时,你有没有想过,你的那些老客户在哪里,他们现在的状况如何;他们每年参加几个同题材的展览会,都分布在哪些区域或城市,展出的面积有多大;他们是否以同样的展出面积继续参加下届展览会等。一般来说,客户的发展过程为:潜在客户→新客户→满意的客户→留住的客户→老客户。失去一个老客户所受到的损失往往需要由8~9个新客户来弥补,而20%的重要客户可能为你带来80%的收益,所以留住老客户比开发新客户更为经济有效。在组织展览会的实际工作中,老客户是办展机构经济效益的主要来源,是展览会发展壮大的根本,也是会展企业赖以生存的重要条件。可见,留住老客户在举办展览会的过程中占有多么重要的位置。那么,怎么样才能防止客户流失,把客户留住呢?下面就有关事宜作一个简要介绍。

(1)靠真情留住老客户

在会展客户的开发与维护中,要有长期维护客户关系的意识,业务人员与客户之间要保持沟通的通畅性和准确性,时常与客户联络感情,让他们体验到合作的愉快心情。由于展览会的特殊性,会展客户的维护更需要长期性与连续性,更需要将情感融入与客户接触和服务的全过程,在业务人员与客户之间建立一个情感的纽带,让他们感受到你是在用心为他们考虑,为他们服务。大家知道,无论一项什么决定,都会或多或少地掺杂着个人的情感因素。客户与办展机构的关系会影响他们是否继续参展或参展面积大小的决定。如果办展机构或业务人员和客户之间的感情比较融洽,可以克服自己服务中的某些不足,甚至会击败自己的竞争对手。这样对大多数客户来说,他们最容易对展览会品牌形成强烈的认同感。

在新客户开发初期,业务人员就应该注意情感交流,让客户愿意和你接触,愿意和你交流,这是成功开发客户的第一步。否则,后面的一切都是空话。当发现对方可能成为你的真实客户时,要争取主动,热情相迎。在交谈中注入情感因素,使客户感到你的真诚,视你为自己人。这样,离成功也就不远了。在意向性合作洽谈过程中,要善于察言观色,迅速从客户那里获得信息的反馈,适时注入感情,有针对性地制订与修正最近的服务计划和内容,为达成合作协议作准备。合作协议的达成并不意味着与客户的接触结束,要赢得客户的忠诚,一定要在以后的服务中加强情感联系。这样,既可以及时反馈用户的有关信息,以便改进服务,又可以联络感情,争取客户连续参展,使他们成为展览会的义务宣传员。

在展览会的组织实施过程中,要想和客户保持稳定、牢固的合作关系,就必须发展与客户的友谊。但需要注意的是,培养和增加与客户的情感交流,就是要在业务往来的过程中建立一种不带任何企图和功利色彩的情感。业务人员必须要态度端正,付出真心实意的感情,不能带有一丝一毫的私心杂念,以实实在在的关心和帮助为基础;在交往中要言而有信,不论交情大小、交情长短,承诺给予帮助的就要兑现,如果办不到也要及时向对方说明原因,取得谅解;业务人员还要经常反省自己,在与客户交往中有无不当之处,如果有就要设法弥补,不能因为一件小事而影响相互的信赖。

在与客户的接触和服务中,可能会出现各种各样的问题,有的客户甚至会产生抱怨。

作为办展机构或业务人员如何正确看待客户抱怨，这要从办展机构自身查找原因，可能是因为办展机构没有在关键时刻提供正确的服务或者提供的服务客户并不需要，甚至你的承诺没有兑现。因此，办展机构应把客户抱怨视为不花钱的信息源。妥善处理客户抱怨可以促进服务质量的提高，重新获得客户的满意与信任。

(2)建立留住客户的内部机制

在市场竞争日趋激烈的情况下，不论是生产型企业还是服务型企业，都在以各种方式和手段来增加服务内容，提高服务质量，其目的就是减少客户流失，尽可能多地留住客户。这一点对会展企业来说显得尤为重要。办展机构应做到以下几点。

①建立以服务客户为中心的责任制度。众所周知，在我国目前大部分会展企业中“以客户为中心”的思想还没有得到充分体现，客户关怀度和客户满意度不高。展览会结束以后，能主动与客户进行交流，获取反馈信息的会展企业很少，大部分企业只是整理好客户的名片以备来年再用，很少关心客户是否在本次展览会中受益、客户对本次展览会有何看法等。其实，为客户提供满意的服务以留住客户是每个企业进行有效管理的主要目标之一，也是每一个员工的责任。这是一项系统性工程，需要企业各员工、各部门之间的相互协调和积极配合，而绝对不是在喊几句口号之后，就把一切都推给某个部门或某些员工去完成，否则是难以取得预期效果的。

②建立高效的一线员工服务体系。现在，我国在同一经济区域内同题材的展览会冲突与竞争十分严重，导致会展客源流失严重。据统计，我国大部分会展企业平均每年的客户流失率高达25%。因此，如何留住客户，提高客户的忠诚度已成为创展览会品牌的关键。我们的会展企业建立高效的一线员工服务体系迫在眉睫。因为一线员工处于为企业直接提供服务的前沿地位，直接与客户接触，发挥着直接向客户展示企业精神风貌和服务理念以及优质服务的重要作用。客户对办展机构的良好服务感受正是由一线员工的服务行动带来的。就这一点来说，一线员工在留住客户方面是以实际行动落实办展机构的决策或目标导向，它的作用不容忽视。

③建立为客户提供优质服务的员工激励机制。这方面的工作主要是理顺和优化业务处理流程；客观设置流程中的岗位；清晰描述岗位职责；完善保证职责有效完成的制度体系；建立考评岗位工作情况的定量指标体系，其目的是保证办展机构客户关系管理的顺利实施。

④建立以服务客户为中心的管理机制。鉴于我国会展业的现状，会展企业达到留住客户和提高客户忠诚度的目的还有一段很长的路要走，并且是一项艰巨而持久的工作，为了确保这一工作顺利进行，会展企业应建立一套行之有效的以服务客户为中心的管理机制，并应建立一个以服务客户为中心的管理机构。这一机构的任务就是在留住客户的前提下，采取各种有效措施，对实现这一目标提供有效的督促与检查。

(3)用质量和信誉留住客户

不论企业的规模大小，都把产品质量和企业信誉看成企业发展的第一要素。如果说质量是赢得新客户的前提，那么企业信誉便是维护老客户的基础，会展企业更是如此。就展览会来说，其质量主要是指参展企业的质量、专业观众的质量和办展机构的服务质量。我国会展企业客户流失率居高不下就是这三个质量指数不匹配所致；如果这三个质量指数相匹配，展览会一定会得到快速发展。由于部分会展企业大都是近几年新成立的，举办展览会的历史还不是很长,经过几年的努力,自己举办的展览会在展出规模上有了一定的扩大,参展企业的质量有了一定的提高,恰恰就在这关键的时候却忽略了对专业观众的邀请。可以想象,即使参展企业的质量再高,展出的效果再好,却没有参展企业所期望的专业观众与他们洽谈,没有生意可做,以此来看,会展企业客户流失率居高不下也就不难理解了。

另外,会展企业在与客户接触的过程中要始终把自己的信誉放在第一位。要打造自己的优秀团队,让客户与你的任何一名员工接触都会有稳妥的感觉。不管是什么事情,该由自己企业负担的责任,绝对不要推诿。同时,为了稳妥起见,绝对不要勉强做事,自己做不到的事情,绝对不要许诺,更不要为了达到某一目的去胡乱许诺,拿自己企业的信誉开玩笑。总之,只有踏踏实实地做好自己的工作,使自己的企业保持良好的信誉,切实为客户着想,给客户创造更大的价值,才能留住客户。

(4)靠效率和服务留住客户

会展业是一个服务性的行业,举办展览会的过程也是为客户提供服务的过程。服务质量的好坏直接影响客户的去留,而作为服务对象的客户,总是在享受服务的过程中凭个人的满意度来评价办展机构所提供的服务质量,这当然会带有感情色彩。所以,我们再三强调业务人员在与客户交往中要注意情感的交流,因为人总是有感情的,平时给人以帮助与恩情,过后也许会收到意想不到的效果。情感的交流可以弥补服务的某些缺陷或不足,但情感始终是不能代替服务的,这就需要办展机构在“服务”二字上做文章。办展机构要营造一种为客户服务的气氛,全体员工都要有为客户服务的意识与责任,不能停留在口头上。办展机构在提供大众化服务的同时,还要根据客户不同层次的需求,为其提供差异化服务。另外,办展机构为了达到留住客户的目的不仅要提供差异化服务,还要提供超值服务。顾名思义,超值服务就是双方约定之外的服务,也就是说约定之内的服务不但要做,而且必须要做好;额外的服务也要做,并且要尽力做好。由于这些服务会给客户减轻负担或麻烦,往往能取得客户的信赖,这样做的目的很明确,就是使客户愿意付出更大的代价参与你的展览会,最终留住客户。展览会展出期间,办展机构的工作千头万绪,很多工作需要处理与协调,而且由于展览会受时间的限制,在为客户提供服务时不允许有耽搁的时间。为此,办展机构向客户提供的服务不但要优质,还要高效。否则,即使你提供的服务再优质,超过时效也是无效的服务,对客户来说毫无价值。只有提供优质、高效的服务才能使客户满意。

(5)靠创新留住客户

改革开放以来,巨大潜力吸引了越来越多的办展机构进入我国展览市场,办展的机构越来越多,展览会随之多了起来,可供参展企业选择的展览会也随之增加。市场的变化瞬息万变,企业的需求也在随着市场的变化而改变,而对会展企业来说,必须根据市场的变化来改变自己的运营模式、服务内容与手段等。其实,这一改变过程就是创新的过程,也是会展市场激烈竞争的必然结果。创新不仅仅是产品的创新、服务的创新,更为重要的是观念的创新。只有贴近市场和客户,才能把握市场发展的脉搏,提升自己的服务水平,开拓更多的服务内容,使自己领先于竞争对手。说到底,创新的真实内涵就是紧跟客户需求的变化和环境的变化,不断开发新的服务内容,突出自己的特色,为客户提供更多的增值服务,只有及时发现顾客的需求或者培育顾客的需求,才能保持领先的创新能力。会展企业要想真正取得突破性的服务创新，唯有满足客户特殊的需求，给顾客带来特殊利益。

由于客户需求不断变化和竞争对手的威胁时刻存在，开发新的服务就成了会展企业一个永恒的主题。不断开发新的服务理念是所有服务企业的立身之本。这种不断创新的意识，应该成为企业上下仔细领会把握的精髓和不停奋进的目标。创新最核心的问题就是自始至终围绕目标顾客群的某一特定需求，开展新的服务项目，在日益完善的服务领域，不断进行创新的重要性更加明显。作为一个展览会组织者来讲，最终目的是吸引更多的企业参展和更多专业观众参观。一个展览会的核心价值就在于能否满足参展商和观众之间交流和交易的诉求。对于每一个参展商而言，只有和他所期待的目标观众有了密切交流，他的目的才算达到。在当前市场条件下，参展企业的参展行为越来越理性化和科学化，办展机构必须随着客户个性化需求变化和市场竞争的发展而不断更新自己的服务理念。

3）挽回流失的客户

在市场竞争日益激烈的情况下，我国的会展企业面临严重的挑战。会展项目类同化、客户严重流失等问题已严重困扰了我国会展业的发展。如何使我国会展业健康成长，已成为我国会展界关注的焦点。在现有市场条件下，客户成为会展企业最重要的资源，也决定着企业的命运与前途。从会展业目前发展的现状来看，客户关系管理在会展企业管理中扮演着越来越重要的角色，但很多办展企业常常不知道失去的是哪些客户，什么时候失去的，也不知道失去的原因，更不知道这样会给他们带来怎样的影响。他们完全不为正在流失客户而感到担忧，反而依然按照传统做法拼命开发新顾客。冷静地研究分析客户流失，在进行新客户开发和老客户维护的同时，如何挽回已经流失的客户，对于企业挽救危机、健康成长具有十分重要的意义。下面就如何挽回已经流失的客户之有关事宜作简要介绍。

（1）客户流失的原因

从目前我国会展业的状况来看，哪家办展机构占有更多的客户资源，它就拥有更多的市场份额，就能在激烈的市场竞争中立于不败之地。客户流失严重的问题一直困扰着会展企业，许多会展企业已经重视，并开始实施客户关系管理的战略思路，这是值得欣慰的。客户流失的原因是多种多样的，从根本上看，不满意是客户流失的根本原因，我们可以从以下几个方面加以分析与总结。

①定位因素。一个展览会的定位将对该展览会的成功与否产生直接影响，也是展览会发展的战略性选择。办展机构必须从自己现有的资源条件和展览会所在产业的特点出发，找到自己现有资源与行业发展需求热点相结合的最强点。这个点就是展览会的相对竞争优势，是展览会要为参展商和观众传达的客户让渡价值，也是为展览会定位的基石。其实，不论是展览会定位，还是企业定位，任何定位都没有一成不变的。由于市场需求和竞争状况的变化，以前对展览会的定位所形成的优势，现在可能就不再是优势或者已经成为弱势，这就需要办展机构能够随时把握每一个可能提升展览会竞争优势的因素，对其定位及时地进行修正或再定位，使自己的展览会更贴近客户的需求。否则，就会造成客户流失。

②质量因素。对一个生产型企业来说，产品的质量是企业生存的基本条件，也是企业发展的重要保证，对会展企业来说也是如此。如果办展机构没有邀请一定数量的专业观众，没有满足或达到参展企业所期望的效果，现有的参展企业就有可能会流失，即使有部分企业仍然继续参展，长此下去这部分企业也会流失。反之，如果邀请的观众到展出现场参观后，发现展览会上没有他们感兴趣的企业与产品，他们高兴而来，扫兴而归，相信在下届展览会时，办展机构不论用什么方式邀请，他们一定不会再来参观。其实，展览会的质量因素是客户流失的主要原因。

③市场因素。由于会展行业的自身特点，要想使自己的展览会更具有生命力，办展机构必须紧紧盯住两个市场，一个是会展市场，另一个就是展览会所涉及行业的产业市场。任何一个市场的某种变化都有可能导致客户流失。在市场环境快速变化的条件下，导致客户流失主要有竞争者、价格和细分市场不准等因素。在利益的驱使下，在同一区域很可能会出现新的竞争者，他进入这一市场是有备而来，并把你作为他的主要竞争对手，可能会通过正当或不正当手段挖走或吸引走你的部分客户。这种竞争给企业增加了一个可供选择的机会，企业也会在你与你的竞争对手所提供的服务、赋予展览会的价值和价格进行比较，如果你的价格高于竞争对手，你的部分客户很可能舍你而去。随着新技术的不断应用，产业市场和销售市场的划分也越来越细化，这是需要办展机构十分关注的。如果你的展览会主题不突出，针对性不强，市场细分不明显，满足不了细分市场特定客户群的需求，这些客户的流失是迟早会发生的。

④服务质量因素。在世界贸易范畴中，会展业被公认为是服务行业，是服务贸易的重要组成部分。这一行业特点决定了办展机构提供服务的重要性。提供差异化、高质量的服务是办展机构留住客户的重要条件。反之，也是客户流失的主要原因，主要包括服务环境差、服务秩序乱、服务态度差、服务效率低、服务流程繁琐、服务项目不全、服务数量不足、服务渠道不畅、服务缺乏个性化与创新化、收费不尽合理等。另外，办展机构向客户提供服务是通过员工来进行与实施的，可以说，员工是向客户服务的载体，员工素质的高低和情绪与态度的好坏都会对服务质量产生直接的影响。员工方面影响服务质量的因素包括言行不一、缺乏诚意与尊重、责任心与事业感缺乏、仪表不整、能力不强、整体素质差等，上述这些因素都可能导致客户流失。

⑤客户自身因素。在展览会的组织实施过程中，由于企业自身的原因而不能参展的情况也会时常出现。对这部分客户要具体情况具体分析。但归纳起来主要有效益萎缩、产品结构调整、领导班子更换、对展览会的期望值过高以及在参展过程中实际体验比较差，心理不平衡，产生了不满情绪等，也有的因为企业的发展，认为该展览会已经不符合他们参展的标准和条件，其需求与期望也会发生改变，随之转移到其他展览会上去。

⑥社会因素。由于展览会是一种综合性的社会活动，一个展览会能否成功举办往往会受到社会各种因素的影响。对展览会产生较大影响的社会因素主要包括政治、经济、法律、科技、教育、文化等，这些方面政策的调整与变化对客户的参展心理和参展行为都会产生一定的影响。另外，战争、自然灾害等因素也会导致客户流失。

（2）客户流失的判别

上面给大家介绍了顾客流失的主要原因，现在就向大家介绍几个识别客户流失的主要指标，这也是办展机构挽回流失客户的基础与前提。具体到某个展览会，办展机构一般可借助下列 4 个指标来识别顾客流失。

①客户指标。客户指标主要包括客户流失率、客户保持率和客户推荐率等。客户流失率是客户流失的定量表述，是判断客户流失的主要指标，可用下列公式表示：

$$客户流失率=客户流失数/客户人数\times100\%$$

通过上面的公式直接反映出办展机构经营与管理的现状。客户保持率是客户保持的定量表述，也是判断客户流失的重要指标，其公式为：

$$客户保持率=客户保持数/客户人数\times100\%=1-客户流失率$$

通过上面公式的计算结果可以看出顾客忠诚的程度，也是办展机构经营与管理业绩的一个重要体现。客户推荐率是指客户参展或参观后介绍他人参展或参观的比例。客户流失率与客户保持率、客户推荐率成反比。通过客户调查问卷和企业日常记录等方式可获得上述客户指标信息。

②市场指标。市场指标主要包括市场占有率、市场增长率、市场规模等。通常客户流失率与上述指标成反比。办展机构可通过市场预测统计部门获得这方面信息。

③经济指标。经济指标主要包括销售收入、净利润、投资收益率等。通常客户流失率与此类指标成反比。办展机构可通过业务部门和财务部门获得上述信息。

④竞争力指标。在激烈的市场竞争中，一个展览会流失的客户必然是另一个展览会所获得的客户。因此，对一个展览会的竞争力与影响力作出正确的判断，便于了解该展览会的客户流失率。一般来说，竞争力强和影响力大的展览会，客户流失的可能性要小些。办展机构可以借助展览会评估机构的评估报告或权威部门所发布的统计资料获得上述信息。

（3）应采取的措施

办展机构发现自己的客户流失时，应当及时进行客户关系的修复。由于种种原因，客户关系在发展的任何阶段都有可能出现倒退，不论出现在考察期、形成期还是稳定期，一旦出现这种情况，如果不能及时恢复关系的话，都可能提前终结客户关系的生命，从而造成客户流失。因此，当客户关系出现倒退时，如何使其尽快恢复也是客户维护十分重要的使命。在面对客户流失时，应采取以下措施：

①访问流失客户。访问流失客户的目的主要是争取把流失的客户重新找回来。办展机构的工作人员在为流失的客户做工作时一定要记住他们的名字和地址，在最短的时间用电话联系或直接登门拜访。不论是电话联系，还是登门拜访，都应该诚恳地表示歉意，让客户知道，你因为给他带来不便而抱歉。这时候不管是谁的过错，一定不要追究责任，辨明是非，所要做的第一件事就是向客户道歉，并虚心听取他们的看法和要求，向客户说明，你将完全负责处理他们的投诉。

②正确处理客户投诉。善于倾听客户的意见和建议是正确处理客户投诉的基础。办展机构接待客户抱怨或投诉的工作人员要有耐心，认真听取他们的意见与要求，善于抓住客户抱怨的关键，在作好解释和安抚的同时，告诉客户你愿尽一切办法来解决他们提出的问题并强调，他们的问题引起了办展机构的高度重视，并给你改正这一问题的机会，对此你感到很高兴。其实，解决客户投诉，不同的投诉要用不同的方式来解决，只要在你的职权范围内，就要尽己所能满足顾客。在解决了客户的抱怨后，还可以送给他们展览会的小礼品，以表达你的谢意。在解决了投诉的一周内，打电话或写信给他们，了解他们是否依

然满意，进一步征求他们对展览会其他方面的意见与建议。你一定要与客户保持联系，如果条件允许，对这样的客户尽量定期拜访，使他们真正感受到你的诚意以及解决客户投诉的效率。

③制订措施，改进企业工作中的缺陷。客户的需求不能得到切实有效的满足往往是导致企业客户流失的最关键因素。办展机构应该建立相应的投诉沟通渠道，鼓励不满客户提出意见，及时处理客户不满，并且从尊重和理解客户的角度出发，站在客户的立场去思考问题，采用积极、热情和诚实的态度。同时，也要跟进了解客户，采取积极有效的补救措施，预防类似的抱怨再次发生。另外，把客户对展览会质量、服务及其他方面的意见、建议收集起来，将其作为改进各项工作的依据。这样可以更有效地调整办展机构的办展策略，以适应客户需求的变化。

④树立竞争意识，真正为客户提供周到的服务。在现在市场竞争条件下，你的服务做得不到位，不为客户着想，一定会有其他人为你代劳，你的竞争对手也一定会乘虚而入，利用各种手段抢走你的客户，可以说，这也是市场经济发展的必然结果。会展业作为服务性很强的行业，办展机构必须树立竞争意识，真正为客户提供周到的服务。密切关注和研究竞争对手办展策略和服务形式与内容，一定要想方设法比竞争对手做得更多、更快、更好。这样，才会给客户留下深刻的印象。投诉是顾客送给办展机构的礼物，办展机构一定要认真对待，及时处理，提高自己的办展质量，增加服务内容和提高服务水平。只有这样，才能保住现有的客户，挽回已经流失的客户。

⑤着眼于长远的永久性措施。近年来，从成功举办展览会的实践来看，让客户满意是办展机构的行动基本准则，是企业获取竞争优势的锐利武器。会展企业必须树立客户满意理念，为实现最大化客户满意的目标，制订与实施符合会展行业特点的客户关系管理系统，识别自己的客户，调查客户的现实和潜在的要求，分析客户的参展动机、行为、能力，以此确定自己的办展方向，提供令客户满意的服务，满足或超越他们的需求和期望使其满意，达到留住现有客户，挽回已经流失客户的目的。

⑥加强内部管理，提高员工的服务能力与意识。在办展过程中，大部分员工都处在为客户服务的第一线，员工服务能力的高低、服务态度的好坏都会对客户的去留产生一定的影响。这就需要办展机构充分调动自己员工的积极性、主动性和创造性，使其充分参与企业的经营管理活动，从而激发其成就感、事业感和自豪感，维持和提升展览会的整体形象，最终实现由员工满意向客户满意的转变。通过加强内部管理来赢得更多的客户与市场，获得更大的社会效益与经济效益。

4）培养客户忠诚度

随着经济的发展和社会的进步，会展市场越来越成熟，买方市场也已逐步形成，给企业参展提供了更多的比较和选择机会，客户开始享受前所未有的丰富和热情的礼遇。因此，在没有充分理由的情况下，参展企业没有必要对某一个展览会或办展机构保持忠诚。培养和提高会展客户的忠诚度是实现企业连续参展和促进展览会持续发展的重要保证，是办展机构取得竞争优势的源泉，也是办展机构长期利润增长的有效途径。所以，提高客户忠诚度已成为许多会展企业保持战略追求的一个基本目标。那么，办展机构应该采取哪些途径和手段使客户对自己的展览会保持忠诚呢？现从以下 7 个方面进行简要介绍。

(1)重视客户关系管理,提高展览会增值功能

随着会展业的快速成长和展览会的展出规模不断扩大,办展机构的客户数量日益增多,观众数量更可能会达到数万以上,传统的客户管理难以适应会展业快速发展的需求,加强客户关系管理已成为会展界研究的重要课题。以信息技术与科学管理手段来不断地开发新客户,防止老客户流失,提高和保持客户对展览会的忠诚度,为会展业的发展提供科学管理的技术保障。办展机构在引入客户关系管理系统的同时,要根据会展业的行业特点,建立一套规范的客户忠诚度培养与提升的流程,以达到持续不断地增加忠诚客户的数量与提升客户忠诚度。同时,办展机构还应该能够对客户忠诚度和流失率进行科学的评估,并且能够对客户终生价值或客户终生利润率进行评估。有了制度与规定,有了评估方法,有了持续提升的方法,办展企业的客户忠诚计划才能够得到规范的实施与推进。

另外,由于展览会数量的增多,目标客户对展览会功能提出更多的个性化需求,如除了在展览会上能获得订单外,许多参展企业还想通过展览会获得行业发展、竞争对手以及新产品开发等方面的信息。这就需要办展机构在保持展览的战略定位与品牌特色的前提下,进一步研究和归纳不同目标客户的各种个性化需求,赋予展览会更多的附加功能,如在展出期间组织产业峰会、论坛、信息发布会、市场研讨会、新产品发布会、合作项目专场洽谈会、商务旅行等。通过上述活动的举办,给自己的展览会增添更多的增值性功能,提高更多客户参与的积极性,满足各类客户的不同需求。

(2)加强市场动态研究,不断改进服务体系

就会展服务而言,近几年与以前相比已经有了很大进步,但和会展业发达国家相比仍存在一定的差距。我们的会展服务体系滞后的主要原因是我们的办展机构对会展市场和自己举办的展览会所涉及产业市场研究不够以及对会展服务体系的建设没有真正重视。办展机构研究产业市场的发展,就能更详细地了解企业参展的意图,掌握他们想要什么,需要什么,使自己提供的服务更能贴近客户的需求。适合客户的,并能解决他们燃眉之急的服务就是最好的服务。由于市场的变化,客户对展览会的期望值和对办展机构提供的服务内容与形式的要求也在不断变化,这就需要办展机构及时了解市场的发展趋势,详细掌握客户的需求变化,借助新技术和现代客户管理系统,建立一套符合现代会展业特点的客户服务体系,以提高自己展览会的核心竞争力。

办展机构在研究市场动态的同时,还应加强对竞争对手的研究工作。竞争对手的办展策略、营销策略、宣传推广策略与服务体系建设都是你认真研究的对象。通过对竞争对手的研究,更有针对性地调整自己的各种办展策略与完善自己的服务体系,进一步增强自己展览会的竞争活力。其实,办展机构建立现代服务体系的最终目的就是给客户提供体验式服务,从服务工作中真正实现展览会的品牌价值,全面提升客户的忠诚度。可以想象,如果没有良好的服务,展览会就很难真正发挥其贸易、展示与信息发布功能,也很难增强客户的满意度,更不可能把客户对展览会的满意度转化为忠诚度。

(3)明确客户价值取向,增加客户价值

知己知彼,方能百战百胜。培养会展客户忠诚度,首先要知道客户参加展览会的价值取向,也就是说他们都需要些什么。就参展企业来说,他们参加一个展览会都会为此次参展确定自己的参展目标,其中还会设定一个基本目标,如果他们连基本目标都没有达到,

这部分参展企业的忠诚感就会受到影响。参展企业所处的发展阶段不同或者参加在不同地区举办的展览会，其参展的目标也不尽相同。归纳起来，企业参展的目的主要包括：展示企业形象、结识新客户、获取订单、市场调查等。如果办展机构能及时准确地掌握这些信息，对于调整办展策略，协助企业实现参展价值都是大有好处的。处在成熟期的一些知名品牌展览会都是采取以客户参展价值为导向的经营理念，不断增加展览会对目标客户的价值，只有将客户的价值取向与展览会组织者的办展理念紧密结合起来，才能为目标客户提供最佳的展示、交易与获取信息的平台以及与此相关的服务。办展机构除了要提供规范及时的专业服务外，还要想方设法增加客户的价值，并使客户在享受优质服务的同时，也能提升自身价值。

(4)有效满足需求，提高客户满意度

在办展机构对客户进行客户关系管理的过程中，办展机构利用各种手段与方式来有效满足各类客户的需求，提高客户满意度是成功构建客户忠诚度的有效手段之一。客户满意是客户忠诚的基础，如果办展机构不能让客户满意，客户忠诚就无从谈起；如果客户对你举办的展览会不满意，客户的基本期望值都得不到满足，建立客户忠诚就没有基础。如果其他同题材的展览会提供的功能越来越多，客户对你的展览会的满意度就会产生怀疑或动摇，客户的埋怨就会不断增加。因此，建立客户忠诚的前提是要让客户满意。只有不断提高展览会的质量和服务质量，善待客户抱怨，满足客户需要，才能有效保持现有客户，开拓新客户。

现在，越来越多的办展机构感到，提高客户满意度，建立客户忠诚度不但要付出昂贵的代价，还是一项长期而艰巨的工作。如果盲目地为建立客户忠诚度而开展工作，可能导致办展企业最终不能承受其负担而放弃对客户提供的某种服务，这就需要办展机构根据自己的实际情况，量力而行。忠诚客户是办展机构最有价值的客户，他们的忠诚表明办展机构举办的展览会和提供的服务对他们来说是有价值的，但办展机构一定要重视他们所反馈的各种信息，以便保持你的服务永远充满吸引力。另外，会展企业在进行客户管理和保持或提高客户忠诚感的同时，还要善于发掘潜在的忠诚客户。潜在忠诚客户有较高的情感忠诚度，只是由于一些客观的原因而妨碍了他们连续参展，办展机构工作的重点是详细了解妨碍他们连续参展的原因，帮助他们清除相关障碍，使其成为忠诚客户；还有一种就是虚假忠诚客户，这部分客户参展主要是受便利性、优惠性以及环境条件等因素的影响，他们的情感忠诚度很低，办展企业在提供服务时要设法吸引他们的购买力，让这类客户在利益的驱动下保持忠诚。其实，为了保持和增强客户的忠诚感，会展企业就要对客户进行差异化服务与管理。针对不同客户群的特点，制订差异化管理和服务策略，争取更多的忠诚客户。

(5)加强与客户间的交流，增强客户的归属感

在办展机构与客户之间建立一种超出纯交易关系的情感对培养客户忠诚度是一种十分有效的方式。通过情感联系，先让客户对你的展览会有一个认知感，使他们产生参与感，继而提升为归属感，一直发展到成为忠诚客户。在这种情感交流中，办展机构要给客户一定的优惠条件，让客户感受到真心与诚意，在这当中，物质利益的吸引是基础，情感的建立才是关键。竞争对手可以通过提供类似的物质利益来争夺客户，却难以控制在这种情感交流环境下建立的客户对办展机构的归属感、依赖感以及忠诚感。

随着我国会展业的发展,同题材、同类型的展览会越来越多,会展市场的竞争也日趋激烈,办展机构的业务人员在与客户交流时,一定要热情,用真诚来感染客户,因为热情与真诚远比花言巧语更有感染力。在同等条件下,你也只好利用增加与客户的交流这一手段与对手进行竞争。如果你比对手更用心地对待客户,和客户结成朋友关系,并及时将办展机构经营战略与策略的变化信息传递给客户,这就增加了客户对你的依赖感,为客户的离开设置了一个障碍,使客户不能轻易地去参加其他同类展览会。不管在什么情况下,你要想与客户保持长久的合作关系,你必须要想客户之所想,关注客户所关注的事,替客户想在前面并时常保持沟通联络,及时有效地解决他们希望你为他们解决的问题,才能让客户在情感上忠诚于办展机构,对展览会的形象、价值观产生依赖和习惯心理,与你建立一种长久的合作关系。

(6)提供超值服务,培养客户忠诚感

在会展客户关系管理中,建立客户忠诚感是通过提供超出客户期望的价值来实现的。如果办展企业承诺过度,客户的期望就会提升。尽管从客观的角度来看,客户体验到的内在价值可能很高,但由于他们的期望更高,两者就形成差距,从而降低了客户感知的满意水平。管理控制好客户期望值,办展机构可根据具体情况来超越客户期望,使客户产生惊喜,这对于提高客户忠诚度可以起到事半功倍的作用。所以,客户期望和客户感知对展览会的质量和服务的满意水平具有决定性的影响。在不同的发展阶段,客户的价值取向或需求也不一样,这就需要办展机构及时准确地分析客户的心理变化与需求,以客户需求为基点,及时调整自己的办展目标、管理与服务系统,使客户满意。其实,我国目前会展客户流失严重的原因主要包括:办展目标、管理与服务系统效率低下、过分注重市场营销、毫无诚意的承诺以及没有对客户忠诚度进行测评等。据统计,一个不满的客户会向 11 个人抱怨,而得到满意回应的客户,则有 95%会重购。此外,还应建立相应的客户意见或抱怨处理机制以及经常性地进行客户满意度跟踪调查。对于已经流失的客户,则必须进行客户流失分析,找到问题的根源,并对客户的抱怨作出积极的反应,这些都是为客户提供超值服务,培养客户忠诚感的基础。

(7)完善内部管理机制,提高员工的忠诚感

在展览会组织实施过程中,不论是招商招展,还是现场服务与管理,很多时候都是业务人员面对面地给客户提供服务。办展机构要想培养和保持客户忠诚感,首先要培养自己的员工忠诚,忠诚的员工才能够带来忠诚的顾客。只有满意的员工,才会做出让客户满意的事情,员工满意是客户满意的先决条件。所以,提高员工满意度是办展机构需要做的最重要的工作。培养员工忠诚感主要从以下 5 个方面进行。

①平等。平等就是管理者与员工在人格上是平等的。不论是管理者,还是普通的员工,也不管是新员工,还是老员工,在人格上都是平等的,这是培养员工忠诚感的基础。否则,一切努力将成为一句空话。作为办展机构的管理者,一定要用心对待自己的员工,用你期望的员工待客之道对待员工,只有你真心对待了员工,员工才会真心对待客户。在展览会的举办过程中,由于服务的时效性和差异性,管理者总是希望自己的员工在为客户提供服务时,能够多动脑筋,以友好的态度为客户提供超值服务。用心服务又很难量化考核,因为服务人员每天遇到的事情、客户都千差万别、无法预料,这些事情发生和处理的不可预知性,根本无法事前作出规定。在面临同样的问题时,只能依靠服务人员积极开动脑

筋，力求让顾客满意。

要想员工用心为客户服务，管理人员以平等的心态对待自己的员工，尊重自己的员工所取得的成果与进步，营造一种与员工沟通的宽松环境。管理人员与员工之间的沟通不是死板的公式，更不要例行公事，其目的是保持信息通畅，让一线员工拥有良好的心态，使自己的服务人员以真诚的态度感染客户，为客户提供满意的服务。在与员工进行沟通时，管理人员要营造轻松的沟通环境。如果在管理人员居高临下或批评、指责的紧张、压抑的环境下进行沟通，服务人员很难有好心情，甚至他不会和你说真话，你也得不到想要的信息，他在为客户服务时也不会表现出最佳状态，更别提尽心竭力、超值服务了。所以，要员工以真诚的态度为客户服务，首先要用真诚的态度去感染员工。此外，在与员工沟通时，还要注意尊重自己的员工。一般情况下，一线的服务人员在公司的职位层级不高，薪金水平较低，他们在心理上与管理者形成一种无形的落差，更希望被重视，如果管理者在沟通时与服务人员保持同样的高度，无疑会大大增加服务人员的自信心。当员工有良好的表现或取得成绩时，要及时给予表扬，这是最有效的激励手段。表扬能够激发员工的积极性，最大限度地挖掘员工心底的潜能，更好地为客户服务。

②培训。现在，各个企业都在对自己的员工进行各种培训，但企业注重各种技能与技巧的传授，对员工却忽略了如何用心服务于客户方面的培训。会展业是服务性很强的行业，办展机构对自己的员工进行不同层次的培训是使自己的展览会成功举办的重要保证。在对员工进行培训时，一方面要让员工掌握会展服务的相关内容与技能，了解企业内部的管理制度和服务程序，更重要的是传授如何让服务人员用心为客户服务。要让服务人员明白，无论遇到何种情况，客户总是对的，要认真倾听客户的意见，把客户当作亲人来为他们解决问题。当服务人员心中有这样一种思想时，就会很容易理解服务制度中的规定，在实际工作中也能够运用自如。在服务过程中，服务人员随时都可能面对顾客的投诉，而培训时往往只注重服务技巧和处理客户投诉的方法，却没有传授其深层的服务意识与思想，以及服务人员如何用心为客户服务，如何应对客户的抱怨与投诉。因此，面对客户的各种投诉时，服务人员很难把处理客户投诉的条例运用自如，他们常常因为思考应该根据条例的哪一条哪一款进行处理的时候，而错过正确处理客户投诉事件的最佳时机，没有收到好的效果。因而，在做服务培训时，一定要注意服务心经的传授。另外，管理者要求员工尽心竭力为客户服务，就需要管理者尽心竭力地为内部员工服务。

③授权。授权就是管理者要授予服务人员一定的独立处理问题的权利。服务人员处在客户服务的第一线，如果没有一定的独立处理问题的权力，是不可能提供让客户满意的服务的。如果每个客户提出的要求，服务人员都要请示，你想客户会满意吗？绝对不会。员工也不会满意。因此，管理者必须最大限度地授予服务人员处理相关问题的权力。大量实践证明，当服务人员拥有一定权力时，其责任感也会大大增强，他们会觉得自己受到公司信赖，在面对问题时，便会采取更负责任的态度为客户服务。在实际工作中，业务人员往往知道该如何为公司及顾客创造双赢的局面，但由于公司种种严苛的制度，要求他们在采取任何规范以外的做法时，都必须事先请示上司，挫伤了他们的自信心，而招致客户指责，他们就会变得沮丧且反应迟钝，久而久之，会变得麻木不仁，不会用心服务。

④机制。为了提高员工满意度，企业内部必须建立一套与此相适应的管理机制和激励机制。许多企业的管理人员都明白“只有满意的员工，才会做出让客户满意的事情来”

这一简朴而正确的道理。我们的企业除了制订各种规章制度规范员工的行为，让员工知道自己哪些该做，哪些不该做之外，还要建立一种激励机制，让为企业作出贡献的员工有加薪、晋级的机会，给员工提供一个发展的空间。当然，自己的员工去做每件事情并不都是为了加薪，更多的时候，他把一项难度较大的事情做成功后，在服务中让客户满意，甚至得到客户的认可，他自己在高兴和愉快的同时，更需要得到领导与同事的认可与尊重。这就说明，物质与精神这两方面的鼓励对成功的员工同样重要。因此，办展机构要不断地调整自己的绩效评估及激励机制，以便通过员工的努力使客户满意与忠诚。

⑤环境与条件。这里所说的环境主要是办展机构要为自己的员工创造一种真正以客户为中心的企业文化氛围和鼓励每位员工成功的宽松工作环境。如果你的员工天天在互相猜疑、相互嫉妒的环境下工作，员工一定会忧心忡忡，也不会有好心情，更不可能为客户提供超值服务。这就需要管理者以身作则，树立典范，使所有员工树立以客户为中心的理念，提倡全体员工参与，给予一线员工充分的权力和灵活性，激发员工的创造性思维，解决客户提出的各种问题，为客户提供满意的服务，赢得客户忠诚。另外，想要让员工满意，管理者还必须为员工提供必要的条件，如计算机信息处理系统、服务设施及工具、设计良好的工作流程等。计算机信息处理系统可以让员工能随时掌握有关客户的各种信息；服务设施及工具能让员工为客户提供的服务更专业、更可靠、更及时；设计良好的工作流程能让员工和客户都知道在什么时候应该做什么事情，这些都是保持员工忠诚，提高客户忠诚度的必要条件。

任务二　展览会总结

展览会结束后进行全面的工作总结不仅是一个展览会组织实施中的一个必要程序，也是办展机构内部管理的一个重要组成部分。下面就展览会总结的主要内容、作用及书面总结的有关事项作一个简要介绍。

10.2.1　总结的主要内容

办展机构在展览会结束后抓紧时间对展览会组织实施过程中各阶段的工作进行认真全面的总结是十分必要的，也是管理工作的组成部分。由于组织展览会是一项投入比较大的经营活动，办展机构投入了相当多的人力、物力和财力进行筹备工作，每次展览会都会有很多宝贵的经验和教训，有必要系统地对展览会各个策划方案的执行情况进行认真总结，这有利于办展机构发现问题，改进工作和提高效率。总结涉及的内容主要包括：展览会成本效益分析、宣传推广效果分析、招商招展代理任务目标完成情况、配套活动完成情况、主要经验与教训等。

另外，在对上述各方面进行总结的同时，还要对办展机构工作人员的工作业绩、工作态度、服务质量等方面进行客观、公正的总结，根据既定的规章制度，对优秀员工进行物质与精神奖励，对后进员工提出批评教育。

10.2.2 总结的作用

展览会结束后及时进行工作总结,其作用大致有以下 6 点:

①通过总结,找出差距,有利于充分发挥自己的优势,规避劣势。

②通过对各个策划方案执行情况的分析,使自己的创意更能贴近市场的需求。

③有利于扩大展览会的行业影响力和社会影响力。

④有利于展览会品牌传播。

⑤通过总结,进一步了解和掌握参展企业与观众的愿望,有利于提高服务质量。

⑥通过总结,激励先进,批评教育后进,有利于提高团队精神和凝聚力。

10.2.3 书面总结

书面总结是在对上述各方面进行认真全面总结的基础上而形成的书面材料。就市场化运作的展览会而言,书面总结是制订下届展览会工作方案的重要依据;而对政府主导性展览会来说,书面总结除上述作用外,办展机构还需要向上级主管部门报送,这也是必不可少的。一般来说,书面总结的内容主要包括展览会的基本情况与数据,如展览会名称、合作单位、展出时间与地点、展出规模、参展企业数量与简要介绍、入场观众数量与分布区域、成交情况等;组织实施过程简要回顾,简要说明遇到的困难与问题以及解决的办法;配套活动介绍、经济效益分析、主要经验与教训以及今后的设想等。

任务三　展览会评估

展览会评估就是评估机构站在第三者的立场,采用科学的方法与手段对某一展览会的品牌影响力、展览会质量、社会与经济效益、展览会优劣势、展出规模、参展商与观众质量及数量等要素进行公平、公正的总结。其目的是总结经验,发现问题,向办展机构提出意见与建议,使下届展览会办得更好。对展览会进行评估可以在确定评估的方法和步骤后,通过展出现场考察、收集信息、调查问卷等方式得到展览会评估所需要的资料和数据。评估机构对这些相关资料和数据进行分类、整理、统计及分析后,得出展览会效果评价,这也是提高办展水平的重要途径之一。

10.3.1 UFI 展览会统计标准和定义

UFI 是世界上会展业最具权威的国际性行业组织。UFI 向其会员发布了《UFI 统计标准和定义》,而国际标准化组织也正在为全球范围内颁布和推行类似的展览行业术语和标准而紧锣密鼓地工作着。《UFI 统计标准和定义》作为全球展览行业的标准之一,在整个行业内进行宣传和推广,对我国展览行业产生积极影响。不仅对国内的 UFI 会员,它也有利于引导国内其他展览企业真实、客观、规范地公布数据,对我国展览业与国际接轨有一定的促进作用。《UFI 统计标准和定义》包括以下主要内容。

1）展出面积计算准则

对于每个办展机构，需提供并接受审核的数据为“净展出总面积”，指整个展览面积，包括由参展商占用的室内面积和室外面积，也被称为“合同面积”，包括付费面积和非付费面积。它也包括分配给与展览主题直接相关的特殊展出。

每个展出场地运营商需要提供的数据是“总毛面积”，指的是由场地运营商提供给办展机构的总面积，或者包括通道面积在内的展览会使用总面积。餐饮、办公室、仓储等用地不被计算在内。当提及展览面积时，必须申明为“净展出总面积”或“毛总面积”。

2）参展商数量的计算标准

（1）参展商

在这里，参展商也称“直接”参展商。参展商数量的计算标准只计算“直接”参展商，如主体参展商和联合参展商均被计算入内。主体参展商为那些直接与办展机构签订合同的公司或组织。根据 UFI 标准或 UFI 认证展览会的条件，只有直接参展商才能列入统计数据。联合参展商指那些在某个主参展商的展位内参加展出的公司或组织，有其自己公司职员、产品和服务人员参加展出。必须通过几种方式予以表明，如主体参展商的参展报名表、相关的联合机构或展览会目录。在集体参展的情况下，由集体参展的组织者租赁展位和支付参展费，展位由若干公司或组织共同使用。如果它们各自占用一定面积，其公司职员以自身公司或组织的名义，展示其产品与服务，则被认为联合参展商。如果不满足上述条件，此类参展商只被视为“被代表公司”，也称为“非直接”参展商，不被计入参展商总数。

（2）被代表公司

被代表公司也称为“间接”参展商。被代表公司指那些公司或组织的产品和服务在主体参展商或联合参展商的展位上展出，但没有自己的职员直接参展。被代表的公司不被计入参展商总数。

（3）为避免混淆，必须声明参展商所属类别

根据《UFI 统计标准和定义》的要求，在要 UFI 提供统计数据时，必须标明参展商的类别。否则，他们不予受理。

3）参展商国籍

参展商的国籍以参展公司或组织与办展机构签订合同上的地址为准。当地址与参展商真实国籍不符时，办展机构以参展商自我声明的国籍为准，办展机构单方面的声明无效。当对参展商的国籍存有疑问时，参展公司或组织的总部应该声明分支机构代表其参展。

4）入场人次、参观人次和观众数的计算标准

①计算时间段：观众计算应发生在展览会正式开放时间。

②入场人次：指在展览会正式开放期间进入展出现场的人数。

③出席人次：展览会入场总人次等于展览开放期间通过入口处的总人次。入场总人次等于出席总人次。出席总人次不能作为观众数报给 UFI 或其他形式发布。

④参观人次：指代表办展机构和参展商所期望的市场诉求对象，凭入场证件在展览会

正式开放期间进入展出现场的人次。

下列人群被计入“参观人次”：展出现场购票者；正式展出前，购票并到场参观者；凭免费邀请函或优惠券入场参观者；凭长期门票参观者；记者；每人每日只被统计一次。

下列人群不被计入“参观人次”：场馆运营商和办展机构的工作人员；服务供应商工作人员；参展公司或组织的工作人员；展览会演讲人。

⑤观众人数：观众指参观展览会的人。不管参观多少次，只能一次被计入观众人数。

⑥重复参观：重复参观指第一次参观后其他可以计算的参观次数。一天之内也只能被计入一次。

⑦参观总人次为⑤、⑥条的附加条款：参观总人次等于观众总数加上重复参观总数。

⑧数据发布和 UFI 展览会认证：UFI 只接受与“参观人次”或者“观众”有关的数据。

必须通过上下文清楚地理解“参观人次”或者“观众”两个定义。在声明、媒体和宣传材料中也应保持数据的真实性。

5）国内和国际观众的参观

根据观众的常驻地决定观众国籍，并必须在观众注册表格上注明其国外地址。外国或国际参观指来自非展览会举办地所在国之外其他国家观众的参观行为。如果不具备观众登记条件，办展机构应征得 UFI 授权同意，对 UFI 认证的国际展览会进行抽样调查，统计出外国参观的百分比。这种调查应由市场研究公司并经独立审计公司证明。证明书中必须说明调查的抽样方法，如果是综合性公众展览会，允许只把外国专业人士计入参观总数。每位外国观众最好通过登记系统来统计。审计公司的证明书中必须对使用的统计方法予以确认。

10.3.2 我国展览会评估简要介绍

目前，在国外许多会展业发达的国家，会展业早已实行专业化和产业化经营，并且向着专业化发展，为了满足会展市场发展的需要，产生了许多为展览会提供配套服务的专业服务公司，如会展广告公司、布展公司、策划公司、顾问公司、评估公司等。他们专门为办展机构提供策划、预测、统计和评估等专业服务。就会展评估而言，许多国家都颁布了展览会评估标准，不论在该国哪个城市举办展览会，也不管聘请哪家评估机构对展览会进行评估，都必须依照这一标准进行评估，并对评估的范围、信息与数据采集方式、数据统计以及评估机构的职责都作出了明确的规定，从而保证了数据的真实性、评估结果的权威性以及对办展机构的公平性。

我国会展业由于起步较晚，到目前为止，还没有颁布全国性的展览会评估标准。但我国许多城市根据各自会展业发展的实际状况制订了地方性展览会评估标准。这些地方性评估标准的发布对规范办展机构的办展行为、提高展览会质量以及促进会展业的健康发展起到了积极的推动作用。但是，由于国家展览会评估标准的缺失，对全国会展业现状的评估与未来发展趋势的预测以及相关数据的统计都不能执行统一的标准，相关数据也就失去了准确性，更不能给国家政府部门提供制定产业政策和进行宏观调控所需的可靠依据。由于各省市执行的标准不统一，对办展机构来说也有失公正，目前已经发布展览会评估标准的省市有北京、上海、深圳、厦门、山东、杭州、温州等。

总之，各地方展览会评估标准的发布足以说明，会展业的发展已引起了地方政府的足够重视。这对展览会品牌的产生和成长提供了法律保障，有利于展览会对相关产业带动作用的进一步发挥，通过努力，会展市场目前这种混乱局面能得到抑制，一定会朝着健康、有序的方向发展。

10.3.3　评估的意义

展览会评估是对某个展览会价值的评价，是对该展览会作用于社会、经济、环境产生的结果进行测量和评价，对展览会进行系统、深入的考核和评价，是会展市场管理中的一个重要环节，也是会展产业链中不可缺少的组成部分。

办展机构组织展览会、企业参展和观众参观都需要投入相当多的人力、财力和精力。无论是对办展机构、参展企业，还是观众，每举办或参加一次展览会都有很多宝贵经验和教训值得借鉴和总结。通过系统的调查、统计、分析与评估，对展览会的整体效果作出公平、真实的评价，其意义在于有利于办展机构改善展览会项目的市场开发和运营管理，及时调整方向和运作方式，扬长避短，不断提高办展质量和服务能力。通过参展成本、展出效果、成交额、观众和买家反映等多个层面进行综合、详细的评估，帮助参展商或观众对展出期间的信息获取方式和信息传播方式进行分析，对展览会进行性价比较，从中选出成本低、效果好的展览会。与此同时，把参展或参观与其他营销方式如广告、人员推广等进行成本效益比较，为企业选择市场拓展的最佳渠道提供依据。此外，展览会评估也是会展行业管理机构的一项主要任务，是对会展市场加强监督、指导、协调、管理和扶优汰劣的有效办法，为政府主管部门制定产业政策，对会展市场进行宏观调控提供依据。

10.3.4　评估者应遵循的职业原则

评估机构接受委托人的委托对一个展览会进行评估时，评估机构是站在第三者的立场上，与相关各方毫无利害关系的情况下进行的。评估者必须遵守职业道德，不得有违法、违反职业道德的行为。专业评估人员应理解并掌握评估规范中关于职业道德的要求，并在执业时严格遵守。评估机构有责任加强对从业人员职业道德的教育，对于评估人员违反职业道德的行为，所属评估机构有连带责任。为了保证评估结果的准确性和公正性，评估人员必须遵守的职业道德原则有以下几条。

1）独立、客观、公正原则

对于相应的评估业务，评估者应该是与委托者和评估对象无利害关系的第三者，按照评估的行为规范和技术规范独立地进行评估活动，不受来自外界的任何控制和影响，始终可以自主地表达意见而且无须考虑这些意见对自己利益的影响，保持评估观点、结论、判断和建议的客观公正。评估机构不应有直接的行政管理职能，或隶属于被评对象。如果评估者认为其独立性受到损害，可以拒绝进行评估或中止相应的评估活动，或在报告中声明。

2）回避原则

为避免评估者在执行评估业务时不公正或被认为不公正，评估机构有责任制订有关制度和程序,在接受评估任务、委派评估项目主持人和选择咨询专家时应坚持回避原则。

3)避免误导原则

避免误导是评估的基本职业原则,评估者应避免任何可能会导致误导的行为。以下行为被认为可能引起误导:

①使用或提供可能会导致误导的评估报告。

②使用、依赖没有事实依据的结论和判断。

③评估中使用片面的数据和信息,在评估报告中不说明数据信息的来源和采集方式;评估中使用具有明显倾向性的假设和前提条件,在评估报告中不说明这些假设和前提条件对评估结论的影响。

④不是以无利害关系的第三者身份执行评估,但在接受委托评估任务时不进行声明或在评估报告中没有明确说明。

⑤在公开新闻媒介直接或间接地刊登或播放自我夸张、内容虚假或容易引起公众误解的广告或通过同样的渠道诋毁同行。

4)保密原则

保守秘密是评估者必须遵守的基本原则。除了评估委托者或由委托者明确指定的机构、个人或对评估对象具有监督、审查权的机构,在评估结论正式公布之前和公布之后的一定期限内,评估者不得向任何机构和个人泄露评估活动中获取的数据、信息和评估结果。

10.3.5 评估的内容

目前,由于我国还没有颁布全国展览会评估标准,各地对展览会评估的内容也各有侧重。归纳起来,评估的内容主要包括以下几项。

1)展览会主题

展览会评估机构对展览会的主题进行评估主要是评估展出的内容是否与展览会的名称相符,主题是否突出,对相关产业影响力的大小,是否代表了相关产业的发展水平或发展趋势等。

2)展览会组织与管理

展览会组织与管理主要是评估办展机构的组织机构是否健全;展出现场的秩序如何;展馆内是否设立咨询报到处,以及知识产权保护、工商投诉等管理服务机构;是否印制参展商手册及会刊等。

3)展厅规划与展位设计

展厅规划与展位设计主要是评估展厅面积的有效利用率,展区划分是否合理,公共布展效果,特装展位面积与展位总面积的比例,特装展位数量与总展位数量的比例等。评估不同题材的展览会,对特装展位面积或数量的要求也不一样。

4)展览会规模

展览会规模评估主要是评估该展览会展出毛面积、净展出面积、展位数量、参展企业数量等。

5）参展商结构

如果评估的是国际性展览会，主要评估境外参展企业的数量及其所占参展企业总数的比例；如果评估的是全国性展览会，则要评估展览会举办地之外其他省市参展企业的数量以及所占参展企业总数的比例等。

6）观众结构

观众结构评估主要是评估观众总数、专业观众数量、专业观众与观众总数的比例、专业观众与参展企业的比例等。如果评估的是国际性展览会，还要评估境外观众的数量、境外专业观众的数量、境外观众与观众总数的比例、境外专业观众与专业观众总数比例、境外专业观众与境外参展企业总数的比值等。

7）参展商满意度

参展商满意度评估主要是针对参展企业的展出效果，对办展机构的组织与服务等相关工作的满意程度。展出效果主要包括接待观众数量、观众质量、结识新客户的数量、发现有价值潜在客户的数量、意向成交与实际成交额等；参展企业对办展机构制订的各项管理制度是否合理、现场管理是否到位、现场秩序是否良好等；参展企业对服务的满意度主要是指办展机构服务人员的态度是否热情，接待咨询是否有耐心，专业服务是否熟练，提供服务是否及时、高效等。

8）专业观众满意度

专业观众满意度主要指专业观众参观洽谈的效果、组织、服务等方面的满意程度。对专业观众来说，参观效果主要包括：是否有感兴趣的企业与产品、展出环境是否满意、参观洽谈是否方便、展出质量是否满意等；组织工作主要是与观众相关的管理规定是否合理、入场是否便捷、管理机构是否健全和便于寻找、场内秩序是否良好等，办展机构对专业观众提供的服务主要体现在服务人员是否热情、有耐心；回答问题是否专业、准确；提供服务是否及时、高效以及是否提供其他配套服务等。

10.3.6　评估的步骤

展览会评估是一项计划性很强，并且很细致的工作，在开始评估之前，评估机构需要做好充分的准备工作。对一个展览会进行评估一般采取以下程序。

1）确定评估目标

对展览会评估的主要目标是了解展览会展出的效果和效益。展览会效果的评估涉及展览会预期目标与实际效果之间的复杂关系，导致展览会评估目标的复杂化。所以，对展览会进行评估时，应根据展出目标确立评估的具体目标和主要内容，并依据评估目标的主次，排列优先评估或重点评估的内容。

2）选择评估标准的相应条款

展览会效果评估标准系统包括整体效果、宣传效果、接待成果、成交结果等。要根据被评估展览会的定位和题材选择评估标准的相应条款。比如被评估的是国际性展览会，就应该把标有海外参展商和观众的条款作为主要评估标准；再比如被评估的是贸易性展览会，接待成果和成交结果就是评估的主要内容；如果把汽车展览会和小商品展览会都按一个标准来要求特装展位的数量，这就有失公正。不管你如何选择评估标准的条款，必须保证评估工作的客观性、公正性、统一性和可操作性，使评估结果更为准确。

3）制订评估方案

根据评估目标及标准，确定各阶段具体的评估内容和评估方案。评估方案包括时间安排与抽样分布、评估对象和方法、人员安排和经费预算等。评估方案一般包括以下内容：

①评估项目、对象和方法、人员分工以及所采取的各项必要措施。

②设计制作各种测评问卷及统计表，如参展商问卷调查表、观众问卷调查表和展览会举办情况统计表等。

③征求意见，修改测评问卷。

④对测评人员进行培训。

4）评估方案的实施

①利用收集现成资料、召集会议、组织座谈以及问卷调查等方式收集各种信息和数据。

②对收集的信息与数据进行整理、统计、比较和分析。

5）撰写评估报告

对收集的信息与数据进行整理、统计、比较和分析后，对展览会的整体效果进行总体评价，写出评估报告。评估报告的内容一般包括评估项目、评估目的、评估过程与方法、评估结果统计分析、评估结论与可行性建议及主要信息资料附录等。

10.3.7 展览会评估报告

评估报告是评估机构对一个展览会进行全面考察、分析后而得出的直接结果，对展览会来说是一个结论性文件，评估机构应保证它的公平性、公正性和权威性。

1）撰写评估报告应遵循的原则

①语言简洁，有说服力。

②结构严谨、合理，体裁简洁。

③数据、资料务必准确无误，并要表明重要数据、资料的来源。

④结论或建议要明确。

2）评估报告的主要内容

由于评估机构采取的评估方式和被评估展览会的题材与定位不尽相同，评估报告的具体内容也有所区别。一般来说，评估报告应包含以下几个方面的内容。

（1）被评估展览会概述

被评估展览会概述主要介绍展览会的发展历程；本届展览会的举办时间、地点、主办单位、承办单位等基本数据，如参展企业和观众数量、专业观众数量、协议成交额和成交额等。

（2）评估方法

评估方法主要说明信息采集的方法；信息采集对象、范围及数量、信息采集样本结构、样本发放时间、数量；样本回收时间、数量及有效样本数量；实施过程及相关问题的处理；数据资料处理方法、统计结果；预定评估目标的完成情况、完成率及未完成的原因等。

（3）评估结果

通过对本届展览会与历届展览会的比较和分析，得出本届展览会取得了哪些进步；与其他相同题材的展览会进行比较，分析被评估展览会的特点、优势及劣势。

（4）结论和建议

经过对以上各个方面的分析，得出最终的评估结论。结论要客观、公正地体现被评估展览会的现状，评判展览会的价值，对该展览会未来发展方向作出预测，对进一步完善服务体系和品牌建设提出建议，并对存在的不足或缺陷提出改进的意见。

【项目小结】

本项目主要介绍了如何收集客户的意见与建议；怎样保持和提高客户与员工的忠诚度；办展机构如何利用展览会总结和评估的机会改进自己的工作，提高办展水平和服务质量，增强员工对其重要性的认识，使大家掌握客户跟踪服务和会展效果评估的基本知识与技能。

【复习思考题】

1.在展览会展出期间如何收集客户的意见与建议？
2.为什么要不断开发新客户？开发新客户要经过哪几个阶段？
3.采用什么方式留住老客户和挽回已经流失的客户？
4.如何判别客户流失以及如何计算客户流失率？
5.培养客户忠诚度需要从哪几个方面入手？
6.展览会总结的主要内容和作用是什么？
7.展览会评估的内容、步骤与意义是什么？
8.展览会评估人员应该遵循什么样的职业道德？

【实训题】

实训项目一

一、实训组织

教师确定一个专业展览会，让学生独立策划一份专业观众问卷调查表。

二、实训要求

1.调查表的基本要素要全。
2.版面设计要合理。
3.策划调查表的目的要明确。
4.要方便调查。

三、实训目的

1.使学生掌握调查表的主要内容。

2.掌握调查表的设计规范与要求。

3.培养学生的会展文案策划能力与技巧。

实训项目二

一、实训组织

在一个会展活动结束后，办展机构对刚闭幕的活动进行总结性报道，会对该项活动起到承上启下的作用。教师根据当地举办的展览会，设定一定条件，让学生起草一份展览会总结性报道稿。

二、实训要求

1.报道稿的内容要全面翔实，数据要准确。

2.篇幅要适中。

3.语言表达要准确，语句要通顺。

三、实训目的

1.使学生掌握新闻稿的主要内容。

2.提高学生对会展活动宣传报道重要性的认识。

3.培养学生的写作能力与技巧。

【案例回放】

世界经济论坛

世界经济论坛（World Economic Forum，WEF）因在瑞士达沃斯首次举办，又被称为“达沃斯论坛”，是以研究和探讨世界经济领域存在的问题、促进国际经济合作与交流为宗旨的非官方国际性机构，总部设在瑞士日内瓦。

一、世界经济论坛的发展历程

世界经济论坛前身是1971年由克劳斯·施瓦布创建的“欧洲管理论坛”；1987年，“欧洲管理论坛”更名为“世界经济论坛”。2017年6月27日，达沃斯论坛发布的一项研究报告显示，2050年八国养老金缺口达400万亿美元。

2024年1月15日至19日，2024年世界经济论坛年会在瑞士达沃斯-克洛斯特斯举行。

二、世界经济论坛的会员构成

世界经济论坛共有4种形式的成员，分别是基金会员、行业合作伙伴、战略合作伙伴和全球成长型企业会员。基金会员包括全球约1000家顶尖企业，其中每年有100多家基金会员企业还可以根据其参与论坛活动的程度和对论坛的贡献，成为论坛的行业合作伙伴或战略合作伙伴。而全球成长型公司，即“新领军者”，是世界经济论坛推出的一种新型会员形式，主要是指那些正在快速成长的新型跨国公司。

三、世界经济论坛的影响力

世界经济论坛的影响力在于其成员组的实力。世界经济论坛基金会的成员是位居全球前1000名之列、引领世界经济潮流的跨国公司。各个成员组的人们代表着各自领域内最有影响力的决策者和潮流领导者。成员组内的人员互相交流，不同成员组之间也进行密切讨论，这使世界经济论坛基金会举办的每一项活动都得到了积极参与，而这，也正是世界经济论坛有别于其他论坛的主要标志。

四、2024 年世界经济论坛

世界经济论坛 2024 年年会(第 54 届世界经济论坛年会、达沃斯论坛),于 2024 年 1 月 15 日至 19 日在瑞士达沃斯举行。本届年会以“重建信任”为主题,主要议题包括在分裂的世界中实现安全与合作,为新的时代创造增长和就业,人工智能推动经济社会发展,实施长期气候、自然与能源战略等。年会汇聚了全球 120 个国家的 2800 多位政界、商界、学界等各界领袖,围绕经济增长、气候与自然行动、能源安全、技术治理和人类发展等全球迫切事项,深入推动对话,积极促进合作。其间在线直播近 250 场会议,旨在触达更广泛受众。

五、李强总理率团参加本届论坛

国务院总理李强率 140 人的代表团参加本届论坛,其中包括 10 位部长级官员,且多人有经济背景,以及 70 多家企业的代表。在 1 月 16 日论坛的开幕式上,李强总理是首位发表特别致辞的领导人,他强调中国开放的大门只会越开越大,并释放出“真心欢迎各国企业继续投资中国”的强烈信号。其他代表团成员还参与了多项分论坛,并在会上演讲,对外展示了中国的自信与风貌。中国代表团成为本届年会的焦点,美国驻瑞士大使斯科特・米勒将此次出访描述为一次“准国事访问”。这也充分说明,中国作为世界第二大经济体,在全球政治、经济、科技创新等领域均扮演着重要角色。

达沃斯论坛是以研究和探讨世界经济领域存在的问题、促进国际经济合作与交流为宗旨的非官方国际性机构,素有“经济联合国”和“世界经济风向标”之称。

案例分析

1.在本届论坛上,我国代表团为什么受到如此的重视?

2.你认为世界经济论坛主要有哪些特点?

参考文献

[1] 阎蓓,贺学良.会展策划[M].北京:高等教育出版社,2005.
[2] 丁萍萍.会展实务[M].北京:高等教育出版社,2004.
[3] 王起静.会展项目管理[M].北京:中国商务出版社,2004.
[4] 华谦生.会展策划与营销[M].广州:广东经济出版社,2004.
[5] 王春雷,陈震.展览会策划与管理[M].北京:中国旅游出版社,2006.
[6] 马勇,肖轶楠.会展概论[M].北京:中国商务出版社,2004.
[7] 陆金生,张岚.会展设计[M].北京:高等教育出版社,2004.
[8] 向国敏.会展实务[M].上海:上海财经大学出版社,2005.
[9] 刘松萍,郭牧,毛大奔.参展商实务[M].北京:机械工业出版社,2005.
[10] 毛金凤,韩福文.会展营销[M].北京:机械工业出版社,2005.
[11] 俞华,朱立文.会展学原理[M].北京:机械工业出版社,2005.
[12] 王春雷.会展市场营销[M].上海:上海人民出版社,2004.
[13] 马勇,王春雷.会展管理的理论、方法与案例[M].北京:高等教育出版社,2003.
[14] 魏中龙,段炳德.我为会展狂:如何经营成功的会展[M].北京:机械工业出版社,2002.
[15] 孙明贵.会展经济学[M].北京:机械工业出版社,2006.
[16] 吴信菊.会展概论[M].上海:上海交通大学出版社,2003.
[17] 金辉.会展营销与服务[M].上海:上海交通大学出版社,2003.
[18] 阿博特,德弗兰克.会展管理[M].王向宁,译.北京:清华大学出版社,2004.
[19] 张金祥.会展营销[M].大连:大连理工大学出版社,2010.
[20] 张金祥,步会敏.会展服务与管理[M].上海:上海交通大学出版社,2011.
[21] 魏仁兴.会展营销[M].重庆:重庆大学出版社,2012.
[22] 中国营销传播网.
[23] 中国免费论文网.
[24] 商务部网站.
[25] 中国营销网.
[26] 慧聪网.
[27] 中国会展网.

[28] 全球品牌网.
[29] 中国管理传播网.
[30] 管理资源网.
[31] 中国金融网.
[32] 中国矿产设备网.
[33] 中国会展经济信息网.